W0251983

VOTRE LEADERSHIP

Tony Blair

Votre leadership

Leçons pour le XXIe siècle

Traduit de l'anglais (Royaume-Uni)
par Béatrice Taupeau

Fayard

Couverture :
Photographie : Stuart McClymont,
The Sunday Times Magazine News Licensing
Design : Buero Jorge Schmidt
Adaptation : Maël Corbin

Ce livre est la traduction, publiée pour la première fois en France,
de l'ouvrage de langue anglaise :
ON LEADERSHIP
publié pour la première fois en 2024 par Hutchinson Heinemann,
une marque de Cornerstone. Cornerstone appartient au groupe Penguin
Random House.

© Tony Blair, 2024

© Librairie Arthème Fayard, 2025,
pour la traduction française

Dépôt légal : septembre 2025
ISBN : 978-2-213-73179-7

Aucune partie de ce livre ne peut être utilisée ou reproduite de quelque
manière que ce soit pour entraîner une intelligence artificielle.
Cette œuvre est protégée de l'extraction de connaissances et de données
(Article 4(3) Directive (EU) 2019/790).

Aux membres de mon institut,
formidables artisans du changement.

SOMMAIRE

Introduction – Leadership et science gouvernementale .. 13

PREMIÈRE PARTIE :
PREMIERS PAS AUX COMMANDES

Chapitre 1 – Dotez-vous d'un plan 27
Chapitre 2 – Dotez-vous d'un centre de commandement robuste........................ 33
Chapitre 3 – Priorisez, car vouloir tout faire, c'est risquer de ne rien faire 43
Chapitre 4 – Faites passer le dessein politique avant le jeu politique 49
Chapitre 5 – Entourez-vous des bonnes personnes...... 59
Chapitre 6 – Contenez l'administration mais sachez en tirer parti 65

DEUXIÈME PARTIE
POUR UNE ACTION PUBLIQUE EFFICACE

Chapitre 7 – Quel que soit le régime, ce qui compte, c'est l'efficacité 73

Chapitre 8 – L'importance ultime de la stratégie 83
Chapitre 9 – Soyez un acteur du changement, pas un simple figurant 91
Chapitre 10 – *Le suivi* 101
Chapitre 11 – Misez sur les mesures à effet immédiat pour faire passer les transformations à long terme 109
Chapitre 12 – En politique, rien n'est jamais sûr – ni la défaite, ni la victoire 115

TROISIÈME PARTIE :
LEÇONS DE POLITIQUE

Chapitre 13 – Votre premier devoir – assurer la sécurité des citoyens 125
Chapitre 14 – Leçons pour l'économie 135
Chapitre 15 – L'État de droit 149
Chapitre 16 – Le fléau de l'idéologie 157

QUATRIÈME PARTIE :
ENTRER DANS LA RÉVOLUTION
TECHNOLOGIQUE OU COMMENT RESTER
EN PHASE AVEC UN MONDE EN MUTATION

Chapitre 17 – La révolution technologique et l'État réinventé 167
Chapitre 18 – Mise à jour de dernière minute ! De nouveaux développements se poursuivent à une échelle sans précédent 175
Chapitre 19 – Les applications de la technologie, ou l'État réinventé en action 185
Chapitre 20 – Le déploiement de l'infrastructure numérique 193

Chapitre 21 – Leçons de la tech pour une disruption plutôt qu'une simple rénovation de la gouvernance d'État 199

CINQUIÈME PARTIE :
LA POLITIQUE ÉTRANGÈRE

Chapitre 22 – L'importance de la cohérence en matière de politique étrangère 207
Chapitre 23 – La confiance comme base des relations personnelles 213
Chapitre 24 – Comment naviguer entre les États-Unis et la Chine (sans oublier l'Inde) 219
Chapitre 25 – Quand politique extérieure et politique intérieure s'enchevêtrent.... 227
Chapitre 26 – L'art de la négociation 235

SIXIÈME PARTIE :
LA COMMUNICATION DANS UN NOUVEL ENVIRONNEMENT MÉDIATIQUE

Chapitre 27 – La communication stratégique : différence entre récit et communiqué de presse 243
Chapitre 28 – Comment faire face à la critique, version XXIe siècle 251
Chapitre 29 – Le scandale 257
Chapitre 30 – La politique à l'ère des réseaux sociaux ... 263

SEPTIÈME PARTIE :
VOUS, DIRIGEANT

Chapitre 31 – Ne cédez pas à la paranoïa, même s'ils veulent votre peau 271
Chapitre 32 – Cultivez un jardin apolitique................ 277

Chapitre 33 – Hubris et Némésis 283
Chapitre 34 – On n'est jamais aussi savant ou intelligent qu'on ne le croit 289
Chapitre 35 – Mieux vaut inspirer le respect que l'adoration, la crainte ou la confiance... 293
Chapitre 36 – L'ambition : excès de calcul, mauvais calcul 301
Chapitre 37 – Évitez de vous faire des ennemis délibérément ; vous vous en ferez suffisamment par mégarde 307
Chapitre 38 – Créez une base de soutien solide 313
Chapitre 39 – Protégez votre héritage politique 317
Chapitre 40 – Partez avec élégance 323

Postface 329
Remerciements 333

INTRODUCTION

Leadership et science gouvernementale

Des bons dirigeants, j'en ai rencontré. Parmi eux, aucun ne devait sa réussite au simple fait d'être dirigeant. Leur réussite, ils la devaient à leur travail acharné, leur application, leur attention aux détails, leur opiniâtreté décisionnelle, leur capacité à tirer parti à la fois de leurs doutes et de leurs certitudes.

À cela, on peut ajouter leur curiosité. Leur volonté d'apprendre. Leur quête incessante de la bonne solution. Leur empressement à remuer ciel et terre si nécessaire.

J'ai passé dix ans à diriger le gouvernement britannique, puis presque le double, par le biais de mon institut, à aider les dirigeants et les gouvernements d'environ quarante pays à travers le monde. J'ai beaucoup appris, que ce soit en exerçant mon rôle de leader ou en observant les autres exercer le leur.

On ne naît pas leader, on le devient. Au fil du temps, j'ai découvert que ce processus comprend en général trois étapes.

Lorsqu'ils font leurs premiers pas au pouvoir, les leaders sont tout ouïe. Conscients qu'ils ne savent rien, ou pas grand-chose, de ce que gouverner signifie vraiment, ils écoutent avec enthousiasme.

Puis, une fois familiarisés avec la partition, ils croient tout savoir. Alors écouter, très peu pour eux. Après tout, ne sont-ils pas aux commandes ? Qui mieux qu'eux peut savoir ?

Enfin, quand ils comprennent qu'en matière de savoir politique ils ont encore des lacunes, beaucoup de lacunes, vient le stade de la maturité. Alors ils se remettent à écouter, avec davantage d'humilité.

Malheureusement, parvenir au doux stade du discernement se fait généralement dans la douleur.

Franchir ces trois étapes est parfois long, parfois rapide.

Beaucoup de dirigeants ne vont jamais au-delà de la deuxième. Et c'est le plus souvent de là que naissent les erreurs qu'ils commettent.

Ce que je propose dans ce livre ? Montrer comment, en s'intéressant à la science gouvernementale, en tirant les enseignements de l'expérience des autres, on peut apprendre beaucoup en un temps réduit et atteindre cette dernière étape trois plus vite sans y laisser trop de plumes.

Les gouvernements existent depuis toujours, bien sûr. Mais le XXe siècle a vu une expansion sans précédent de leur action et de ce que le public attend d'eux.

Au début du XIXe siècle en Grande-Bretagne, le rôle de l'État était très limité. Les autorités prélevaient des impôts pour remplir un ensemble restreint de fonctions, lesquelles étaient principalement axées sur la défense. Il n'existait pour ainsi dire aucun service public d'éducation ni aucun système de santé mandaté par l'État, ni droit à la retraite, ni prestations sociales, ou si peu. Le concept même de protection sociale était inconnu. L'administration de l'ordre public restait rudimentaire. Les dépenses publiques représentaient à peine 12 % du PIB en 1900, quand bien même les services rendus par l'État n'avaient cessé de croître tout au long du siècle.

L'État assumant de plus en plus de missions et de responsabilités, ce chiffre a dépassé les 40 %. Dans la plupart des nations développées modernes, la construction de l'action publique s'est fondée sur ce modèle. Et les pays en voie de développement sont en train de leur emboîter le pas.

Les citoyens comptent désormais sur l'État pour assurer – et souvent financer – l'éducation de leurs enfants, pour leur fournir des services de soins quand ils sont malades et un soutien financier lorsqu'ils sont vieux ou sans emploi. Ils attendent des autorités qu'elles garantissent la sûreté des espaces publics et la protection de la nation. Qu'elles votent des lois pour administrer un environnement économique plus complexe que jamais et réguler des domaines aussi variés que la production alimentaire, la gestion des déchets, la promotion des produits ou les questions environnementales et climatiques.

De sorte qu'aujourd'hui l'État a tout d'un mastodonte écrasant, tentaculaire et intrusif : il tient une place considérable dans nos vies. On peut débattre avec passion de sa raison d'être et de l'étendue de son champ d'action mais la réalité, c'est que l'État fait bel et bien partie de notre paysage, et ce à un degré tel que son rôle a un impact non négligeable sur nos existences.

Aussi, on peut s'étonner que les discussions autour de ce qu'on pourrait appeler la science gouvernementale – c'est-à-dire la manière dont la machine fonctionne et la manière dont on pourrait améliorer son fonctionnement – demeurent si restreintes, si rares.

Je ne suis pas en train de dire que nous ne débattons pas de la compétence ou de l'incompétence de tel ou tel gouvernement, du bien-fondé ou non de telle ou telle politique publique. Ça, nous le faisons ! Mais nous nous intéressons peu à ce que sont les principes d'une bonne gouvernance : qu'est-ce qui est efficace, qu'est-ce qui ne l'est pas, des règles communes se dessinent-elles, des préceptes à suivre se dégagent-ils ? En d'autres termes, nous ne prenons pas le temps de réfléchir à la façon dont tirer le meilleur de ce mastodonte.

Il est vrai que la situation de chaque pays est différente. Les dirigeants politiques sont d'ailleurs souvent convaincus, du moins au début de leur mandat, que leur nation est si unique qu'il y a des limites à ce qu'ils peuvent apprendre des autres.

Or, en réalité, les processus gouvernementaux – efficaces ou inefficaces – présentent des caractéristiques très similaires d'une nation à une autre. Idem pour les obstacles rencontrés. J'ajouterais que les gouvernements disposent de décennies d'expérience sur lesquelles s'appuyer. Il est donc possible et, pour réussir, essentiel, d'être conscient des divers aspects de la gouvernance avant de prendre la charge des commandes d'une nation.

La façon dont l'État fonctionne, dont il se dote de structures adéquates de prise de décision et s'organise, dont le pouvoir en place gère le temps et les ressources disponibles pour gouverner et non se livrer à des manœuvres politiciennes, constitue une science à part entière.

La maîtrise de cette science est, littéralement, ce qui différencie les gouvernements – et, par conséquent, les pays – qui réussissent de ceux qui échouent.

Quand je m'entretiens avec des dirigeants fraîchement arrivés au pouvoir, je leur propose cet exercice où je les invite à trouver des pays voisins et similaires du point de vue de la population, des ressources naturelles et des opportunités, puis à les comparer.

La Pologne et l'Ukraine (avant la guerre). Le Rwanda et le Burundi. Le Myanmar et la Malaisie. Prenez la Colombie en dépit de tous les problèmes qu'elle connaît, et comparez-la avec le Venezuela. Ou le Koweit avec les pays du Golfe les plus prospères. Ou encore la Corée du Nord avec la Corée du Sud. La péninsule coréenne n'est-elle pas le laboratoire de la plus grande expérimentation gouvernementale qu'il nous soit donné d'étudier ?

Pour chaque pays prospère, il y a nécessairement eu un tournant, un moment marqué par un mouvement en avant, un développement, une libération de potentiel, une expansion.

Comment les responsables politiques ont-ils formé leurs décisions cruciales ? Comment ont-ils transformé leur vision en réalité ? Chaque étape a impliqué non seulement une idée mais aussi une manière de procéder : il y a eu une politique, un cadre général pour sa mise en œuvre, un processus de mise en œuvre exécutif. Et, cela va sans dire, un bon pilotage.

Aussi, en tant que leader, vous seriez malavisé d'entreprendre une réforme majeure sans examiner de près la façon dont d'autres leaders avant vous ont procédé face aux mêmes problèmes et défis. Chaque façon de gouverner offre des leçons, des caractéristiques transposables en règles. Ça mérite de s'y pencher.

Dans une démocratie, le chef du gouvernement est désigné par les urnes. Il n'y a pas d'autres conditions nécessaires pour arriver au pouvoir. Moi-même, je suis devenu Premier ministre sans aucune expérience antérieure de la pratique gouvernementale. Les dirigeants politiques ne gravissent pas les échelons un à un, apprenant au passage ce qui doit l'être et se confrontant à une évaluation objective de leurs compétences. Ils arrivent au pouvoir et s'attellent à la tâche. Cela vaut également pour une bonne partie des ministres, pour ne pas dire la majorité d'entre eux, bien qu'ils soient responsables de budgets colossaux. Dans les pays non démocratiques, les choses ne sont pas différentes : quand les nouveaux dirigeants – ainsi que leurs ministres – prennent leurs fonctions, leur expérience est en totale inadéquation avec le pouvoir qu'ils détiennent.

Dans n'importe quel autre domaine, quand bien même aucun ou presque n'est, aux yeux du citoyen lambda, plus important que la conduite des affaires publiques, une telle chose serait impensable, irresponsable, imprudente et extrêmement hasardeuse.

Pour faire justice aux électeurs, disons qu'on ne peut pas vraiment attendre d'eux qu'ils aient une opinion précise de l'aptitude à gouverner de ceux qu'ils élisent. Ils en ont une idée générale, bien sûr, et, en démocratie, c'est sur cette base qu'ils font leur choix.

Cela étant, en dépit de son inexpérience en début de mandat, un leader peut compenser l'irrationalité intrinsèque du système qui l'a placé aux manettes. Même si le chemin lui est inconnu, d'autres l'ont emprunté avant lui. Leur vécu peut éclairer ce que l'exercice du pouvoir implique vraiment ; il y a des leçons à en tirer, des itinéraires à suivre, des panneaux de signalisation à lire – un manuel de stratégies à potasser, en somme.

Pourquoi apprendre de ceux qui ont porté le fardeau du leadership et de leur bilan ?

Parce qu'ils seront confrontés aux mêmes défis : concevoir une stratégie, élaborer des politiques, les mettre en application, bâtir la bonne équipe, dépasser les intérêts qui grèvent les réformes, mettre la bureaucratie en mouvement, tenir ferme le gouvernail du navire-État secoué par les événements du monde.

Se livrer à cette nécessaire analyse ne peut pas compenser l'absence de qualités de leadership innées. D'où l'importance de faire toute leur place à celles qui s'apprennent, notamment les capacités de conception, de mise en œuvre et, de manière plus impalpable, l'apprentissage d'un certain tempérament.

En politique, il y a une part de philosophie, une part de représentation et une part de pragmatisme. Le pragmatisme est moins noble mais c'est lui qui fait la différence au bout du compte.

Pour celui ou pour celle qui est au sommet du pouvoir, il y a une différence entre être un leader et le leadership – entre être simplement la personne qui occupe le poste de leader et être un leader digne de ce nom.

Les dirigeants accèdent à leur poste de mille façons : pour certains, c'est par calcul ; pour d'autres, par hasard ; parfois c'est le contexte, une crise ou leur courage qui les hisse aux plus hautes sphères. Souvent, c'est un mélange de tous ces éléments.

Mais rares sont ceux qui méritent vraiment le titre de « leader », au sens où, une fois en place, ils exercent ce qu'on appelle – de manière élogieuse – le leadership.

J'en suis d'ailleurs arrivé à la conclusion que les attributs de meneur sont les mêmes partout, qu'il s'agisse de diriger un pays, une équipe de football, une entreprise ou tout autre type de structure – magasin comme maison de quartier.

Bien sûr, quand l'occasion se présente, un leader endosse volontiers le costume de chef alors que les autres préfèrent passer leur tour. Parfois, il l'enfile avec dignité ; parfois, il s'en empare avant que quiconque puisse le revêtir. Dans tous les cas, il est prêt à le porter.

Mais le costume donne seulement la position de leader. Être un leader, c'est encore autre chose.

Un leader a le courage de ne pas suivre le mouvement. Il fait entendre sa voix quand les autres taisent leur opinion. Il agit quand les autres hésitent. Il prend des risques, non pas parce qu'il ne les identifie pas comme tels mais parce qu'il est convaincu qu'un but supérieur les justifie.

Un leader est prêt à dire ce qui doit l'être, y compris à ses sympathisants.

Sans cela, il n'accomplit pas grand-chose. Tout homme politique raisonnablement intelligent sait ce que son public veut entendre. Le lui servir est chose aisée : séduire une assemblée et savourer sa ferveur, l'émouvoir et sentir son admiration, l'observer tandis qu'elle se met au diapason – cadence, gestuelle – et que le discours gagne en intensité à mesure que l'approbation et les vagues d'applaudissements croissent. De tout temps, c'est à coups de harangues et de tirades que l'homme politique s'est assuré l'allégeance de ses partisans. Aujourd'hui, il se rappelle à leur bon souvenir à coups de tweets.

Cette esthétisation du politique a toute sa place. Peu de dirigeants survivraient sans de tels moments de théâtre. Les créer exige du talent. Mais ce n'est pas ça, le leadership.

Se tenir face à un auditoire qui s'attend à trouver satisfaction et être prêt à le décevoir. Énoncer clairement la vérité plutôt que répéter les vieilles croyances. Persuader plutôt qu'apaiser ceux qui ne vous sont pas naturellement acquis. S'adresser à l'intelligence et non aux émotions de vos partisans.

Accepter non pas uniquement le costume mais tous ses attributs : les critiques comme les louanges, la nécessité de trancher quand on est tenté de simplement débattre, l'exigence de se vouer au fond, au progrès et à l'action plutôt que de se contenter de la forme, du statu quo, de l'analyse, l'impératif de s'appliquer à résoudre les problèmes plutôt qu'à seulement les énoncer. Continuer même lorsque la défaite semble aussi proche que la victoire ; opérer un repli tactique, mais jamais stratégique.

C'est ça, le leadership.

Et comprendre que donner aux gens ce qu'ils veulent n'est pas l'objectif.

Vous trouvez cela surprenant ? Surtout venant d'un dirigeant politique ?

Comment ça ? Faire de la politique, ce n'est pas précisément faire ce que « le peuple » veut ?

Eh bien, non. Mais une clarification minutieuse s'impose. Évidemment, l'objectif est d'améliorer la vie des gens, de faire en sorte qu'ils soient mieux lotis, plus heureux, plus à même de réaliser leurs rêves et leurs aspirations.

Mais ce n'est pas la même chose que leur donner ce qu'ils veulent à tout moment, s'accrocher au baromètre de l'opinion et s'efforcer de répondre à chacune de ses variations, scruter les sondages et accéder à toutes les demandes sans évaluer leur pertinence, mesurer la validité d'un point de vue à l'aune de la véhémence avec laquelle il est exprimé.

Le leader établit pour les citoyens ce dont ils ont besoin, pas seulement ce dont ils ont envie. Sinon, il n'est qu'un suiveur.

J'aime beaucoup la fameuse phrase de Henry Ford, formulée en réponse à une question sur le bien-fondé de satisfaire les désirs du peuple : « Si j'avais demandé aux gens ce qu'ils voulaient, ils m'auraient réclamé des chevaux plus rapides. » Dans la même veine, Steve Jobs a déclaré un jour : « Vous ne pouvez pas vous contenter de demander aux clients ce qu'ils souhaitent et vous efforcer ensuite de le leur fournir ; au moment où vous serez parvenu à vos fins, ils voudront autre chose. »

Penser qu'il s'agit là d'une posture élitiste témoigne d'une incompréhension fondamentale de la relation entre le dirigeant et ceux qu'il dirige. Le dirigeant doit faire ce qu'il croit dans l'intérêt des autres. Si, au bout du compte, le peuple n'aime pas le résultat de son travail, le dirigeant est congédié.

Mais, en affaires comme en politique, le dirigeant est là pour diriger.

Une partie de ce livre porte donc sur l'exercice concret du leadership : comment déterminer les priorités, élaborer la bonne politique, rassembler une équipe efficace, gérer le stress et la pression liés au rôle de chef de gouvernement.

Toutes ces compétences créent les conditions d'un meilleur mandat. Et tout le courage du monde ne pourra compenser un manque d'expertise.

Il n'en reste pas moins que le courage – faire ce qui est juste, non ce qui est facile, quitte à être impopulaire – est l'attribut quasi nécessaire du vrai leader.

Pour quelle raison ? Parce qu'un vrai leader est un artisan du changement. Existe-t-il un exercice plus difficile, avec toutes les résistances qu'il engendre ? Nombreux sont ceux qui ont essayé et échoué. Mais pensez à tous ces grands dirigeants, qu'ils aient un statut d'icône comme Nelson Mandela ou d'artisan de la transformation de leur pays comme

Lee Kuan Yew à Singapour – n'ont-ils pas dû défendre des positions qui leur ont valu l'opprobre ? Pourtant, ils ont persévéré, souvent envers et contre tous, sans tomber dans l'aveuglement mais avec toute leur détermination.

Tout leader qui a tenté de porter une grande réforme a connu sa rançon : l'épuisement de son capital politique au profit de ses adversaires ; le ressentiment, voire la haine, de ceux qui s'opposent à la réforme ; la pression sur lui et ses collaborateurs, voire sa famille et ses amis ; parfois le doute dévorant quant à l'opportunité de tant d'efforts.

Étrangement, savoir que réformer ne se fera pas sans douleur avant de s'atteler à la tâche n'empêche pas la surprise lorsque tombent les premiers coups.

S'y confronter est la définition même du courage politique.

Mais faire preuve de courage pour un leader, nécessairement doté d'une haute opinion de lui-même, c'est aussi reconnaître ses faiblesses et les compenser, mettre son ego de côté de sorte que son moteur reste l'exercice efficace du leadership.

Sortir de sa zone de confort, embrasser de nouvelles idées, se rapprocher de nouvelles personnes, adhérer à de nouvelles façons de voir le monde – autant de manières de faire qui, si elles vont dans le sens d'une meilleure gouvernance, révèlent aussi quelque chose de la personnalité et du courage du leader.

Se montrer honnête avec soi-même quand on a déçu les autres, présenter des excuses sincères, pardonner même quand oublier est difficile, voire impossible, – tout cela peut aider le meneur à survivre, mais nécessite aussi le courage personnel de l'autocritique et du recul.

Une dernière remarque pour clore cette introduction : ce livre ne porte ni sur mes qualités ni sur mon manque de qualités de leader. Il s'agit plutôt de vous livrer ce que j'ai appris.

Ce que j'ai accompli en tant que dirigeant est, légitimement, au cœur des débats. Mais ce n'est pas l'objet de ce livre.

Ce que je propose ici n'est pas un exemple mais une leçon. Évidemment, mes erreurs et mes réussites s'inscrivent dans le contexte de ce qui suit. Mais elles n'en sont ni le point de départ ni la conclusion.

Ce livre se veut un manuel de gouvernance, un précis de leadership, un guide pour les dirigeants qui veulent être de « vrais » dirigeants.

PREMIÈRE PARTIE :

Premiers pas aux commandes

Chapitre 1

Dotez-vous d'un plan

Tout gouvernement, s'il souhaite réussir, s'il veut trouver sa voie dans le dangereux paysage politique qui sera son habitat, doit disposer d'un plan. D'un itinéraire. D'une destination.

Et d'un leader aux commandes.

George Kennan, l'éminent diplomate américain qui a défini la politique d'endiguement face à l'Union soviétique dans les années 1940 et 1950, a un jour fait remarquer (paraphrasant Lewis Carroll dans *De l'autre côté du miroir*) : « Si vous ne savez pas où vous allez, n'importe quel chemin vous y mènera. »

Pour éviter cet écueil, le leader doit savoir où il va ; c'est indispensable. Il est comme un chauffeur de bus : s'il conduit avec détermination et célérité, ses passagers resteront dans leurs sièges, se fendant peut-être de quelques conseils non sollicités. S'il arrête le bus pour demander son chemin ne serait-ce qu'un instant, ses passagers descendront et se mettront à parler sans fin du trajet, et, croyez-moi, ils ne remonteront jamais.

Le mot « gouvernement » vient du grec *kubernao*, qui signifie piloter un navire, comme dans la formule « navire-État » de Platon. Il s'agit donc d'avoir un cap et, pour le garder, d'avoir un plan.

Un « plan », ce n'est pas un ensemble d'objectifs désirables ou de visions prétentieuses. On se souvient de la fameuse mise en garde de Helmut Schmidt, chancelier de la République fédérale d'Allemagne de 1974 à 1982 : les hommes politiques qui ont des « visions » devraient consulter un médecin.

Un « plan », c'est une feuille de route pour la gouvernance. Il expose la destination, les étapes importantes et, surtout, les priorités. Il dessine les contours non seulement du « Quoi ? » et du « Comment ? », mais aussi du « Pourquoi ? ».

Il focalise l'esprit du gouvernement. D'une certaine manière, il le crée. Si le plan est mauvais, le gouvernement sera mauvais.

Sa préparation est intense. Il ne doit pas nécessairement préciser tous les détails – c'est sans doute impossible –, mais il doit décrire précisément et dans une prose claire ce que le leader entend accomplir de fondamental.

Il doit permettre à tout observateur de savoir ce que le dirigeant pense de l'état du pays – ce qui ne va pas, ce qui doit être rectifié et comment.

S'il est élaboré correctement, le plan sert plusieurs objectifs. Bien sûr, il présente un itinéraire clair – les ministres savent au moins où ils sont censés aller. Mais, au-delà de ça, il définit le programme sur le plan politique. Les gens peuvent y être favorables ou défavorables. Mais tout le monde doit se positionner.

J'ai toujours dit que ce qui me déstabiliserait le plus, électoralement parlant, ce serait de voir émerger un meilleur plan que le mien.

Pourvu que le plan soit bien conçu et ne se résume pas à une liste d'aspirations, il devient le cœur du débat politique. Cela apaise le parti au pouvoir et fait perdre ses moyens à l'opposition.

Mais la conception du plan est plus complexe qu'il n'y paraît. Surtout, il faut établir des priorités : si vous essayez de tout faire, il y a des chances qu'au final vous ne fassiez rien.

Le plan doit préciser les points que le leader juge fondamentaux, ceux-là mêmes qui signeront le succès ou l'échec du projet gouvernemental, qui montrent vers où l'énergie sera principalement dirigée, qui révèlent ce que le gouvernement essaie de conserver et ce qu'il est déterminé à changer.

D'après mon expérience, les changements sont de deux ordres.

Soit ils voient le jour d'un unique trait de plume législative ou administrative – suppression d'un impôt, fixation d'un salaire minimum. Ces changements-là sont importants. Mais l'action du gouvernement pour les conduire est relativement simple.

Soit ils sont de nature systémique et exigent des réformes structurelles à grande échelle – refonte du système de santé, de l'aide sociale, privatisation d'une grande entreprise publique – et, dans ce cas, il vous faudra procéder à une analyse minutieuse dudit système, des changements précis que vous voulez y apporter et de leur impact sur l'équilibre actuel. Ils impliqueront également que vous gériez des intérêts différents qui, tous, s'opposeront au changement ou trouveront des moyens de le minorer ou de le neutraliser.

Ces changements-là vous donneront du fil à retordre ; ils demanderont du temps et rogneront votre capital politique ; vous ne pourrez pas en conduire beaucoup, d'où la nécessité de prioriser, comme je le développerai plus loin.

Ils devront figurer dans le plan avec, a minima, le cap à suivre pour leur conduite car s'ils sont les plus complexes à réaliser en termes pratiques, persuader le public de leur nécessité sera aussi une tâche éminemment difficile.

Il faudra d'ailleurs vous atteler à ces changements systémiques le plus tôt possible dans votre mandat car ils s'opèrent sur un temps long.

Un défi en tant que tel pour les démocraties.

J'estime en effet que, pour transformer un pays, dix ans sont nécessaires. Dix ans consacrés à la transformation. C'est un minimum. Quinze, c'est mieux ; vingt, optimal.

Je travaille avec un dirigeant qui a été le premier président élu démocratiquement dans son pays après une période de dictature. Pour montrer sa détermination à ne pas tomber dans les travers de ses prédécesseurs, il s'est engagé, en prenant les commandes, à passer la main au bout de deux ans.

Très noble. Mais, malheureusement, très naïf.

Lors de notre première entrevue, je lui ai dit sans ménagement que s'il persistait à gouverner sur cette base, le système ne prendrait pas ses instructions au sérieux, que ses ministres passeraient leur temps à chercher à se placer dans l'espoir de lui succéder au lieu d'œuvrer pour le pays, et que lui-même serait non seulement un président fantoche mais aussi celui de l'immobilisme.

Ce qui, loin d'améliorer l'image de la démocratie, ne manquerait pas de l'écorner, puisqu'elle serait associée à l'inaction.

Fort heureusement, il m'a entendu ; il est allé au terme de son premier mandat et vient de se faire réélire.

Mais même après deux mandats, si son successeur appartient à un autre parti ou n'adhère pas à son programme, il y a fort à parier que le changement structurel qu'il essaie de mettre en place, faute d'avoir été mené à son terme, sera interrompu dans sa lancée pour finir au point mort.

Car une réforme systémique demande davantage que du temps. Elle demande de la constance dans les politiques menées et, en démocratie, une certaine continuité en dépit des changements de gouvernement.

Un bon plan – bien conçu et étayé par des politiques cohérentes –, c'est donc un plan qui donne au leader les moyens d'établir un programme et de gouverner efficacement. Un bon plan, c'est aussi un plan qui tient la distance, car, même en cas de modifications – certains points deviendront redondants ou caducs, d'autres ne fonctionneront pas comme prévu –, la direction principale sera tracée avec tant de force qu'il faudrait rien de moins qu'un meilleur plan pour le faire capoter.

Le plan devra être élaboré avec une attention rigoureuse à ce qui est déjà en place. Quelles que soient les critiques que vous avez adressées à l'administration précédente – partons du principe qu'il y en a eu beaucoup, puisque c'est le propre de la politique –, il vous faudra évaluer avec impartialité ce qui fonctionne et ce qui ne fonctionne pas. Car il n'est pas nécessaire de tout réinventer. Ce n'est pas parce que telle mesure politique est du fait de vos prédécesseurs qu'elle est mauvaise.

Quand je suis devenu Premier ministre en 1997, je voulais changer un certain nombre de choses mises en place par les gouvernements conservateurs de Margaret Thatcher et de John Major, mais j'ai tenu à conserver celles qui me semblaient s'inscrire dans une direction souhaitable pour le pays.

Je citerai ici les politiques d'incitation à l'entrepreneuriat, la baisse des taux d'imposition les plus élevés, la privatisation des secteurs tels que celui des télécommunications, qui sont mieux adaptés à la discipline de marché, ou encore le cadre juridique des relations entre les acteurs du monde du travail.

Nous avons également maintenu le cap de la politique étrangère de l'ère conservatrice, du moins en ce qui concernait notre appartenance à l'Union européenne et notre alliance renforcée avec les États-Unis.

Mais nous avons réalisé de grandes transformations dans la restructuration des services publics – santé, éducation, sécurité, justice, délivrance de prestations, protection de l'enfance. Nous avons mis la priorité sur les plus pauvres grâce aux réductions fiscales et au salaire minimum. Nous avons procédé à un changement radical d'état d'esprit et de politique autour des questions sociétales, comme les droits des personnes homosexuelles.

Des changements importants donc, mais aussi de la continuité. Ce qui, jusqu'à la crise financière et le Brexit, a assuré, notamment pour les entreprises, la stabilité et la prédictibilité de l'action gouvernementale.

Pourquoi ce climat favorable ? Parce que les gouvernements, conservateurs d'abord puis néo-travaillistes, avaient un plan qui définissait clairement ce qui devait être fait et pourquoi.

Bien sûr, dans un sens, tout nouveau gouvernement réagit au précédent. Mais il faut consciencieusement mesurer les conséquences de cette réaction.

Construisez donc le plan avec soin ; faites en sorte qu'il soit durable.

Et créez un centre de commandement robuste capable de le mettre en œuvre efficacement.

Chapitre 2

Dotez-vous d'un centre de commandement robuste

Les leaders arrivent souvent au pouvoir sans expérience de direction. Les compétences qui font un bon candidat en campagne ne sont pas celles qui font un bon dirigeant. Elles sont d'ailleurs tout à fait insuffisantes à celui qui sort vainqueur des élections. Ce qui l'oblige à un changement radical : le Grand Charmeur doit, d'un coup d'un seul, se transformer en Grand Patron.

Une campagne électorale est une période exaltante pendant laquelle l'aspirant leader vogue sur une vague d'espoir et d'enthousiasme ; le risque, c'est que l'heureux élu croie en sa propre magie et aborde l'exercice du pouvoir comme s'il s'agissait d'une extension de la campagne. Ce serait une grave erreur.

Bien sûr, une fois au pouvoir, il n'est pas moins nécessaire de communiquer, qu'il s'agisse de présenter un argumentaire clair ou de dialoguer avec les électeurs. Simplement, le défi majeur, c'est de gouverner, ce qui implique d'obtenir des résultats.

En bref, dans l'opposition, ce qui compte, c'est ce que vous dites ; aux commandes, ce qui compte, c'est ce que vous faites. Et dire est bien plus facile qu'agir.

Comme je l'ai déjà mentionné, gouverner est le seul métier de pouvoir qu'une personne peut exercer sans expérience précédente de direction sur son CV.

Dans n'importe quel autre domaine, ce serait inconcevable, voire ridicule. Un PDG qui n'aurait jamais eu de poste de manager, un chef d'orchestre qui n'aurait jamais eu de baguette entre les mains, un pilote d'avion qui n'aurait qu'une vague idée des lois de l'aérodynamique… Grotesque, n'est-ce pas ?

Peut-on imaginer qu'un club de football de Premier League à la recherche de son nouvel entraîneur propose de rassembler ses plus fervents supporteurs et de procéder à un vote à main levée pour désigner celui qui, parmi eux, devrait décrocher le poste ? Les supporteurs eux-mêmes trouveraient ça fou. Et l'équipe ne ferait pas long feu en Premier League.

Mais, en politique, ça peut arriver.

Évidemment, un dirigeant politique n'est pas dénué de tout savoir politique et il aura peut-être, dans une vie antérieure, dirigé une organisation non gouvernementale. Mais ce n'est pas la même chose que gouverner. Tant s'en faut.

Quand je suis arrivé au 10 Downing Street en mai 1997, je n'avais jamais occupé de fonctions ministérielles. Je n'avais donc aucune expérience de la pratique gouvernementale. Je m'y suis initié au sommet du pouvoir. D'une certaine façon, c'est une très bonne école. Mais j'ai eu besoin de temps. De temps pour m'adapter. De temps pour apprendre qu'être à la tête d'un gouvernement requiert un tout autre état d'esprit, une tout autre méthode de travail qu'être à la tête de l'opposition.

Même pourvu d'un plan et d'une direction claire, il vous faudra encore vous assurer que la machine est organisée pour obtenir des résultats.

Cela commence par votre environnement immédiat. Dans *La Mélodie de bonheur*, Maria, incarnée par Julie Andrews, n'invite-t-elle pas les enfants à commencer par le commencement ?

N'écoutez pas ceux qui vous suggèrent d'avoir la main légère, de laisser vos ministres se mettre au travail, de partir du principe que les autres maillons de la chaîne de commandement feront ce qu'ils sont supposés faire. Ceux qui prodiguent ce genre de conseils sont soit des universitaires, dont la spécialité est la théorie, non la pratique, soit des fonctionnaires qui savent qu'un centre de commandement faible leur permettra de se la couler douce.

S'agissant des domaines dont, en tant que chef du gouvernement, vous êtes directement responsable, gardez le contrôle. Bien sûr, pas d'amalgame avec le transfert des pouvoirs au sein d'un État, les processus décisionnels étant plus efficaces au niveau local – je pense par exemple aux maires à l'échelle des villes, aux instances fédérées dans un système fédéral ou encore aux institutions dévolues dans un État composé de plusieurs nations comme le Royaume-Uni.

Toutes les bureaucraties se ressemblent. Elles ne donnent pas dans la conspiration partisane. En revanche, elles tendent à protéger le système et ont le génie de l'inertie. Elles constituent une ressource qui peut être mobilisée et poussée mais il ne faut pas les laisser avoir la *prima vox*, ni d'ailleurs le dernier mot, mais j'y reviendrai.

Un dirigeant peut arriver au pouvoir dans un pays qui se porte bien (en dépit des critiques, quelles qu'elles soient, qu'il aura formulées à l'encontre de ses prédécesseurs). Dans ce cas, les choses seront un peu différentes : sa tâche sera de maintenir une bonne gestion des affaires, et non de réformer.

Quoique… préserver le statu quo est rarement satisfaisant. Sinon, pourquoi prendre la barre ?

Je m'adresse ici aux dirigeants qui ambitionnent de changer les choses. Ceux-là ont besoin d'un centre de commandement fort, capable d'initier et de mener à terme le changement de manière efficiente dans les meilleurs délais.

Une fois que la machine sait que c'est le centre qui détermine le programme, elle se met en mouvement : les ministres sont pressés d'agir et les adeptes de l'inertie, nerveux, poussés dans leurs retranchements.

A contrario, si le cœur du pouvoir est faible, l'autorité du leader – qu'il tire de sa position même de leader et qui doit être exercée de manière avisée pour produire des effets – s'en trouve affaiblie ou ralentie.

Mais cette puissance d'action n'advient pas toute seule. L'organiser est la première tâche du dirigeant.

Et cela commence par un élément tellement évident que nombreux sont les dirigeants qui passent complètement à côté : l'emploi du temps !

Lorsque j'étais chef de l'opposition au Royaume-Uni, disposant d'un peu de temps avant une élection que nous nous attendions à remporter, j'ai rendu visite au président Bill Clinton à la Maison-Blanche. Tandis que nous commencions une série d'entrevues, il m'a glissé à l'oreille : « J'ai quelque chose de très important à vous dire avant que vous partiez. Vous m'y ferez penser ? »

Quelle perspective réjouissante, ai-je songé en supposant qu'un secret d'État allait m'être révélé ! Au moment de prendre congé, je lui ai demandé de quoi il retournait. Il m'a alors regardé d'un air très solennel, puis il a répondu : « La personne en charge de votre planning est la plus importante dans votre vie de dirigeant. Vous avez besoin de temps pour réfléchir, pour analyser et pour accomplir ce pour quoi vous avez voulu les commandes. Si vous perdez le contrôle du planning, vous échouerez. »

J'avoue que sur le moment, je me suis dit : Tout ça pour ça ? Mais il avait raison.

Le temps est la plus précieuse des ressources. Et je peux vous assurer que sa gestion, qui vous semblait relativement simple quand, dans l'opposition, vous fustigiez vos prédécesseurs à coups de slogans, devient mille fois plus compliquée lorsque vous êtes confronté à l'exercice concret du pouvoir, lequel exige une mise en prose complexe. Sans ce temps dont vous avez besoin pour élaborer les bonnes politiques, vous concentrer sur l'obtention de résultats et gérer les retombées politiques des changements conduits, vous constaterez que la grande vision que vous avez conçue avec tant de confiance quand vous étiez dans l'opposition ne deviendra jamais réalité.

Gengis Khan, fondateur de l'Empire mongol, l'un des plus extraordinaires de l'histoire, a déclaré un jour : « Conquérir le monde à cheval a été facile ; en revanche, mettre pied à terre et gouverner a été une véritable gageure. »

Et c'est bien là le défi majeur du dirigeant. Le temps. Car vous faites l'objet de constantes sollicitations.

Tout le monde veut vous rencontrer ou a quelque chose à vous demander. Responsables politiques, financiers, amis de longue date ou amis plus récents. Il y a les visites officielles des dignitaires étrangers qui, bien qu'indispensables, vous détournent de votre tâche – à moins bien sûr que vous ne travailliez sur un dossier de politique étrangère. Mais aussi des cérémonies auxquelles vous devez assister, des funérailles et des mariages auxquels vous ne pouvez pas vous soustraire, des événements officiels dont l'impact sur la vie des gens est inversement proportionnel aux salamalecs qu'ils génèrent.

Beaucoup de dirigeants naviguent de réunion en réunion du point du jour jusqu'à tard le soir. La plupart d'entre elles sont improductives. Ce sont autant d'heures irrécupérables qui vous éloignent de votre vrai défi : gouverner.

Donc la personne qui gère votre agenda, votre programme, et ceux qui ont leur mot à dire sur ce qu'on y met, doivent être hautement compétents et en relation étroite avec vous. Et c'est en suivant des consignes strictes qu'ils doivent opérer.

Vous devez être présent à un événement ? Allez-y, mais n'y passez pas plus d'une heure. Moins, si possible. L'organisateur dudit événement se plaindra, il enguirlandera votre équipe, arguant que si vous ne restez pas toute la soirée, ce sera pris comme un affront et bonjour votre image de leader ! Mais le gardien de votre temps devra tenir bon.

Il lui faudra toutefois être suffisamment intelligent pour bien jauger car, parfois, vous devrez effectivement rester toute la soirée. En bref, la personne en charge de votre emploi du temps devra être dotée de véritables compétences, d'un sens politique aiguisé et d'un charme naturel pour dire non.

En tant que dirigeant, vous aurez toujours tendance à dire oui. Voilà pourquoi, derrière vous, il faudra un chien de garde qui ne cédera pas, même sous la pression la plus forte.

Vos ministres vont vous solliciter. Vous devez les recevoir, bien sûr. Mais pas dès qu'ils en formulent le souhait.

Le Parlement également demande du temps. Quand j'ai modifié les questions au Premier ministre qui sont passées de deux séances hebdomadaires d'un quart d'heure en plein après-midi à une séance hebdomadaire d'une demi-heure à midi, j'ai littéralement économisé une journée, voire une journée et demie de mon temps.

Un leader doit rester en contact avec les citoyens : aller à leur rencontre aux quatre coins du pays, voir comment les choses se passent de ses propres yeux, maintenir une communication permanente. C'est important. Mais n'oubliez pas qu'un déplacement d'une demi-journée est probablement aussi efficace qu'un déplacement d'une journée. Donc vous y allez, vous serrez des mains, vous échangez et vous partez.

Il y a aussi les entrevues avec les dignitaires étrangers. Il faut les structurer. Et réduire au minimum vos visites à l'international. Une fois de plus, elles sont inévitables. Mais faites en sorte qu'elles soient efficaces, limitez le cérémonial, mettez le paquet sur le fond. Les agents chargés du protocole sont sans aucun doute animés des meilleures intentions. Ils aiment leur travail. L'apparat, la courtisanerie, l'étiquette dans ses plus petits détails, en un mot : le théâtre, ils adorent. Mais attention à ne pas en devenir friand, sinon vous allez y passer un temps fou.

Le temps qui n'est pas consacré à la mise en œuvre effective de ce pour quoi vous êtes mandaté réduit votre capacité à obtenir des résultats !

Je connais des leaders qui gardent toujours leur porte ouverte, et ce pour le plus grand bonheur de tous. Du moins au début : la lumière du leader rejaillit sur eux, preuve qu'ils sont également importants. Mais assez rapidement – et les choses bougent beaucoup plus vite au gouvernement que dans l'opposition –, le libre accès perd de son attrait, les gens veulent que des mesures soient prises, leurs attentes s'enlisent dans la désillusion, et sans le temps et l'espace nécessaires à la concentration, le gouvernement perd son éclat et le dirigeant sa lumière.

Et puis, il y a quelque chose qui passe trop facilement à la trappe : les moments dont vous avez besoin pour vous, pour votre famille, pour vous détendre, pour vous libérer du stress, ne serait-ce que brièvement.

Votre planning doit prévoir ce temps personnel. Il est nécessaire pour vous ressourcer sur le plan mental car, à longueur de journée, les sollicitations vous videront de votre énergie alors même que votre travail – donner des instructions, prendre des décisions – est exténuant.

Je sais que cette recommandation – vous appliquer quasi religieusement à faire de la gestion de votre temps votre priorité – peut paraître étrange. Je conçois par ailleurs que certains dirigeants semblent ne jamais se reposer, ne jamais se déconcentrer. Mais si vous êtes un simple mortel, les bénéfices que vous tirerez de ces règles simples seront énormes au plan de l'efficacité.

Bien sûr, il y a les autres éléments du centre de commandement à organiser.

L'objectif ? Créer un appareil capable de faire avancer le programme du leader. J'y reviendrai en détail plus loin mais, en substance, si vous voulez un centre de commandement fort, il doit être organisé pour fonctionner à plein régime.

J'ai réorganisé le cœur du gouvernement après avoir remporté les élections générales pour la deuxième fois. De fait, j'avais tiré des leçons de gouvernance de mon premier mandat.

À mon arrivée à Downing Street, c'est à coups de fouet que j'ai cherché à faire avancer la machine plus vite. D'une certaine façon, ça a fonctionné. Mais pas à la hauteur de mes attentes et, quand je posais le fouet, elle ralentissait de nouveau le rythme.

L'objectif de cette refonte était de mobiliser le centre du pouvoir, de lui donner les moyens de pousser le gouvernement à l'action, de l'obliger à me rendre des comptes, mais aussi de m'obliger à rendre des comptes à mon plan. Mon but : être toujours opérationnel.

Elle a consisté en la création de quatre agences distinctes : la Direction des politiques publiques, la Direction de la stratégie, la Direction de la communication et la Direction de l'action publique.

L'élément le plus connu de cette restructuration ? Le concept de Direction de l'action publique, aujourd'hui massivement repris dans le monde entier. Michael Barber en a été l'artisan. Il a fait un boulot formidable et en a tiré un livre, *Deliverology*, lequel, tenez-vous bien, se trouve dans la bibliothèque de bon nombre des dirigeants que j'ai pu rencontrer.

Mais les autres innovations étaient tout aussi importantes.

La Direction des politiques publiques rassemble des experts capables de suivre le développement de la politique gouvernementale et de suggérer des améliorations ou autres ajustements. Ces experts, il est essentiel de le préciser, ne doivent pas être issus des ministères mais de l'équipe du dirigeant. Leur rayon : l'analyse et la capacité politique.

La Direction de la stratégie se concentre sur le long terme en anticipant : quelles nouvelles idées pour l'action publique, quelles nouvelles visions du monde ?

Une agence dédiée à la communication est vitale, vous vous en doutez, car s'il en est dépourvu, un gouvernement donnera l'impression d'être technocratique plutôt qu'aiguillonné par les valeurs qu'il porte et les missions qu'il s'est données. Elle veillera à mettre en place une communication stratégique au service de la cohérence de l'information émanant du gouvernement.

Pour résumer, le cœur du gouvernement doit être suffisamment fort pour aider à l'élaboration des politiques publiques, assurer la cohérence stratégique, garder le cap, communiquer sur le plan et, surtout, parvenir à des résultats.

Vous n'éviterez pas les crises, les surprises, les scandales, les secousses, les alertes et autres sorties de route, mais, pour y faire face, le leader doit avoir un appareil qui se concentre sans relâche sur l'accomplissement des objectifs.

Alors misez sur la robustesse du centre de commandement !

Chapitre 3

Priorisez, car vouloir tout faire, c'est risquer de ne rien faire

Je dis souvent aux nouveaux dirigeants politiques qu'une bonne approche de la gouvernance se décline en quatre points : la priorisation, l'élaboration des politiques publiques, les ressources humaines et la gestion de la performance.

Le premier – la priorisation – est bien plus complexe qu'il n'y paraît.

Vous accédez aux responsabilités avec un programme. En général, il décrit dans le détail les objectifs que vous avez pour le pays et dans lesquels le plus grand nombre d'électeurs doit pouvoir se retrouver. Il pourrait être vu comme un plan d'action pour gouverner. Or, ce n'est pas le cas. Et pour cause : ce n'est pas sa raison d'être. Sa raison d'être, c'est de vous accompagner – vers la victoire – dans votre campagne. Même rédigée avec soin et rigueur, votre profession de foi liste ce qui est souhaitable, pas nécessairement ce qui est faisable. Elle tient davantage de la rhétorique exaltante que de l'honnêteté austère que suppose un véritable plan d'action gouvernementale.

Je me souviens d'une histoire drôle qu'un prêtre catholique m'a un jour racontée. Elle portait sur la religion mais pourrait à mon sens s'appliquer à la politique. La voici : plusieurs défunts se présentent aux portes du paradis. Contre toute attente, c'est Satan et non saint Pierre qui les accueille. Il leur dit : « Écoutez, avant que vous rencontriez saint Pierre, laissez-moi vous montrer les choix qui s'offrent à vous. C'est important que vous en ayez connaissance. Vous verrez, la mauvaise réputation qu'on me fait n'est pas méritée. » Les défunts acceptent. Satan leur montre le paradis, où les justes se détendent gentiment, conversent respectueusement à voix basse, lisent des contes édifiants, se comportent globalement bien. Puis il leur montre l'enfer, où les damnés s'adonnent à la débauche et à l'excès en toute décomplexion.

Ouah ! se disent les défunts. On ne soupçonnait pas que c'était comme ça, l'enfer ! Ils retournent aux portes du paradis et s'adressent ainsi à saint Pierre : « C'est vraiment gentil de ta part de bien vouloir nous accueillir mais, euh, sans vouloir te vexer, on a une préférence pour l'enfer. » Une fois les portes de l'enfer refermées derrière eux, ils découvrent un lieu où règnent le froid et la désolation et où résonnent hurlements et grincements de dents. Apercevant Satan qui surveille son royaume, ils l'abordent, furieux : « Hé ! Qu'est-ce qu'il se passe ? Où sont donc ces orgies d'alcool et de chair et toutes ces choses géniales que tu nous as promises ? — Ah, ah, répond Satan, j'étais en campagne lorsque je vous ai fait toutes ces promesses. »

La profession de foi sur laquelle la campagne s'appuie est la boussole qui mène à la victoire, mais, s'agissant de gouverner, elle n'est pas appropriée, sauf à décrire ce vous espérez voir advenir. En outre, elle définit rarement les priorités avec la rigueur qui devient absolument indispensable une fois que vous endossez le costume de leader.

Comme je l'ai dit, vouloir tout faire, c'est risquer de ne rien faire.

Quand je suis arrivé à Downing Street, j'ai été accueilli par le secrétaire du Cabinet, personnalité éminente de la haute fonction publique britannique. Il m'a fièrement annoncé que l'administration avait étudié le programme et élaboré les grandes lignes de sa mise en œuvre. Il pensait bien faire, naturellement. Après dix-huit ans de gouvernement conservateur, il voulait me montrer que la machine acceptait la légitimité des nouveaux maîtres des lieux.

J'avoue pourtant que je me suis quelque peu inquiété de l'écart qu'il pouvait y avoir entre ce que l'administration considérait comme des priorités et ce que je considérais comme des priorités. J'ai donc dû expliquer que le programme était une note d'intention et non un plan d'action gouvernemental défini.

En matière de gouvernance, la clé est la capacité d'agir. Laissez-moi donner un exemple : un des problèmes qu'a soulevés la décision du Royaume-Uni de quitter l'Union européenne – et le tact me dicte ici de laisser de côté les mérites et les faiblesses de cette décision –, c'est que le dossier a mobilisé une immense part de la capacité gouvernementale et de l'énergie politique de la machine, réduisant à la portion congrue le capital de concentration disponible pour les autres dossiers.

Il n'y a pas de honte à l'admettre : les ministres, y compris et peut-être même d'abord le Premier ministre, ne disposent ni du temps ni des facultés mentales pour se concentrer sur tous les problèmes avec la même application.

Même si un gouvernement, au sein de ses ministères, se doit de s'attaquer à un large éventail de sujets et de s'employer à traiter la totalité du périmètre, il n'en reste pas moins que certaines questions revêtent une plus grande importance que d'autres – objectivement ou parce que, subjectivement, elles comptent parmi ses priorités, lesquelles doivent être clairement définies et limitées en nombre.

Bien sûr, quelque part, tout est priorité. Dans mon premier discours au congrès travailliste en tant que Premier ministre, j'ai déclaré que les trois priorités absolues du gouvernement qui entrait en fonction étaient « l'éducation, l'éducation et l'éducation ». Phrase choc. Impact réussi. Mais le lendemain, je me souviens d'avoir été interpellé en ces termes : « Alors comme ça, la santé, ce n'est plus important ? »

Une leçon à en tirer ? En tant que dirigeant, vous ne pouvez pas admettre que tel ou tel domaine n'est pas une priorité. Vous rencontrez les acteurs du monde des arts, ou ceux du développement ; on vous demande si la culture, ou l'aide au développement, est un objectif prioritaire. Pensez-vous pouvoir répondre « Non, pas vraiment » ?

Je précise, pour ne laisser aucun doute, que la culture et le développement sont deux sujets très importants. Mais ce ne sont pas ceux qui vous définissent en tant que leader et ce ne sont pas ceux qui vous reconduiront aux commandes. Contrairement à vos priorités.

Une bonne façon de les identifier, c'est d'imaginer votre discours en vue de votre réélection. Idéalement, quels succès voudriez-vous pouvoir mettre à votre actif ? Vous ne ferez pas croire aux gens que vous avez fait carton plein, mais demandez-vous ce qui, au terme de votre mandat, vous placerait dans la catégorie de ceux qui ont réussi au moins quelque chose.

Pourquoi partir de ce que vous aurez fait ? Parce que si vous avez voulu le faire, c'est que c'était non seulement digne d'être fait mais aussi faisable.

En ma qualité de consultant, j'ai eu l'occasion de m'entretenir avec un dirigeant dont la priorité des priorités était un grand projet d'infrastructure, lequel aurait sans le moindre doute été transformateur. Son idée était belle et audacieuse. « Ça va changer la donne, m'a-t-il confié, plein d'assurance.
— Mais qu'est-ce qui vous fait croire que votre projet est réalisable et finançable ? » lui ai-je demandé. Il n'a eu aucune réponse convaincante à me fournir. Je lui ai donc conseillé de procéder à une étude de faisabilité avant de prendre un

engagement susceptible de river son destin politique à un mât dont il n'avait pas convenablement éprouvé la robustesse.

Avoir un objectif ne garantit pas de l'atteindre. Mais vérifiez qu'il a une chance d'être mené à terme sur le plan pratique avant de gaspiller votre énergie et votre capital politique.

Quant au nombre de vos priorités, il devra être limité. Quinze ? Beaucoup trop. Si vous avez de la chance, vous en dégagerez cinq, et ce dès le début de votre mandat. Sinon, vous risquez de vous disperser ou de laisser l'actualité dicter votre agenda.

Le système – je veux dire les ministères, l'administration et les agences du secteur public qui y sont rattachées – a besoin d'une direction dès le départ. Vos priorités ne feront pas nécessairement consensus mais le système saura avec certitude ce qui compte pour vous.

C'est essentiel car vos ministres auront chacun une idée bien à eux de ce qui, au sein de leur ministère, est important, même si c'est vous le patron et qu'il s'agit de votre capital politique. Alors si vous ne voulez pas le voir s'éroder à force de projets qui leur tiennent profondément à cœur mais qui, selon vous, ne méritent pas d'y consacrer une telle énergie, énoncez très clairement vos priorités.

Vous l'aurez compris, prioriser, c'est accepter l'évidence – vous ne pouvez pas tout faire – mais c'est aussi cadrer votre gouvernement.

Ne prenez pas ce processus à la légère, ne comptez pas qu'il s'accomplisse tout seul. Faites-en un élément essentiel de votre feuille de route, pour votre premier mandat et pour ouvrir la voie à un deuxième mandat.

Une fois vos priorités fixées, il vous faudra élaborer les politiques publiques qui vous permettront de les mettre en œuvre.

Chapitre 4

Faites passer le dessein politique avant le jeu politique

J'ai souvent dit à mes enfants : « Travaille sans relâche et joue sans entrave ; tu connaîtras peut-être le succès. Joue sans entrave et travaille sans relâche ; tu connaîtras sûrement l'échec. » Car oui, l'ordre est important. Bien sûr, il y aura toujours des exceptions, mais, d'expérience, je peux vous dire que ceux qui s'élèvent au sommet travaillent dur avant de prendre du bon temps (ou avant de travailler encore plus dur !), et ce quel que soit leur domaine professionnel : les affaires, le sport, la musique… Quoique… j'ai rencontré des gens dans l'industrie de la musique qui réussissaient alors qu'ils semblaient mettre toute leur énergie à s'amuser. Mais soit ils se sont amendés au bout du compte, soit ils ont démoli leur carrière.

La règle s'applique aussi aux politiciens. Sa déclinaison ? Pour réussir, il faut mettre le dessein politique avant le jeu politique. En d'autres termes, décider des politiques à mener pour résoudre les problèmes identifiés et, seulement après, déployer le jeu politique approprié plutôt que l'inverse.

D'ailleurs, contrairement aux idées reçues en matière de politique, ceux qui sortent leur épingle du jeu sont ceux qui se sont appliqués à régler les difficultés en vue d'obtenir un résultat. Ce n'est pas une vérité absolue mais, le plus souvent, les bonnes mesures politiques produisent de bons résultats et les mauvaises mesures politiques produisent de mauvais résultats. Et le leader doit garder la conviction qu'avec le temps les citoyens s'en rendront compte.

Une myriade de facteurs peut faire obstacle aux bonnes mesures politiques : les considérations court-termistes, le biais du statu quo, les événements qui détournent le gouvernement de son cap. Il arrive même qu'un changement de conjoncture transforme une bonne politique en mauvaise politique.

Cela dit, aussi sûr que les citoyens placent préférablement leur confiance dans un gouvernement qui a un plan d'action – car c'est pour eux le signe qu'il sait ce qu'il veut et donc, dans une certaine mesure, ce qu'il fait –, ils écouteront plus volontiers un gouvernement animé par la force de la conviction, a fortiori si cette conviction semble découler d'une analyse solide.

Prenons un exemple. Pendant la crise du Covid-19 au Royaume-Uni, le programme de vaccination de masse a généré une inquiétude compréhensible, les vaccins ayant été développés avec une rapidité sans précédent puisque les délais que la recherche et les essais réclament habituellement avaient été soumis à l'urgence. Les restrictions inédites sur la vie quotidienne – port du masque obligatoire, multiplication des tests et toutes ces abominables mesures qui composaient l'arsenal anti-Covid – ont quant à elles engendré du ressentiment.

Avec le recul, il ne fait aucun doute que le gouvernement a commis des erreurs et que certains aspects de sa politique, dans ses contours aussi bien que dans sa mise en œuvre, étaient inadéquats.

Aujourd'hui encore, certains continuent de vitupérer contre les dispositions qui ont été prises et considèrent presque ceux qui les ont défendues comme des fascistes.

Mais ceux-là sont une minorité. La plupart des gens ont accepté la nécessité de la vaccination – je précise d'ailleurs que la campagne de vaccination au Royaume-Uni a réduit le nombre de décès et de cas graves de manière décisive – et la contrainte d'un minimum de restrictions.

Pourquoi ? Parce qu'à l'heure où le pays combattait un adversaire redoutable qui affectait directement chaque citoyen la politique menée par le gouvernement semblait tenir son origine d'un véritable processus de prise de décision fondé sur la rationalité. L'urgence a contraint le gouvernement à travailler très vite, mais elle a mobilisé toute son attention – elle a été sa seule priorité pendant deux ans – et sa capacité à expliquer son action avec le soutien des experts.

Au bout du compte, les dirigeants qui ont adopté une approche fondée sur des données probantes et pris position contre les vociférations populistes antivaccins et anti-restrictions ont réussi à sortir de la crise sans y perdre trop de plumes sur le plan politique. Je ne peux d'ailleurs pas nommer un seul leader occidental ayant défendu sans réserve une politique anti-Covid concertée qui s'en soit trouvé durablement affaibli.

Voilà donc un bel exemple de processus politique réussi, qui plus est dans des circonstances exceptionnelles.

Il est bien plus difficile de l'appliquer à l'éventail beaucoup plus large des politiques qu'un gouvernement doit mener dans des circonstances normales, ou de faire en sorte que la prise de décision soit motivée par ce qui est juste sur le plan intellectuel et non par ce qui est opportun sur le plan politique.

Car l'opportunisme – ou l'idéologie, d'ailleurs – fausse l'analyse, biaise l'élaboration qui devrait reposer sur des données probantes et ajoute de la rigidité là où l'ouverture à de nouvelles idées est nécessaire, tout particulièrement dans un monde en constante mutation.

Je me souviens d'avoir souvent répété à mes ministres, ou à mes proches conseillers : essayons d'abord de trouver la bonne solution. On s'intéressera aux retombées politiques dans un second temps. Ce problème qu'on cherche à résoudre, quelle analyse en fait-on ? Quels sont les faits ? Quelle réponse pourrait vraiment fonctionner ?

Cette réflexion, il ne faut pas la mener du point de vue d'un politicien. Si le sujet, c'est l'éducation, il faut adopter le point de vue d'un parent d'élève. La santé ? Celui d'un patient. La criminalité ? Celui d'une victime.

Le point de départ d'une bonne politique, ce sont toujours ces questions-là, cette perspective-là.

Il est vrai que, d'un côté, la politique est un exercice d'autopromotion assez grossier. Gagner des votes, inventer des slogans, embrasser des bébés, démontrer l'endurance physique qui permet de survivre à une campagne brutale. Mais c'est aussi un exercice intellectuel de haute volée. Ça demande de la matière grise et du travail.

Les hommes politiques en campagne n'ont pas leur pareil pour parler de ce dont ils n'ont aucune idée. S'ils sont vraiment doués, ils peuvent le faire avec panache – et de manière convaincante aux yeux des électeurs mal informés.

Mais une fois aux commandes, ça ne suffit pas. Mieux vaut savoir de quoi on parle ! Ce qui suppose d'y avoir consacré du temps et de l'énergie.

À cet égard, lorsqu'un gouvernement entend introduire un changement, que ce soit par la loi ou par décision administrative, il doit prendre le temps de consulter les acteurs affectés par ledit changement. S'agissant de la réforme des services publics par exemple, j'ai toujours trouvé que les échanges avec les fonctionnaires qui étaient en première ligne offraient des éclairages inédits par rapport aux notes d'information, si nombreuses soient-elles. Dans le même esprit, une consultation approfondie avec le monde des affaires, conduite dans un esprit de partenariat et non de suspicion, permet de s'épargner bon nombre d'erreurs.

Il faut donc s'assurer que le processus de prise de décision est un effort collaboratif. Il ne s'agit pas d'opter pour le consensus ou le plus petit dénominateur commun, mais d'aller à la rencontre de toutes les parties prenantes, lesquelles peuvent rechercher activement le changement dans leur domaine d'action ou, si ce n'est pas le cas, avoir l'imagination de penser au-delà de leur intérêt.

N'abordez pas le processus politique comme une réponse spasmodique au problème du jour mais comme une opportunité de traiter les choses en profondeur pour parvenir à des changements durables – pour que l'impact soit réellement transformatif et pas une simple pichenette.

Et même si le dirigeant ne doit pas se perdre dans les détails, il doit avoir une connaissance et une compréhension suffisantes des tenants et des aboutissants pour être convaincu que la politique envisagée répond à l'objectif qu'il s'est fixé.

Dans cet exercice, il faudra veiller à ne pas tomber dans la demi-mesure. Je m'explique : parfois, vous et votre équipe aurez défini la bonne solution, mais, ensuite, il vous faudra tenir compte des réalités politiques, lesquelles pourront se révéler si contraignantes qu'elles menaceront d'hypothéquer ladite solution. Il vous appartiendra alors de bien évaluer ces contraintes. Si vous n'avez pas d'autre choix que de faire des compromis, soit. Mais sachez que c'est dans la marge entre « le compromis obligatoire » et « le compromis consenti » que votre leadership sera mis à l'épreuve. Chaque concession qui vous éloigne de la position que vous souhaitiez tenir est une manière de défaite. Alors n'y cédez pas de bon gré pour vous faciliter la vie, mais uniquement si la nécessité vous y contraint.

Prenez par exemple le sujet de l'immigration. Les pays occidentaux ont besoin de l'immigration pour leur bonne santé économique. Cependant, l'accueil d'étrangers est source de tensions d'ordre culturel et donc d'inquiétudes, surtout quand les citoyens ont le sentiment que le système d'immigration est défaillant. Faire accepter l'immigration nécessaire à l'économie exige donc l'élaboration de politiques qui reflètent ce que le corps social réclame, sans quoi le sujet continuera d'empoisonner la vie politique de nos pays. Pour ma part, j'ai toujours pensé que les politiques d'immigration devaient fixer des règles claires pour mettre fin aux préjugés et maintenir la paix civile.

Parfois, l'immigration est abordée d'un point de vue purement arithmétique. Si le nombre d'immigrés est très élevé, je veux bien. Mais je pense qu'il s'agit principalement de contrôle : les États doivent se doter des moyens de décider de qui a le droit de vivre sur le territoire national plutôt que de laisser quiconque en a la volonté y entrer, faute de mécanismes de régulation appropriés. Ensuite, ils doivent veiller à les faire appliquer efficacement.

C'est dans cette optique de contrôle que j'ai défendu l'introduction des cartes d'identité numériques. Un gouvernement qui dispose d'un tel système, avec les garde-fous nécessaires, sait exactement qui a le droit ou pas d'être sur le territoire.

Je suis sensible aux arguments autour de la protection de la vie privée et aux craintes autour de la possession par l'État des données personnelles de ses citoyens. Mais la réalité, c'est que la mise en place de systèmes d'identification numérique partout dans le monde répond à la nécessité d'aider les usagers à interagir plus directement et plus efficacement avec l'administration. Autant s'en servir également d'outil de régulation de l'immigration. Ne pas le faire, de peur d'être impopulaire aux yeux des défenseurs de la protection de la vie privée, c'est laisser s'installer le sentiment qu'il n'y a pas de contrôle et alimenter l'hostilité à l'égard des immigrants, une réaction économiquement et socialement préjudiciable.

En d'autres termes, si la réponse appropriée à tel ou tel problème doit tenir compte des réalités politiques, ces dernières ne doivent pas vous y faire renoncer pour autant.

Par ailleurs, trouver une solution qui fonctionne passe aussi par l'observation de vos homologues. Comme je l'ai dit en introduction, les dirigeants ont tendance à croire que les problèmes de leur pays sont uniques, ce qui les mène invariablement à croire, sans raison valable, que les solutions le sont aussi. Mais, partout dans le monde, les États sont confrontés aux mêmes défis. Comment réformer ? Comment, dans les pays en voie de développement, poser les bases de systèmes d'éducation et de santé ? Comment faire entrer le gouvernement et l'économie dans l'ère numérique ? Comment moderniser les infrastructures ? Comment tirer le meilleur parti des partenariats public-privé ? Comment, dans les pays les plus pauvres où l'agriculture demeure la première source d'emplois, augmenter la production et la commercialiser efficacement pour ne plus avoir à importer des denrées alimentaires de base ? Un bon dirigeant doit savoir reconnaître les bonnes idées là où elles sont. Il y a fort à parier qu'un autre gouvernement quelque part essaie de faire ce que vous êtes en train d'essayer de faire. Peut-être avec succès ! Donc il faut le copier, ou au moins apprendre de son expérience.

Il faut aussi importer les meilleurs cerveaux, d'où qu'ils viennent. En matière d'élaboration de politiques publiques, le chauvinisme, qui consiste à dire « nous sommes les mieux placés pour résoudre nos problèmes, nous n'avons nul besoin que des étrangers viennent nous expliquer quoi faire », n'a pas sa place. Il trahit le fait que le pays est gouverné par les contraintes de son propre système et est incapable d'élargir son potentiel au-delà de ses talents.

Singapour offre à ce titre un bon exemple. Sous l'impulsion de son premier Premier ministre, Lee Kuan Yew, le pays s'est ouvert sans complexe aux investissements et aux talents étrangers pour assurer son développement économique.

Résultat : aujourd'hui, la cité-État est exportatrice. Autre illustration, moins commune : l'art coréen, aujourd'hui florissant. Après des décennies d'étude de la production cinématographique et musicale occidentale, l'industrie culturelle locale a conquis le monde.

Enfin, le processus politique est soumis à une double temporalité : le court terme et le long terme. Il n'est pas facile de suivre l'évolution de la réflexion autour de l'élaboration des politiques publiques dans un monde qui bouillonne de nouvelles idées. Aussi, quand j'étais à Downing Street, la *Direction de la stratégie* s'assurait que la *Direction des politiques publiques* était en phase avec l'esprit du temps.

La *Direction de la stratégie*, composée d'une poignée d'hommes et de femmes brillants recrutés en dehors du système, avait pour tâche d'anticiper de sorte que les politiques publiques présentes et futures ne soient pas déconnectées les unes des autres. Aujourd'hui plus que jamais, cette fonction gouvernementale est primordiale.

Pour illustrer ce point, plusieurs exemples étrangers.

Singapour s'est fixé pour objectif de devenir le centre de gravité de l'industrie pharmaceutique il y a plusieurs années et y est parvenu. (Tout comme le Royaume-Uni pourrait être le leader du secteur des sciences de la vie s'il exploitait les données de santé dont dispose le National Health Service [NHS].)

La Corée du Sud (qui affichait le même PIB par habitant que la Sierra Leone dans les années 1960) et Taïwan ne doivent pas leur statut de géants industriels au hasard mais à leur stratégie de développement basée sur un partenariat fort entre le public et le privé.

La Silicon Valley telle qu'on la connaît aujourd'hui est le prolongement de laboratoires de recherche qui visaient à améliorer les capacités de défense de l'armée américaine. Plus loin encore dans le temps, on peut citer l'incroyable contribution des Bell Labs à l'économie américaine, notamment dans le secteur technologique.

Les Émirats arabes unis comptent aujourd'hui parmi les pays les plus avancés dans le domaine de l'intelligence artificielle. Ils s'y sont lancés il y a dix ans, mais avec beaucoup d'anticipation stratégique.

Aucune de ces initiatives novatrices n'aurait vu le jour si les gouvernements avaient manqué de la capacité et du leadership nécessaires à l'élaboration d'une vision prospective.

Mais, bien sûr, pour une pensée de qualité, il faut des têtes pensantes de qualité.

Chapitre 5

Entourez-vous des bonnes personnes

Dans la vie, il est des évidences qui semblent pouvoir se passer de mots. Mais, comme elles sont souvent oubliées – j'en ai moi-même fait les frais à de nombreuses reprises au cours de ma carrière –, un rappel s'impose : vous devez vous entourer des bonnes personnes.

La chose est vitale dans toute situation qui requiert du leadership, et peut-être encore plus en politique. Où que j'aille dans le monde comme consultant, je m'assois, j'observe, et je peux distinguer les dirigeants qui sont entourés d'une équipe qui fonctionne bien de ceux qui ne le sont pas. Ces derniers, je vous le garantis, vont droit à l'échec.

Un de vos premiers défis en tant que chef de gouvernement tient donc à choisir vos plus proches collaborateurs – ces gens qui mettront votre plan à exécution, seront en lien direct avec les parties prenantes, vous guideront, vous soutiendront dans les moments difficiles, seront vos yeux, vos oreilles et parfois votre cervelle.

Une poignée de collaborateurs suffit. Comme je l'ai toujours dit, on peut transformer un ministère avec trois ou quatre personnes, pourvu qu'elles soient intelligentes et travailleuses.

Mais d'autres qualités sont indispensables : la résistance, la capacité à supporter le stress, le supplément de confiance en soi qui permet de rendre coup pour coup, la faculté de plier mais uniquement quand la nécessité l'exige.

Par ailleurs, les membres de votre garde rapprochée ne doivent pas avoir peur de vous dire la vérité ou d'exprimer leur désaccord. Dans certains pays, ils feront preuve de déférence, voire de servilité parce que c'est ancré dans la culture. Mais un dirigeant a besoin d'être remis en cause. La confrontation des idées en interne n'a rien de gênant, c'est sain. Elle doit reposer sur le respect et la confiance mutuels entre le leader et son équipe. Naturellement, une fois la décision prise, tout le monde doit la défendre. Mais la qualité des discussions qui mènent à la prise d'une décision aura un impact majeur sur la qualité de la décision elle-même. L'adulation du leader n'est donc pas de mise.

Cela dit, il faut que les collaborateurs soient sensibles à la pression écrasante que supporte le leader et veillent à ne pas lui faire perdre son assurance, même lorsqu'ils lui disent des vérités pénibles à entendre ou lui annoncent de mauvaises nouvelles. Même moi, qui ai pourtant rempli la fonction de Premier ministre pendant dix ans, j'oublie parfois combien la critique est facile et l'exercice du leadership difficile. Donc la franchise, oui, mais avec finesse.

Autre impératif, la loyauté de l'équipe envers le leader, et la loyauté au sein même de l'équipe. Il n'y a rien de plus laid que tirer sur ses collègues pour s'en sortir quand les choses se compliquent, même si c'est monnaie courante.

Les gens de grande qualité sont difficiles à trouver, et pour cause : ils ne courent pas les rues. Alors, si vous rencontrez des talents, faites tout votre possible pour vous attacher leurs services. S'ils sont aussi bons que vous le pensez, vous ne le regretterez jamais.

Et ne laissez pas la crainte vous empêcher de vous entourer de gens plus intelligents que vous. C'est une erreur courante chez les leaders mais votre image en bénéficiera au bout du compte.

Pour autant, n'oubliez pas que personne n'est irremplaçable. Dans le monde brutal de la politique, les gens, si doués soient-ils, peuvent s'épuiser. J'ai à plusieurs reprises fait la bêtise de garder des gens qui avaient compris avant moi qu'ils avaient fait leur temps. Votre équipe est là pour vous soutenir, pas pour faire joli ; c'est l'efficacité et non l'habitude qui doit dicter qui reste.

Si vous dirigez un pays, l'avantage, c'est que vous bénéficiez d'une grande attractivité. Quand vous demandez à quelqu'un de venir travailler avec vous, la plupart du temps, vous obtenez un oui. Il vous faudra parfois vous montrer persuasif, voire insistant, mais la plupart des gens aiment leur pays et ils répondront présents à l'appel de leur président ou de leur Premier ministre. C'est pourquoi chercher les bonnes personnes est rarement du temps perdu. Ça en vaut la peine.

Il est vital que l'équipe en charge des politiques publiques se conforme à votre programme et évite d'avoir le sien propre.

Dans son travail, elle fera presque toujours appel à des experts extérieurs qu'il conviendra d'écouter sans pour autant céder à la fascination. S'ils ne sauraient décider des politiques à mener, ils apporteront au moins un éclairage d'autant plus précieux que, d'une part, le monde change à une rapidité telle que les dirigeants ont du mal à suivre le mouvement et que, d'autre part, les changements systémiques sont d'une grande complexité.

À mesure que s'étend la connaissance humaine, le généraliste cède du terrain au spécialiste. C'est particulièrement vrai en science et en technologie, mais les domaines de la médecine, du droit, de l'offre de services et de l'ingénierie ne font pas exception.

Cette réalité a un impact sur la plupart des services de l'État. Un fonctionnaire, si brillant soit-il, n'a pas la moindre chance de rivaliser en matière de connaissances et d'expertise avec quelqu'un qui consacre sa vie à l'étude ou à la pratique d'une spécialité.

Dans ces conditions, c'est faire preuve de bon sens d'accueillir au cœur du gouvernement des personnalités extérieures, qu'elles soient en détachement d'autres domaines de la fonction publique ou issues du secteur privé, et d'élargir l'espace pour que l'élaboration des politiques soit innovante ou du moins intelligente et éclairée. Malheureusement, cette nécessaire ouverture est souvent défavorisée par la crainte des conflits d'intérêts et la réticence à accueillir des étrangers dans le saint des saints. Il faut résister à de tels sentiments.

La garde rapprochée inclut aussi des ministres, et c'est là une tout autre cuisine.

Les ministres sont de deux sortes : ceux avec qui vous avez envie de travailler et ceux avec qui vous êtes obligé de travailler. Vous verrez que les raisons politiques qui peuvent dicter vos choix sont nombreuses : équilibre des dissensions, dettes d'honneur ou de loyauté, compétences utiles à la gestion d'un gouvernement plus qu'à celle d'un ministère.

Ici, le principal, c'est de mettre aux postes stratégiques les gens que vous souhaitez voir aux commandes pour leurs capacités et ceux dont la nomination relève de considérations politiques à des postes où ils ont un statut mais un impact concret réduit. En d'autres termes, les fonctions déterminantes pour le succès de votre gouvernement doivent être confiées aux gens capables de partager le fardeau de la gouvernance.

Admettons que l'éducation soit une priorité absolue et qu'une réforme majeure s'impose. Avec le mauvais cheval à la tête du ministère, le programme ne sera jamais mis à exécution comme vous le souhaitez. Soit les réformes n'auront pas lieu, soit elles seront inefficaces. L'attention ne sera pas au rendez-vous et, en l'absence d'une direction politique forte, le système prendra le contrôle et l'énergie nécessaire à la réforme s'en trouvera dispersée. Il faut donc que le poste soit confié à un ministre capable de mener les choses à bien.

En plus de vous assurer de nommer les meilleurs ministres aux fonctions clés, n'ayez pas peur de promouvoir ceux qui disposent d'un talent particulier. Vous pensez que cela va sans dire ? Que récompenser le talent par de plus grandes responsabilités et un plus grand pouvoir tient de l'évidence ? Figurez-vous qu'en politique il n'est pas rare que les chefs de gouvernement se sentent menacés par les ministres exceptionnels et craignent de s'en faire des rivaux.

C'est une erreur. S'interdire de promouvoir les gens remarquables grève l'efficacité du gouvernement. Et c'est totalement inutile. Le vrai talent trouvera toujours son chemin. Et il y a le risque qu'empêcher l'avancement des meilleurs par peur de voir votre autorité remise en question ne crée du ressentiment, lequel augmentera les chances que ce que vous tentiez de prévenir arrive.

Un leader ne peut pas procéder seul aux changements qu'exige l'avenir de son pays. Il a besoin d'une équipe. De la meilleure équipe possible. Des collaborateurs médiocres donneront lieu à des succès médiocres et à des changements insuffisants.

La mission de la garde rapprochée consiste en partie à travailler avec l'administration. Et, dans des circonstances optimales, certains des fonctionnaires les plus doués viendront grossir ses rangs.

Chapitre 6

Contenez l'administration mais sachez en tirer parti

Tous les leaders doivent composer avec leur administration. Le « système » tant redouté ! Selon les pays, il sera de taille, de capacité et d'efficacité variables, mais à un moment ou à un autre – pour certains dès leur prise de fonctions – il générera frustration, incompréhension et exaspération.

Il est donc primordial d'être au clair avec ce qu'est l'administration, avec ce qu'elle n'est pas, avec ce qu'il est raisonnable d'en attendre et ce qui ne l'est pas.

La très grande majorité des administrations ont des caractéristiques communes. Premièrement, elles se considèrent comme permanentes, par opposition aux dirigeants vus comme temporaires. Bien sûr, dans un pays dirigé par un dictateur établi de longue date, ce n'est peut-être pas le cas – quoique le système puisse quand même croire à un changement, par l'entremise d'un homme ou de Dieu.

Deuxièmement, elles savent d'expérience que le risque est rarement récompensé et la prudence encore moins souvent sanctionnée. Donc leur configuration par défaut est de mettre en garde le leader contre toute action transformative et d'instiller l'hésitation dans son esprit.

Troisièmement, les fonctionnaires sont des généralistes. Ils possèdent une grande expérience, laquelle peut être incroyablement utile, mais manquent d'une expertise parfois indispensable.

Quatrièmement, leur rayon, c'est les procédures. Avant que quiconque cède au mépris, je précise que les procédures ont toute leur importance. Elles constituent le moyen d'atteindre un but. Malheureusement, elles ont tendance à le dicter ou à s'y substituer, étouffant la créativité et l'innovation, emprisonnant l'objectif affiché de la politique dans des délibérations infinies et différant la prise de décisions.

Le dirigeant doit donc tempérer la propension naturelle de l'administration à la lourdeur – d'où l'importance de s'assurer des conseils extérieurs pour renforcer le leadership et diriger véritablement le « système » plutôt que simplement le mettre à contribution.

Il faut également veiller à rendre le génie organisationnel de l'administration aussi efficient que possible. Précisément parce que c'est important.

J'ai vu se tenir d'interminables réunions du Cabinet ; j'ai vu circuler des notes d'information si longues et si incompréhensibles (sans parler des montagnes de papier consommées) que le processus de décision qu'elles étaient censées éclairer s'en trouvait noyé ; j'ai vu des ministres déjà perdus dans leur propre domaine à qui on demandait d'en maîtriser bien d'autres alors qu'ils n'avaient ni aide ni réelle motivation. L'excès de données et d'analyses pèse sur la prise de décision comme un repas trop lourd sur l'estomac.

Cela vaut donc la peine de vous pencher sur la question des procédures dès votre entrée en fonctions. Évitez tout préjugé sur ce que l'administration peut ou ne peut pas faire. Traitez-la comme vous traiteriez un candidat : en évaluant ses capacités et sa bonne volonté.

La haute fonction publique regroupe des postes clés. Pourtant, nombre de nouveaux leaders adoptent tout simplement les techniciens, soi-disant sous leur commandement, qui pilotaient la machine avant eux sans poser de questions ni procéder à un état des lieux.

L'administration n'est nimbée d'aucun grand mystère. C'est un organe du secteur public comme un autre. À savoir que son personnel d'encadrement et de direction compte à la fois des personnalités qui ont le service public chevillé au corps, des gens très compétents, d'autres moins compétents et des bureaucrates tatillons. Son avantage : c'est un service public. Son inconvénient : elle n'est pas soumise aux mécanismes de recherche de talents et de développement des compétences qui caractérisent le marché du travail privé. Ou alors dans une moindre mesure.

Partant, il faudra veiller à cultiver le sens civique qui anime les fonctionnaires. Les problèmes que gère l'administration sont importants. Ils affectent la vie des citoyens. Et il y aura toujours des agents consciencieux qui travailleront dur pour accomplir leur devoir.

Naturellement, il faudra aussi utiliser le levier de l'ambition. Soyez clair sur ce qui est susceptible de valoir de l'avancement aux fonctionnaires. Mettez l'accent sur les résultats, l'exécution, l'action ; les ambitieux seront au rendez-vous. Récompensez les améliorations de procédures qui participent aux améliorations d'ordre fondamental et, très bientôt, le message arrivera par ruissellement jusqu'aux niveaux inférieurs de responsabilité.

Le système se mobilisera et s'adaptera d'autant plus volontiers que la direction et les objectifs seront clairs.

La confusion et l'absence de pilotage favorisent l'inertie de la bureaucratie. Tel un animal qui sent le danger, celle-ci active ses mécanismes de défense, couvre ses vulnérabilités et s'immobilise en attendant que son environnement se stabilise et soit pris en main.

Les ministères sont notoirement connus pour être des silos, c'est-à-dire des lieux repliés sur eux-mêmes autour d'une idée unique qu'ils sanctuarisent et protègent d'éventuelles contaminations. Le problème, c'est qu'un tel cloisonnement cadre mal avec la vraie vie. La plupart des défis auxquels les ministères sont confrontés réclament qu'ils travaillent en collaboration les uns avec les autres et le monde extérieur. Le dirigeant doit créer les espaces d'ouverture nécessaires à cette collaboration.

Si le centre du gouvernement doit être fort et en ordre serré autour du leader, c'est notamment pour garder une vue d'ensemble sur le programme, s'assurer que les pans qui le composent sont cohérents et qu'aucun organe du gouvernement n'opère en contradiction ou au mépris d'un autre, sous peine d'en menacer l'exécution.

L'administration peut-elle être configurée ou reconfigurée ? La plupart des hommes politiques qui ont officié au plus haut niveau gouvernemental sont sceptiques à ce sujet. Mais, en vérité, c'est possible jusqu'à un certain point – et d'autant plus nécessaire que, comme dans tous les autres domaines, l'impact de la technologie prend de l'ampleur.

Je ne connais aucun dirigeant qui soit arrivé en fin de mandat sans avoir une opinion tranchée sur l'administration de son pays. Quelle qu'en soit la teneur, un point commun se dégage : l'impression qu'une forme d'incompréhension demeure, même après une période assez longue. Le système est un peu comme une photo à laquelle le leader tient, sans toutefois savoir où l'accrocher.

Je pense que c'est parce qu'au début le dirigeant voit l'administration comme un instrument à sa disposition. Un instrument lourd et peu maniable ou bien fichu et ingénieux, mais dont il doit apprendre à se servir.

Mais, au fil du temps, celui-ci comprend que l'administration n'est pas un instrument ; c'est un organisme vivant, doté d'un esprit et d'un tempérament, qui ne demande qu'à être utilisé si le leader est bon mais qui ne se laissera ni posséder ni soumettre.

L'administration est adéquate pour certaines choses, inadéquate pour d'autres. Elle essaiera d'exécuter les consignes dans les limites de ce qu'elle estime pouvoir accomplir. Elle pourra apporter une aide efficace au leader mais, en s'ingéniant à faire obstruction, pourra devenir fatale à son programme. Et, quoi qu'il arrive, elle ne pourra jamais remplacer le leader et son équipe.

Alors, comme je l'ai dit, cela vaut la peine de s'intéresser de près à l'administration !

DEUXIÈME PARTIE

Pour une action publique efficace

Chapitre 7

Quel que soit le régime, ce qui compte, c'est l'efficacité

Qu'un leader soit à la tête d'une démocratie de type occidental, d'une démocratie « gérée », d'une autocratie bienveillante ou d'une véritable dictature, ce qui compte, c'est la mise en œuvre effective de l'action publique.

Mon intime conviction, c'est que la démocratie est la meilleure forme de gouvernement qui soit.

L'argument de poids traditionnellement avancé, c'est que l'immense majorité des pays affichant un niveau de vie élevé, dont les États-Unis, première puissance mondiale, sont des démocraties. Pourquoi ? La liberté inhérente à ce type de régime favorise l'entreprise privée en l'affranchissant de la menace de la corruption d'État ou de la confiscation. L'État de droit représente en effet un atout considérable pour l'entrepreneuriat, présent dans la majorité des pays démocratiques et globalement inexistant dans les pays non démocratiques.

Par ailleurs, les pays démocratiques comptent davantage de candidats à l'immigration que de candidats à l'émigration. C'est un signe qui ne trompe pas.

Mais, à force d'ériger sa propre supériorité en principe, la démocratie a tendance à oublier que l'époque veut qu'elle fasse ses preuves.

Il y a vingt ans, quand je rendais visite à des dirigeants de régimes non démocratiques, ces derniers m'expliquaient d'un air à moitié désolé que leur pays n'était pas encore prêt pour cette forme de gouvernement, sous-entendant qu'avec le temps il le serait. Tout le monde acceptait l'idée que la démocratie était ce à quoi toute nation devrait aspirer.

Aujourd'hui, les choses sont différentes. Si ces leaders non démocratiques ne méprisent pas le pouvoir du peuple comme le font peut-être les dictateurs, ils l'interrogent. Ils interrogent sa stabilité, son environnement médiatique et surtout sa capacité à prendre des décisions et à les mettre à exécution. En d'autres termes, s'agissant du défi majeur de la gouvernance – l'avancée de l'action publique –, ils ne sont pas convaincus.

Ils invoquent plusieurs arguments dont l'incapacité des dirigeants des nations démocratiques à penser et à planifier sur le long terme, le fait que la conduite des politiques publiques soit soumise à la politique politicienne, l'impact du verbiage médiatique qui oblige les responsables politiques à gérer en permanence des crises qui, au regard de l'avenir de leurs nations, sont insignifiantes et les détournent de l'essentiel.

Le scepticisme à l'égard de la démocratie n'est d'ailleurs plus circonscrit aux seuls régimes plus autoritaires ; il s'exprime au sein même des démocraties.

Dans les sociétés occidentales, on analyse les faiblesses de la démocratie autrement. Pour certains médias, les maîtres mots sont « transparence » et « responsabilité ». Les gouvernements sont-ils « honnêtes » ? Les politiciens, « dignes de confiance » ? Pour certains acteurs de l'aide internationale au développement, la question des droits de l'homme représente une question centrale.

Ce sont là différentes façons de dire que la démocratie est confrontée à des défis d'ordre moral. Partant, le remède consisterait à élire des dirigeants qui disent la vérité, à dévoiler les méfaits commis, à tout rendre public, de sorte que ces dirigeants vertueux, en lien étroit avec le « peuple », soient à même d'améliorer la vie des citoyens.

Pour dissiper tout malentendu, je ne dis pas que ces questions morales sont sans importance ou qu'elles ne relèvent pas du champ gouvernemental. Une fois un certain niveau de développement atteint, elles sont capitales. Mais avant, elles ne doivent pas l'emporter sur l'efficacité des politiques publiques.

Le défi des démocraties aujourd'hui, c'est l'efficacité. Une nation démocratique qui présente un bilan impeccable en matière de transparence ne fera pas oublier un bilan lamentable en matière de résultats.

Dans une nation en voie de développement, où les habitants peinent à mettre de la nourriture sur la table, à scolariser leurs enfants, à accéder aux prestations de santé de base, à joindre les deux bouts, l'efficacité peut faire la différence entre la vie et la mort, ou entre une vie placée sous le signe de l'espoir et une vie sans espoir.

Bien sûr que les gens veulent des hommes politiques honnêtes et des dirigeants dignes de confiance, mais, avant tout, ils veulent des solutions. Ils veulent que les problèmes qui impactent leur vie soient résolus ou du moins réduits. Ils veulent un niveau de vie plus élevé, de meilleurs systèmes de santé et d'éducation, de la sécurité.

Ces choses résultent non pas de l'expression honnête de bonnes intentions, mais de la mise en œuvre de politiques efficaces.

Allons plus loin. Contrairement à la règle que j'ai exposée plus haut, le jeu politique passe avant le dessein politique dans de trop nombreuses démocraties occidentales classiques. Le court terme éclipse le long terme. Les scandales intéressent davantage la classe politique que les problèmes des citoyens.

De plus, les réseaux sociaux ont un effet délétère sur le débat public, créant un véritable climat de haine toxique pour les représentants élus.

De fait, l'instabilité constitue une caractéristique aussi saillante des démocraties occidentales que la stabilité. Les populismes y font exploser les partis traditionnels. Les groupes dissidents se forment et se déforment. Une bonne partie de l'électorat s'exprime sur le mode de la revendication. Aux États-Unis, les deux partis historiques sont composés de factions discordantes, dont l'union est fragile. Partout en Europe, les partis, qui, avant, restaient au pouvoir sur plusieurs mandats, s'écroulent. Au Royaume-Uni, Downing Street a vu défiler six Premiers ministres entre 2016 et 2024. Quand j'en suis parti, j'étais le troisième en presque trente ans. Comment s'étonner que le pays aille mal ?

La source de l'instabilité réside dans l'incapacité à produire des résultats. Depuis la crise financière, le niveau de vie stagne pour beaucoup de citoyens. L'inquiétude que génère l'immigration fait rage mais personne ne semble pouvoir régler le problème. Les dépenses de l'État sont élevées ; les impôts également mais l'offre des services publics n'est pas à la hauteur. L'aide sociale ne semble pas répondre de manière satisfaisante aux pressions que subissent les citoyens. La criminalité, et en particulier le crime organisé, paraît hors de contrôle. Le mépris pour les institutions nationales et pour la majorité se déchaîne. Les politiciens classiques disent avoir des solutions mais l'expérience engage le peuple à se méfier de leurs déclarations.

C'est pour cela que le populisme est en marche. Ce n'est vraiment pas compliqué à comprendre. Si la politique démocratique traditionnelle ne semble pas fonctionner, celui ou celle qui promet la réorganisation la plus radicale, qui fait le plus de bruit, qui provoque la plus grande indignation parmi les acteurs conventionnels du paysage politique sort son épingle du jeu.

L'objectif de ce livre est d'expliquer pourquoi l'obtention de résultats et la conduite de réformes efficaces sont le seul véritable test pour un gouvernement. Mais il se trouve que c'est aussi le seul moyen de protéger la démocratie.

Dans les pays en développement, le contexte est différent mais la leçon reste inchangée. La question de la transparence y est plus fondamentale encore car la corruption est la pire ennemie de l'efficacité – pas seulement parce qu'elle est immorale, mais parce qu'elle tient lieu de mauvais guide dans le processus décisionnel. Elle empêche d'améliorer les institutions et crée précisément l'état d'esprit défavorable à l'entreprise et à l'innovation.

Mais, une fois le phénomène sous contrôle, n'importe quel pays peut progresser en suivant les principes de la bonne gouvernance. Par là, j'entends une gouvernance certes « honnête », mais aussi et surtout une gouvernance efficace. En d'autres termes, la mise en place de systèmes et de politiques efficaces. Quel est le meilleur moyen d'ancrer la démocratie dans un pays où elle n'en est qu'à ses balbutiements ? Montrer que ça fonctionne !

Si les gouvernements occidentaux mettaient autant d'énergie à élaborer des politiques de développement capables d'aider les pays émergents à mettre en place des solutions réalistes qu'à leur donner des leçons d'éthique constitutionnelle, tout le monde s'en porterait mieux.

Comme je l'ai dit, l'efficacité doit être l'ambition numéro un des gouvernements. De ce point de vue, les démocraties occidentales ont souvent des défaillances que les démocraties « gérées » et les autocraties « bienveillantes » n'ont pas, mais permettez-moi de préciser ma pensée.

Les démocraties « gérées » et les autocraties « bienveillantes » ne fonctionnent que si leur dirigeant tient la promesse d'une gestion intelligente pour les premières, et de la bienveillance pour les secondes. S'il se transforme en dictateur, pour une raison ou pour une autre, le pays court à sa perte.

Comme en toute chose, il y a sans doute des exceptions, mais, en règle générale, la dictature ne fonctionne pas.

Au-delà du principe même de ce type de régime, les gouvernements dictatoriaux présentent un défaut majeur, qui touche directement à l'efficacité. Quand le reste du pays a trop peur pour exprimer un avis divergent, il n'y a pas d'équilibre des pouvoirs, ce qui donne lieu à de mauvaises décisions.

Parmi les pays qui décrient la démocratie libérale, deux se sont récemment démarqués : la Russie et la Chine.

Si la Russie était une démocratie digne de ce nom, le président n'aurait jamais fait l'énorme erreur, compte tenu du passif entre les deux pays, de croire que l'Ukraine – qui, en dépit de ses défauts, est une véritable démocratie avec un président élu – allait se coucher et laisser sa voisine lui marcher dessus. Jamais deux véritables démocraties ne se sont fait la guerre, et pour cause : leurs citoyens préfèrent vivre en paix et régler les conflits qui les opposent sans intervention militaire. Quelle que soit l'issue de cette guerre, les conséquences dévastatrices d'une telle erreur de jugement dureront, pour la Russie et pour l'Ukraine, le temps d'une génération. Pourquoi c'est arrivé ? Parce que le chef d'État russe a créé autour de lui une structure incapable de le remettre en cause.

La Chine a été encensée pour sa gestion initiale de la pandémie de Covid-19. La politique zéro Covid menée par le gouvernement a semblé porter ses fruits pendant un temps puisque le pays affichait un taux de mortalité bien inférieur aux démocraties occidentales où, par choix politique d'une part et en raison de l'hostilité des citoyens aux confinements d'autre part, on a d'abord laissé le virus circuler librement. Les confinements ultérieurs ont permis de stabiliser la situation, puis le développement de l'immunité naturelle et la vaccination de masse ont participé à maîtriser la propagation du virus.

L'apparition du variant Omicron, beaucoup plus contagieux, a changé la donne et aurait dû faire évoluer la politique chinoise. Mais, parce que les autorités avaient brandi la stratégie zéro Covid en étendard, elles n'ont pas pu ou pas voulu faire preuve de la flexibilité nécessaire. La toute-puissance du leadership chinois a engendré de la rigidité, qui a elle-même engendré d'immenses dommages et difficultés sans raison valable. Adopter une telle posture n'est jamais bon pour un leader, même s'il est affranchi de toute responsabilité démocratique.

La réponse à ce genre d'ornières n'est pas nécessairement la démocratie, mais c'est au minimum une organisation qui permet la remise en question. Même si vous dirigez un pays sans tradition démocratique, vous devez comprendre l'importance de rester ouvert à la contradiction et vous entourer de gens compétents prêts à débattre avec vous, sans quoi vous aurez certes le pouvoir de mettre à exécution mais pas les politiques propres à obtenir des résultats probants.

La Chine est très différente de la Russie, sous le rapport de l'histoire, de la tradition, de la civilisation et de l'administration. Elle a peut-être la capacité de s'adapter et de s'éloigner des tentatives actuelles de recréation d'un leadership presque maoïste. Si elle y parvient, ce sera précisément parce qu'une telle consolidation du pouvoir, soutenue par des mesures idéologiques, ne passera pas le test de l'efficacité.

Poutine a eu une influence majeure sur le paysage politique mondial du XXIe siècle. Il y a en effet un « modèle poutinien » de gouvernance. Je me rappelle la façon dont il a commencé à démanteler la jeune démocratie russe, privilégiant les nominations aux élections pour certains postes, érodant la liberté des médias, présentant les opposants politiques comme des ennemis de la nation, allant jusqu'à en évincer certains *pour encourager les autres*[1].

1. En français dans le texte. *(N.d.l.T.)*

Au début, son travail de sape est presque passé inaperçu tant il semblait incompatible avec la théorie du triomphe de la démocratie libérale après la chute de l'URSS. Et quand, enfin, les observateurs ont pris conscience de ce qui se jouait, Poutine était vu comme un cas isolé, une exception – il nous semblait peu probable que quiconque suive son exemple.

En réalité, de nombreux aspirants dirigeants analysaient sa trajectoire, cherchant à savoir si sa méthode – concentrer tous les pouvoirs, écraser la dissidence, poser les bases d'une longévité politique impensable dans un véritable régime démocratique – était applicable à leur situation.

Autre élément du modèle poutinien : l'élaboration d'un récit qui justifiait la nécessité de son action au nom de l'intérêt du pays. Dans un monde en mutation caractérisé par une insécurité économique et culturelle croissante, une telle figure d'autorité paraissait moins effrayante que l'immobilisme économique et le relativisme culturel associés aux dirigeants démocratiques traditionnels.

On assistait, de fait, à la renaissance du concept du dirigeant tout-puissant, avec Poutine comme modèle.

À plus d'un titre, certains électeurs du monde occidental partageaient les inquiétudes dont témoignaient les soutiens aux nouveaux leaders autoritaires des démocraties de façade ou des pays non démocratiques.

Tous constataient que s'opéraient dans le monde des transformations qu'ils n'approuvaient pas ou auxquelles ils n'avaient pas consenti ; tous voyaient un rempart contre ces forces dans la figure autoritaire ; tous partageaient le sentiment que les opposants auxdites figures n'avaient pas de plan viable pour assurer le progrès économique.

Mais, par-dessus tout, ils croyaient qu'avec un dirigeant doté d'une forte poigne les choses iraient au moins de l'avant. Avec la bonne dose de pouvoir et d'indifférence à l'opposition, un tel dirigeant pourrait mettre fin à la paralysie qui rendait les systèmes démocratiques inopérants face à des exigences antagonistes.

C'est pour cela qu'il existe une telle ambivalence au sujet de Poutine dans les sphères d'extrême gauche et d'extrême droite occidentales. Il a de vrais « admirateurs ».

Partout en Occident, on cherche désespérément comment mettre fin à cette tendance antidémocratique.

Du fait qu'elle ne semble pas partagée par tous, l'indignation qui s'y exprime avec de plus en plus d'insistance n'aura pas l'effet escompté.

Seule une véritable compréhension de la nature du problème, assortie des politiques propres à le résoudre, parviendra à le résoudre.

En tant que dirigeant, si vous ne reconnaissez pas les inquiétudes des citoyens – face à l'immigration croissante ou à des positionnements extrêmes sur les questions sociétales qui polarisent l'opinion par exemple – et que vous échouiez à y répondre efficacement, l'électorat se portera vers quelqu'un de plus à l'écoute, même s'il faut sacrifier pour cela des mécanismes traditionnels de responsabilité politique.

Dans presque 100 % des cas, le populisme est une réaction à l'incapacité des acteurs politiques conventionnels – « modérés », si je puis dire – à défendre des positions fortes sur les sujets où certaines factions progressistes ont plutôt tendance à pratiquer la politique de l'autruche. Les démagogues s'affranchissent des groupes de pression et autres militantismes pour s'intéresser non pas aux sujets que leur dictent ces derniers, mais à ceux qui ont un impact sur la vie quotidienne de la majorité.

Je suis absolument convaincu que cette incapacité explique en grande partie l'attrait étrangement durable pour Donald Trump sur la scène politique américaine.

Tout cela pour dire qu'en tant que leader vous devrez vous concentrer sur beaucoup de choses. Dans certains pays, la bonne exécution des missions du service public n'est peut-être pas la mission la plus centrale, par tradition ou à cause des circonstances. Elle est parfois supplantée par la question des changements constitutionnels ou institutionnels – ou par d'autres enjeux purement politiques.

Mais ne doutez pas un seul instant que votre tâche, c'est la mise en œuvre efficace de l'action publique.

Chapitre 8

L'importance ultime de la stratégie

Le mot « stratégie » dérive du grec *strategia* – le « commandement ». Sans stratégie, il n'y a pas de leadership.

C'est l'un de mes mots favoris dans le champ lexical de la politique. La stratégie implique clarté de pensée, cohérence, cohésion ; elle suppose la relégation du court terme à sa juste place et soutient l'accomplissement à long terme du plan d'ensemble.

Avoir une stratégie n'est pas l'assurance du succès, mais ne pas en avoir est presque à coup sûr garantie d'échec.

La stratégie, c'est faire en sorte que la gestion des affaires courantes reste alignée avec la vision à long terme ; s'assurer que les nécessités politiques – ou les nécessités du présent – n'entrent pas en conflit avec les objectifs stratégiques du gouvernement, qui forment sa principale raison d'être.

Ce n'est pas un plan. C'est une attitude. Un état d'esprit. Elle agit comme une puce informatique qui transmet un signal d'alerte au dirigeant quand il semble qu'une décision soit bonne sur le plan tactique mais mauvaise sur le plan stratégique.

Le dirigeant doit l'avoir développée avant d'accéder au pouvoir. Il doit l'avoir dans ses bagages, en quelque sorte, lorsqu'il entre en fonctions.

Pourquoi ? Parce qu'une fois aux commandes le leader peut voir son existence rapidement transformée en un modus vivendi préjudiciable à l'identification et à la mise en œuvre de sa stratégie.

Je rencontre beaucoup de dirigeants en début de mandat ; les choses ont l'air de se passer pour eux comme elles se sont passées pour moi à Downing Street. D'abord, tout paraît raisonnablement bien réglé. Ils donnent des instructions auxquelles le système se conforme plutôt bien. Ils jouissent de l'espace politique dont ils ont besoin, sentent peut-être une certaine pression liée à la responsabilité qui leur incombe mais ne sont pas encore accablés par le fardeau de l'exercice du pouvoir.

La stratégie semble faire partie de l'équation presque sans effort de volonté parce que tout semble relativement paisible.

Puis, lentement, mais de plus en plus vite, le travail gouvernemental les rattrape. Leurs instructions sont mises à mal par le défi de l'exécution ; les bonnes intentions affichées se heurtent aux réalités les plus infrangibles ; les réunions, nationales et internationales, se multiplient ; la scène politique, qui semblait stable, montre des signes de turbulence. Les journées sont tout à coup si remplies que le temps de réflexion se rétrécit, et le temps de repos se trouble.

Vous devez donc être mentalement préparé à ne jamais perdre de vue le caractère essentiel de votre stratégie et à ne jamais vous en écarter. Cela vous incitera à dégager du temps pour sans cesse revenir à la mission primordiale du chef du gouvernement et de sa garde rapprochée : réconcilier tactique et stratégie.

La différence entre « tactique » et « stratégie » est fondamentale.

La tactique est importante en ce qu'elle vous aide à mettre votre plan à exécution. Prenons l'exemple d'un dirigeant qui, dans le cadre d'une réforme gouvernementale majeure, doit faire passer telle ou telle loi. Pour s'assurer l'adoption la plus douce possible, il faudra peut-être satisfaire, voire acheter, certains intérêts, accepter de reculer sur une partie non essentielle de ladite réforme ou encore contracter une alliance exceptionnelle. Autant de procédés qui relèvent de la « tactique » et qui sont nécessaires pourvu qu'ils servent la poursuite de l'objectif stratégique.

En effet, la tactique qui consiste à renoncer à un élément primordial du texte est à proscrire. Elle en sape l'objectif et mène à l'échec de la stratégie. Le répit momentané qu'elle offre n'en vaut pas la peine car, à l'heure où le gouvernement devra répondre de ce qu'il a accompli, il se trouvera dans une mauvaise posture durablement cruelle.

La confusion entre tactique et stratégie est une des raisons principales des revers politiques qu'essuient les dirigeants. Une crise se présente. Ils prennent une mesure pour l'éviter. La mesure répond à la nécessité du présent mais elle entre en conflit avec l'objectif final. L'incohérence s'invite dans le plan qui se vide de sa substance. Les électeurs perdent confiance. Le gouvernement fait un pas de plus vers la perte du pouvoir.

Prenons, en guise d'illustration, la récente crise du coût de la vie qui a submergé les gouvernements de très nombreux pays. Dès le début de la crise, causée principalement par des facteurs externes – pénurie d'énergie, guerres, etc. –, il est apparu clairement que l'augmentation des prix du gaz était si importante que les États allaient devoir prendre en charge une bonne partie de la facture. Quels sont les gouvernements qui s'en sont le mieux sortis ? Ceux qui ont pris des mesures, certes inédites et coûteuses, mais globalement conformes à leurs objectifs stratégiques généraux. En combinant par exemple subventions et incitations à réduire la demande énergétique, à réformer durablement le marché de l'énergie et à atteindre les objectifs climatiques. Ceux qui, au contraire, se sont contentés d'injecter de l'argent sans s'inscrire dans un cadre stratégique plus large se sont retrouvés avec des factures exorbitantes qui les ont obligés à faire marche arrière sans la moindre cohérence.

Quand un gouvernement commence à s'éloigner de la stratégie établie, c'est en général le début de la fin car le système se met à répondre de manière aléatoire et la nécessité de recourir à la tactique, qui voudrait se faire passer pour de la stratégie mais trahit en réalité son absence, s'amplifie. L'incohérence engendre davantage d'incohérence. La confiance des électeurs s'érode. Le cap est perdu et les politiques mises en place commencent à ressembler à un ensemble disparate d'efforts isolés et déconnectés du but final.

La stratégie ne souffre pas d'altération ; contrairement à la tactique, qui peut varier et permet la flexibilité, elle exige de la constance.

Naturellement, il y a toujours une exception qui confirme la règle. Il peut arriver que les éléments qui constituent le fondement de la stratégie changent, le plus souvent à cause d'événements extérieurs qui échappent au contrôle du dirigeant, auquel cas la stratégie doit être modifiée.

Un exemple. Au début du XIXe siècle, les dirigeants politiques européens croyaient pour la plupart que les conflits entre grandes puissances appartenaient au passé. Le développement des forces armées, ayant un impact politique limité, ne faisait donc pas partie des priorités de leurs gouvernements. La donne a changé avec l'invasion de l'Ukraine par la Russie – et, avec elle, les stratégies de défense et les politiques qui s'y rapportent.

Dans ce cas précis, le revirement a été si spectaculaire que les dirigeants n'ont pas eu besoin de faire preuve de beaucoup de discernement politique pour le repérer et adapter leur stratégie en conséquence.

Il arrive néanmoins qu'il soit plus difficile d'identifier un glissement qui s'opère non pas en surface, mais en profondeur. J'ai moi-même parfois été trop lent à détecter de tels glissements.

Je pense notamment au volet économique, où la pertinence d'une politique industrielle moderne pour soutenir la croissance ne peut être appréciée que si la stratégie reste en permanence à l'étude.

Quand j'étais Premier ministre, il était généralement admis que les gouvernements devaient éviter de « faire des préférences », par exemple en essayant de promouvoir tel ou tel secteur industriel ou en interférant avec la tendance globalement fluide du marché. La France faisait figure d'exception, avec sa stratégie de « champions industriels » que personne n'envisageait d'imiter.

Mais la révolution technologique aujourd'hui à l'œuvre réclame une reconsidération de cette stratégie de stricte séparation entre l'État et le marché. Il ne s'agit pas d'opérer un retour à la stratégie industrielle « à l'ancienne », qui consistait à soutenir des industries auxquelles le marché dictait leurs transformations, mais de reconnaître que si l'État ne s'intéresse pas à la meilleure façon d'encourager certains secteurs dont l'importance est stratégiquement essentielle, le pays sera économiquement moins fort et sa population plus pauvre.

Dans le cas de la Grande-Bretagne, il s'agira peut-être de soutenir la filière des sciences de la vie et de s'assurer de conserver une position forte dans le secteur ô combien stratégique de l'intelligence artificielle.

S'agissant de la France, il conviendra peut-être d'attirer des investisseurs étrangers, en particulier dans le secteur de la finance, devenu plus facile d'accès grâce au Brexit.

Aux États-Unis, une politique industrielle stratégique a permis de faire décoller l'industrie verte.

Sur le continent africain, de nombreux pays s'efforcent de réformer leur agriculture. Ils essaient notamment d'ajouter de la valeur à leurs denrées alimentaires brutes en assurant leur transformation eux mêmes au lieu de les envoyer vers d'autres pays qui, en les transformant, confisquent leur valeur ajoutée.

Autant de politiques que les précédents gouvernements de chacun de ces pays ont peut-être boudées, voire balayées d'un revers de la main. Mais, les circonstances changeant, leur stratégie a également dû changer.

Ainsi, vous devez appliquer votre stratégie rigoureusement tout en évitant d'être rigide, comme le préconisait John Maynard Keynes en son temps. L'adage selon lequel « Quand les faits changent, je change d'avis » conserve tout son bon sens. Même si, je le précise, il s'agit de modifier la stratégie et non de l'abandonner, de renoncer au maître mot (la cohérence) ou au principe de base (veiller à ne pas faire du court terme l'ennemi du long terme).

À titre d'illustration, lorsque l'Allemagne s'est engagée à fermer ses centrales nucléaires après la catastrophe nucléaire de Fukushima en 2011, le gouvernement était en phase avec l'opinion publique dominante. Mais dix ans plus tard, entre la crise énergétique mondiale et les obligations relatives au climat, la décision tactique de s'affranchir du nucléaire est finalement entrée en conflit avec la nécessité stratégique de protéger le niveau de vie des Allemands et de réduire les émissions.

Pour conclure, toutes ces questions stratégiques réclament une analyse soigneuse, une réflexion approfondie et une réévaluation constante. Le défi pour le leader est de rester dans la maîtrise du volet stratégique tout en gérant les affaires courantes.

Quand on est au pouvoir, les problèmes qui font les gros titres semblent les seules choses importantes et la tentation est grande de les résoudre sur-le-champ. Suivez cette voie sans tenir compte des conséquences stratégiques à long terme et, oui, vous soufflerez sur le moment, mais croyez-moi, vous

vous en mordrez les doigts plus tard parce que les décisions prises au mépris de la vision stratégique fractureront peut-être irrémédiablement votre capacité à faire advenir le changement.

Chapitre 9

Soyez un acteur du changement, pas un simple figurant

Quand on occupe un poste de leadership, c'est pour prendre des décisions – d'agir, mais aussi de ne pas agir. Car, oui, quand un dirigeant s'abstient de trancher, c'est bel et bien une décision, et cela ne va pas sans conséquences. Laisser les événements suivre leur cours sans intervenir est une politique. Une mauvaise politique, sans doute, mais une politique malgré tout.

Un jour que je rendais visite à Shimon Peres, homme d'État israélien et philosophe politique hors norme, il m'a rapporté une conversation qu'il avait eue avec l'un de ses successeurs, lequel hésitait quant à la meilleure façon de gérer le processus de paix. Les deux hommes se trouvant dans la résidence officielle du Premier ministre à Jérusalem, Shimon Peres lui a répondu : « Eh bien, vous avez un choix à faire, vous qui, en tant que dirigeant du pays, occupez cette illustre demeure. Vous pouvez vous contenter de figurer dans le registre de ses locataires ou décider d'entrer dans les livres d'histoire. »

Se satisfaire du statu quo n'est pas chose commune chez les dirigeants. La plupart d'entre eux sont arrivés au pouvoir en brisant le statu quo. De plus, ils savent qu'ils ont été élus pour une raison : améliorer la vie des gens.

Quoi qu'il arrive, l'inaction politique ne peut guère tenir lieu d'option dans un monde qui change aussi vite et aussi profondément que le nôtre. Lorsque j'étais Premier ministre, je n'avais pas de téléphone portable (ce dont, rétrospectivement, je remercie le ciel), Internet n'en était plus à ses balbutiements mais ce n'était pas ce que c'est aujourd'hui, Amazon n'était encore qu'une simple librairie en ligne et ni Twitter (ou X) ni Netflix n'existaient. Plus important encore, l'intelligence artificielle était un concept, pas une révolution en marche ; le changement climatique demeurait fortement contesté ; la Chine était une nation en voie de développement, les pays du Golfe se trouvaient relégués au statut de pétro-États, la Grande-Bretagne faisait office de poids lourd européen, la Russie appartenait à ce qu'on appelait à l'époque le G8, l'Inde était considérée comme un pays du tiers-monde et les États-Unis s'embourbaient dans la lutte contre le djihadisme mondial après les attentats du 11 septembre.

Au la fin des années 1990, les dix plus grandes entreprises du monde par capitalisation boursière étaient Microsoft, General Electric, Cisco, Walmart, Exxon, Intel, NTT Docomo, Royal Dutch Shell, Pfizer and Nokia. Aujourd'hui, la seule de ces organisations qui reste dans le top 10 est Microsoft. À la place des autres, on trouve par exemple Apple, NVIDIA et Amazon – autant d'entreprises de la tech qui ont des capitalisations boursières bien plus importantes que celles d'il y a vingt ans.

Nous vivons dans un monde nouveau, avec tous les défis et toutes les opportunités que présente une innovation à si grande échelle !

La crise du Covid-19 nous l'a d'ailleurs enseigné, même si rares sont ceux qui l'ont analysée ainsi.

Pensez-y : la pandémie, phénomène inédit pour le monde moderne, a malheureusement tué des millions de personnes et infecté des milliards d'autres. Elle a arrêté le monde pendant un temps. Et pourtant, au bout du compte, nous avons surmonté la crise. L'économie s'est rétablie comme personne n'osait l'espérer, à l'image de la plupart des malades du virus. Nous avons beaucoup appris de cette période, ce qui devrait nous aider à nous sortir de la prochaine pandémie plus vite et moins douloureusement.

Pour dissiper tout malentendu, je tiens à dire que je suis bien conscient que le Covid circule toujours, avec la menace de nouveaux variants, et que la prise en charge de ses formes longues reste un problème. Mais la situation aurait pu être bien pire, et nous devons nous souvenir de notre capacité d'adaptation et de survie, pas de notre propension au désastre.

Comment nous en sommes-nous sortis ? Eh bien, nous avons inventé des vaccins en un temps record – y compris des ARN messagers dont personne n'avait jusque-là entendu parler – avant de les fabriquer et de les distribuer. La distribution desdits vaccins a certes été honteusement inégale, mais plus de la moitié de la population mondiale a pu en bénéficier malgré tout. Aujourd'hui, nous pouvons espérer le développement de toute une génération de vaccins et de médicaments injectables préventifs qui sauveront des dizaines de millions de personnes de maladies transmissibles et non transmissibles.

Nous avons mis au point des tests capables de mesurer l'infectiosité en quelques minutes. Nous avons également séquencé le génome du virus, ce qui devrait nous permettre de construire un système d'alerte précoce pour repérer de nouveaux agents pathogènes, mais aussi, à plus long terme, de révolutionner le diagnostic dans le champ médical aussi bien que dans le secteur de la production agricole, voire au-delà.

Mais les avancées ne se sont pas arrêtées au domaine des sciences biologiques et médicales. Pendant la pandémie, la rupture des relations sociales nous a poussés à recourir à Zoom ; l'impossibilité de se rendre au bureau nous a conduits à travailler de chez nous. Ce faisant, nous avons découvert que le télétravail était possible, et qu'en plus il comportait des avantages. Bien sûr, nous avions tous envie que les confinements prennent fin, mais nous avons tenu bon. À la faveur de la gestion de la crise, la science et la technologie ont fait des pas de géant – certains attendus, et d'autres pas du tout.

Ce que nous avons appris de cette crise en matière de gouvernance est précieux : l'urgence a généré de l'efficacité, la nécessité a généré de l'inventivité, le désespoir a bousculé les silos traditionnels de la bureaucratie gouvernementale. Nous avons tous fait montre de notre agilité.

Quelque part, nous étions comme en « temps de guerre ». Mais, si l'obligation de prendre des décisions radicales diminue en temps de paix, la nature changeante du monde demeure. Notre univers est en mutation permanente. Les gouvernements doivent en avoir conscience car si le monde avance sans cesse alors qu'ils font du surplace, ils seront vite dépassés.

Tout cela pour souligner le fait que vous devez être acteur du changement, pas figurant.

Dans les circonstances actuelles, conduire le changement est presque un devoir, mais c'est aussi malheureusement la chose la plus difficile qui soit.

Le problème, c'est que quand vous parlez de réformes, tout le monde acquiesce ; mais, quand vous passez à l'action, personne ne veut être personnellement touché.

Quand j'étais aux commandes, je n'ai eu de cesse d'essayer de porter des réformes. Avec l'expérience, j'ai appris que c'est un processus soumis à un cycle invariable : au stade de la proposition, vous vous entendez dire que c'est une mauvaise idée ; au stade de la concrétisation, vous rencontrez mille obstacles ; une fois qu'elle est enfin passée, vous êtes pris du regret de pas être allé plus loin.

Aucune transformation digne de ce nom ne s'accomplit sans peine. Face aux résistances, vous devrez faire preuve d'une grande ténacité et d'un grand réalisme.

En effet, si vous essayez de transformer d'un coup un système dans son intégralité, vous échouerez très probablement. Le changement se conduit étape par étape. Cela ne veut pas dire qu'il ne doit pas être radical à chaque étape, mais simplement que, pour atteindre l'objectif final, mieux vaut ne pas se précipiter. Dans le cas contraire, la mobilisation contre la réforme n'en serait que plus facile car ses opposants surferaient sur le mécontentement et la souffrance pour montrer que le projet tout entier est à jeter à la poubelle.

Il est également essentiel de construire une base de soutien solide autour de votre réforme car ses bénéfices ne seront pas immédiats et leur portée pas toujours connue. Il y aura des courageux qui reconnaîtront ce qui peut être accompli, des pragmatiques qui comprendront que le changement est à leur avantage, et d'autres encore qui finiront par se voir comme parties prenantes pourvu que vous sachiez les convaincre.

Pour convertir des partisans, il conviendra de communiquer la réforme dans un langage que le public puisse comprendre, de l'intégrer au récit du gouvernement, de répéter et répéter encore l'objectif et le sens de ladite réforme. Vous êtes dirigeant, pas technocrate : formulez votre message non pas en résumant les objectifs fonctionnels que la réforme permettra d'atteindre, même s'ils sont très importants, mais en vous appuyant sur les valeurs auxquelles vous croyez en tant que responsable politique, car c'est pour les défendre que vous avez voulu être aux commandes. En d'autres termes, il faut montrer la cohérence du changement recherché avec votre plan général, le grand dessein que vous poursuivez pour le pays. Ne vous contentez pas de débiter les détails factuels.

Les meilleures réformes sont les réformes dynamiques, celles qui n'ont pas besoin que le dirigeant et le gouvernement les remettent vingt fois sur le métier. Une fois lancées, celles-ci introduisent un vecteur de changement dans le système, lequel génère son propre élan en marge de la supervision du pouvoir central.

Les gouvernements ne sont pas d'incroyables moteurs d'innovation. Ils sont capables d'innover, mais pas perpétuellement. Les freins sont innombrables : ils développent mais considèrent ensuite que la mission est accomplie ; ils changent le statu quo sous l'impulsion du leadership mais leur action donne naissance à un nouveau statu quo ; ils initient mais se laissent détourner du processus par un agent extérieur ; les acteurs de la réforme changent ; l'intérêt se délite.

Idéalement, il faut conduire une réforme qui, une fois mise en place, permet à ceux qu'elle favorise de s'en porter responsables. Il y a en effet de bonnes chances que ceux-ci ne se laissent pas détourner de leur mission.

Je vais illustrer mes propos avec les réformes introduites par mon gouvernement dans les domaines de l'éducation et de la santé. Au cœur de ces mesures, il y avait l'idée de mettre l'usager – le parent, l'élève, le patient – en premier, et non les intérêts du service.

Pour l'éducation, cela supposait de favoriser l'autonomie des établissements par rapport aux pouvoirs publics locaux, de leur permettre de former des partenariats avec le secteur privé en leur donnant beaucoup plus de liberté dans le recrutement et la gestion de leur personnel. S'agissant des parents, nous leur avons laissé toute latitude pour choisir l'école de leurs enfants s'ils jugeaient que celle du secteur n'offrait pas un service satisfaisant.

C'était d'autant plus important dans les quartiers défavorisés. À Hackney, dans l'est de Londres, la part d'élèves de seize ans réussissant les tests standardisés variait de 20 % à 80 % d'un établissement à un autre ! Bilan : l'année dernière, un lycée public d'un autre quartier de Londres a envoyé davantage d'élèves à Oxford et à Cambridge que Eton !

Concernant la santé, la réforme du NHS a permis aux patients de choisir leur médecin et a ouvert le système de santé publique aux prestataires du secteur privé.

Ces deux réformes ont été accueillies avec une franche hostilité de la part des corps enseignant et médical. Pendant mon premier mandat, j'ai essayé de réformer ces systèmes dans leur intégralité, d'introduire par exemple la rémunération au mérite pour les enseignants et des objectifs pour les médecins et les hôpitaux. Ça n'a pas vraiment fonctionné. Pendant mon deuxième mandat, nous avons adopté une approche différente. Notre objectif restait bien de conduire des réformes systémiques et structurelles, mais nous avons commencé à une échelle restreinte et sommes allés crescendo. Nous avons par exemple créé des établissements privés sous contrat, mais seulement quelques-uns dans ces quartiers défavorisés moins bien pourvus en écoles. Dans le domaine de la santé, nous avons fait appel au secteur privé pour réduire les longues listes d'attente des services de chirurgie orthopédique du NHS.

Ces mesures, raisonnablement simples à mettre en place et auxquelles il était difficile de trouver à redire, sont devenues vecteur de changement. À mesure que les gens ont constaté que les écoles offraient un meilleur service et que les délais à l'hôpital se réduisaient, ils ont été de plus en plus nombreux à soutenir notre action avec force et confiance. Bien sûr, les investissements d'infrastructures que nous avons effectués, en construisant de nouvelles écoles et de nouveaux centres de santé, ont aidé.

Je crains que, trop souvent, nous n'ayons pas réussi à expliquer nos réformes dans leur ensemble et à nous affranchir du langage technocratique. Mais, parfois, nous sommes parvenus à articuler notre argumentaire autour des résultats pratiques de nos politiques d'une part et des valeurs qu'elles reflétaient, à savoir notre engagement pour la justice sociale, d'autre part. Ce que nous avons pu affirmer avec nos réformes, c'était que si, jusque-là, l'accès à une éducation et à un service de santé de qualité avait été la prérogative des classes aisées qui se tournaient vers le secteur privé, désormais la majorité de la population contrainte de recourir au secteur public bénéficierait de services équivalents.

Aujourd'hui, la révolution technologique offre de nouveaux tremplins et de nouvelles opportunités de réforme. Dans le domaine de la santé, les avancées promettent de transformer les diagnostics et les traitements, de donner aux patients un bien meilleur contrôle de leur santé, de gérer les systèmes de manière plus efficace grâce aux données et de réinventer les sciences biologiques. Dans l'éducation, elles ouvrent la possibilité de faire entrer les meilleurs enseignants du monde dans les salles de classe et permettent aux élèves d'apprendre au rythme qui leur convient le mieux. Les programmes, les conceptions classiques concernant les effectifs de classe ou le rôle des professeurs sont autant d'éléments qui peuvent être changés radicalement grâce au progrès technologique.

L'impact de cette révolution est prometteur dans l'ensemble du secteur public. Je pense notamment à l'identité biométrique permettant aux citoyens d'interagir avec l'administration en ligne, aux tests ADN couplés à la reconnaissance faciale pour réduire la criminalité et, plus généralement, à l'optimisation de l'approvisionnement public, de l'urbanisme avec les villes intelligentes, de la consommation d'énergie ou du transport avec les véhicules électriques.

Parfois, quand je parle avec des responsables politiques de premier plan, je les trouve incroyablement pessimistes quant à la possibilité de transformer leur pays. Ils disent que les caisses sont vides, que la vie politique est impitoyable, que les systèmes sont rivés aux structures gouvernementales et imperméables au changement, et leur constat m'accable un peu.

Ce que je leur réponds, c'est qu'être aux commandes à un moment pareil est absolument exaltant. Le potentiel de changement, sa nécessité en réalité, est énorme. Tout comme les instruments, notamment technologiques, qui sont à leur disposition. Cela exige simplement de bien les comprendre, d'avoir le courage de s'en emparer et de les utiliser.

Être un acteur du changement n'a jamais été aussi important. La bonne nouvelle ? Ça n'a jamais été aussi facile ! Alors ne vous contentez pas de faire de la figuration ! Foncez !

Ce ne sera pas facile mais c'est le seul moyen de peut-être entrer dans les livres d'histoire.

Chapitre 10

Le suivi[1]

Comprendre que les résultats sont cruciaux est une chose. Obtenir lesdits résultats en est une autre. Je vous laisse deviner ce qui vous donnera le plus de fil à retordre.

Une des leçons les plus déconcertantes que j'ai pu tirer de ma position de chef du gouvernement, et ce dès le début de mon mandat, c'est qu'il y a une grande différence entre avoir beaucoup de pouvoir et être capable de l'exercer.

La première fois que je me suis assis dans le fauteuil de Premier ministre, seul siège qui dispose d'accoudoirs autour de la longue table de la salle du Cabinet du 10 Downing Street, je croyais naïvement que mes décisions seraient suivies d'effet, diffusées à tous les niveaux de l'administration qui les mettraient en œuvre loyalement, dans leur substance et leur finalité.

Aussi ai-je été surpris, voire désarçonné, quand je me suis rendu compte au bout de quelque temps que je faisais erreur. Très souvent, il ne se passait rien du tout. Le « système » était avisé de ma décision, l'examinait, tripatouillait, essayait vaguement de la mettre en œuvre (les bons jours), l'absorbait et l'enterrait.

---

1. En français dans le texte. *(N.d.l.T.)*

En toute justice, ce n'était pas uniquement parce que le système résistait au changement.

Plus fondamentalement, et plus simplement aussi, c'était parce que faire advenir le changement est très difficile. Comme je l'ai dit, cela réclame un personnel compétent et un travail sérieux de conception des politiques à mener – mais, surtout, un système conçu pour l'obtention de résultats, concentré sur l'obtention de résultats et obnubilé par l'obtention de résultats.

Je suis donc devenu un adepte de ce que les Français appellent *le suivi*[1], la poursuite des objectifs jusqu'à leur terme, de sorte que la vision produise des politiques publiques et les politiques publiques des résultats.

J'ai parlé plus haut de la réorganisation des services du Premier ministre et du gouvernement central conduite au cours de mon deuxième mandat. L'objectif était de créer des structures plus efficaces pour parvenir à la concrétisation des priorités absolues, notamment la Direction de l'action publique – une innovation qui a si bien fonctionné qu'elle est désormais copiée partout dans le monde par les gouvernements qui cherchent à améliorer la mise en œuvre au cœur du pouvoir, et souvent dans certains ministères clés. Elle est d'ailleurs préconisée par les cabinets de conseil tels que McKinsey.

Comme je l'ai dit dans le premier chapitre, il y a des choses qui, une fois décidées, sont relativement simples à réaliser, même si elles peuvent sembler complexes à plusieurs niveaux sur le plan politique. L'injonction législative ou administrative suffit pour qu'il y ait concrétisation. Je pense par exemple à l'introduction du salaire minimum au Royaume-Uni. Le gouvernement l'a décidée, la mesure a été soumise à l'examen du Parlement, et hop, c'était fait. Même chose si un gouvernement souhaite une revalorisation salariale des fonctionnaires.

1. En français dans le texte. *(N.d.l.T.)*

Là où les choses se corsent, c'est quand la décision implique un changement systémique profond. Pourquoi ? D'une part parce que la préservation d'intérêts particuliers au sein de systèmes établis lui fait obstacle ; d'autre part parce que tout changement de nature systémique est véritablement complexe. Réformer la santé, l'éducation ou le système juridique, faire évoluer les systèmes d'allocations et de subventions publiques ou encore la politique d'immigration et d'asile, intégrer les technologies numériques dans les processus gouvernementaux et étendre leur utilisation à tous les niveaux du secteur public sont autant d'objectifs tout désignés. Pourtant, l'expérience montre que ce n'est pas facile. Les mettre en œuvre demande de définir ce qu'il faut faire et comment. Le « comment » nécessite souvent des connaissances techniques que les fonctionnaires et leurs responsables politiques ne maîtrisent que partiellement, et encore, dans le meilleur des cas.

Par exemple, les gouvernements qui ont essayé de faire appel à leurs propres experts de santé publique pour élaborer un vaccin contre le COVID ont presque tous échoué, contrairement à ceux qui ont confié la mission aux acteurs du secteur privé comme les États-Unis ou le Royaume-Uni.

Pensez à toutes ces extraordinaires missions spatiales conduites par la NASA. Impressionnant ! Et brillant sur le plan scientifique ! Mais à qui doit-on la revitalisation du secteur ? À Elon Musk et à sa fusée réutilisable qui a permis de réduire les coûts jusqu'alors prohibitifs.

Et que dire des plans quinquennaux soviétiques ? Ce n'est pas un hasard s'ils n'ont pas fonctionné. C'était pour ainsi dire inscrit dans leur ADN. Car si la détermination était au rendez-vous, ils n'avaient ni l'habileté nécessaire à la réalisation de leurs objectifs ni la flexibilité nécessaire à la modification desdits objectifs.

La mise en œuvre dépend du soutien et de la coopération – ou au moins de l'assentiment – de nombreux acteurs. Elle exige de décomposer le changement en étapes, de le comprendre dans toutes ses dimensions et, plus important encore, de s'assurer que ce qui doit se produire se produit effectivement.

Le secteur privé connaît bien ces processus ; il les maîtrise mieux. Et pour cause : même s'il y a aussi des intérêts particuliers qui résistent ou s'opposent au changement, et des employés qui y sont réfractaires, les forces du marché et l'absence de blocages politiques font que la direction obtiendra ce qu'elle veut au bout du compte. Dans le cas contraire, si par exemple les cadres échouent ou sont contraints de renoncer au cap fixé par l'entreprise, elle se séparera d'eux, perdra de l'argent ou déposera peut-être le bilan. Pour les gouvernements, le coût de l'échec, d'un changement de cap ou d'un rétropédalage est beaucoup plus élevé.

Quand je rencontre des entrepreneurs qui se plaignent des processus de gouvernance, je leur dis toujours : Venez donc essayer à l'échelle d'un pays ! C'est éminemment difficile !

La Direction de l'action publique est née de ce constat et de la conviction, acquise au cours de mon premier mandat, que nous avions besoin d'une structure spécialement conçue pour répondre au défi de la mise en œuvre.

Avec le temps, mon gouvernement a appris à en tirer le meilleur parti. Et aujourd'hui, nous savons, pour avoir reconduit l'expérience dans de nombreux pays avec mon institut, que la création et l'exploitation optimale de telles structures répondent à un certain nombre de règles.

En premier lieu, il est très important de choisir un nombre limité de priorités sur lesquelles la structure doit se concentrer. Ces priorités doivent être celles dont j'ai déjà parlé : les choses que le dirigeant voudrait présenter comme des accomplissements lors d'un discours de campagne en vue de sa réélection ou d'un discours d'adieu.

J'insiste sur ce point car il m'arrive parfois de travailler avec des gouvernements dotés d'une cellule dédiée à l'action publique qui s'apparente en réalité à un ministère de la planification pour tous les autres ministères. Les résultats ne sont jamais au rendez-vous. Ladite cellule n'est pas censée éclipser le gouvernement. Elle doit servir d'outil qui se concentre sur la mise en œuvre des priorités du dirigeant à la manière d'un rayon laser et sur rien d'autre.

Ces priorités doivent être mesurables, comme le sont les objectifs et les résultats clés dans le secteur privé. Si elles ne le sont pas, mieux vaut les oublier, ou du moins ne pas en faire l'affaire de la Direction de l'action publique. Par exemple, réduire la pauvreté ou favoriser l'emploi des jeunes sont des objectifs trop vagues pour qu'on puisse assurer leur suivi. En revanche, si le gouvernement a conçu un programme spécifique de réduction de la pauvreté ou une politique d'accès à l'emploi des jeunes précise puis défini des cibles pour leur mise en œuvre, là, le suivi devient possible.

Mon gouvernement a fait appel à la Direction de l'action publique pour réduire les délais de prise en charge hospitalière, le nombre de demandes d'asile injustifiées ou pour mettre en œuvre le programme de réforme du système scolaire – autant d'objectifs mesurables. Que nous réussissions ou que nous échouions, les choses seraient transparentes.

Il est également essentiel que le dirigeant s'implique personnellement dans le travail de cette structure, de sorte que le système ait conscience qu'elle tire son autorité directement du dirigeant et que faire obstacle à la structure, c'est faire obstacle au dirigeant. Quand un membre d'un cabinet ministériel, ou même un ministre, reçoit un coup de fil de la Direction de l'action publique, il doit savoir qu'il parle à la source du pouvoir, et pas simplement à un fonctionnaire. Bien sûr, cela suppose d'en faire la preuve par l'exemple et pas seulement de l'affirmer.

Lorsque j'étais à Downing Street, j'organisais une session mensuelle pour chacune des priorités de la Direction de l'action publique. Le ministre directement concerné y était invité. L'équipe y présentait les progrès réalisés ou pas.

Je ne faisais pas cela uniquement pour savoir ce qui se passait, mais aussi parce que je voulais montrer que les priorités étaient bel et bien les miennes, que j'en étais l'instigateur et que la Direction de l'action publique agissait sur mes ordres et me devait des comptes. Les présentations étaient soigneusement structurées : priorité, progrès, problèmes, orientation envisagée pour les résoudre.

Les membres de la Direction de l'action publique doivent être choisis avec le plus grand soin. La présence de consultants extérieurs, dotés de connaissances d'experts, est impérative. Bien sûr, il y a de fortes chances qu'ils suscitent la méfiance des différents acteurs du système, mais ils amélioreront grandement sa capacité d'exécution du fait de leur absence de formatage.

De toute façon, la méfiance est inévitable, du moins au début. Les ministres, leur cabinet et leur administration verront par défaut dans la Direction de l'action publique un outil d'ingérence du pouvoir central – une source d'agacement inutile au mieux, une menace au pire. Avec le temps, si les choses sont gérées correctement, ils viendront à la considérer comme un soutien, un atout, un agent capable de renforcer leur propre position, et ils profiteront des bons résultats en matière de mise en œuvre.

Pour que la Direction de l'action publique remplisse pleinement son rôle, il est essentiel qu'elle dispose des bonnes données. « Recueillez les faits », n'ai-je cessé de répéter quand j'étais aux commandes. Les ministères auront tendance à vous dire : « Ne vous inquiétez pas, tout va bien, tout est sous contrôle. » Mais au moment où vous comprendrez que ce n'est pas le cas, il sera trop tard. Une partie essentielle de l'action d'une structure de ce type, c'est de chercher la vérité, de ne laisser aucune piste inexplorée, aucun obstacle caché ou ignoré.

Avoir une mauvaise connaissance de la situation peut freiner durablement votre efficacité, surtout si vous vous en rendez compte tardivement. J'ai pu le constater au lendemain des attentats du 11 septembre, dont le flou nous a poussés à faire vite pour garantir la sécurité nationale et engager le dialogue avec des pays et des cultures différents.

Mais c'est également préjudiciable dans le domaine plus prosaïque de la réforme systémique des services. Le dirigeant a besoin de connaître la situation sur le terrain, de constater par lui-même les défis auxquels les administrations sont confrontées et d'éviter l'écueil des préjugés. La Direction de l'action publique doit donc être au fait du réel, un maillon entre le gouvernement et les administrés.

Enfin, pour diriger un gouvernement, il est impératif de savoir ce que ce gouvernement fait ou ne fait pas. Me préparer pour les questions au Premier ministre m'a toujours demandé beaucoup de travail, mais cela me permettait au moins de découvrir ce qui se passait dans les niveaux inférieurs du pouvoir, prétendument placés sous mon leadership. Parfois, ces découvertes me déplaisaient au plus haut point – dysfonctionnements de telle ou telle branche de l'administration, introduction par un esprit zélé de mesures censées rejaillir positivement sur son ministère dont j'ignorais tout, et j'en passe.

Pour conclure, le rôle de la Direction de l'action publique est de s'assurer du suivi de la mise en œuvre des politiques, d'en informer le dirigeant et de fournir le mécanisme approprié pour rectifier le cap si la mise en œuvre va de travers.

Cet état d'esprit pragmatique doit prévaloir à tous les niveaux du gouvernement, pas uniquement au sein des services du dirigeant, qu'il soit Premier ministre ou président. Les ministres aussi doivent connaître leurs priorités (alignées, espérons-le, sur celles du dirigeant) et se concentrer sur leur mise en œuvre.

Dans toute organisation, la tâche la plus difficile est de transformer les promesses en réalité.

Chapitre 11

Misez sur les mesures à effet immédiat pour faire passer les transformations à long terme

Le problème des transformations à long terme, c'est précisément qu'elles s'inscrivent… dans le long terme. Or, les dirigeants ont tendance à avoir un horizon à court terme. C'est vrai dans les régimes démocratiques où ils sont soumis aux cycles électoraux, mais ça l'est également partout où les élections sont factices, voire inexistantes car il faut quand même composer avec le « peuple ».

La plupart du temps, les améliorations à long terme passent par des sacrifices à court terme. Plus les premières se veulent larges et profondes, plus les seconds seront grands. Je parle ici de réformes structurelles qui obligent à s'attaquer aux systèmes établis et aux intérêts particuliers, et qui créent presque invariablement des perdants, lesquels s'identifient comme tels immédiatement et protestent à grands cris, ainsi que des gagnants, qui ne s'en rendent pas forcément compte sur le moment et tendent à rester silencieux.

Quand on est au pouvoir, on ne peut pas se prévaloir de véritables accomplissements si on refuse de conduire ces améliorations au prétexte qu'elles soulèvent des résistances.

Alors, voilà ce que je dis aux présidents et aux Premiers ministres avec lesquels je travaille : initiez les réformes à long terme rapidement car il y a fort à parier qu'elles ne produiront pas de résultats avant la toute fin de votre premier mandat. Une seconde élection ne sera souvent pas de trop pour en tirer des bénéfices pour le pays et pour vous-même. Et puisque vous vous inquiétez que votre capital politique n'y survive pas, trouvez le moyen de faire passer la pilule : misez sur les mesures à effet immédiat ! En général, quand je prononce les mots « mesures à effet immédiat », j'ai toute leur attention.

Une des leçons que j'ai apprises sur la dure réalité de l'exercice du pouvoir, c'est que les attentes des citoyens dépassent de très loin la capacité d'action de n'importe quel mortel. Dans un délai terriblement court, les électeurs commencent à se plaindre : vous avez promis que vous alliez changer les choses mais je ne vois pas le plus petit début de changement ; vous avez dit que vous alliez transformer le pays mais ma vie est toujours un sacré merdier ; c'est bien joli, vos promesses pour demain, mais moi je veux du concret aujourd'hui ; ah, vous, les hommes politiques, vous êtes tous les mêmes ; etc., etc., etc., comme disait Yul Brynner dans la comédie musicale *Le Roi et moi*.

Tout cela est à la fois raisonnable et déraisonnable. Il est raisonnable d'attendre d'un politicien qui vient de se faire élire sur la promesse du changement qu'il transforme le pays, et déraisonnable de penser que la transformation peut avoir lieu rapidement. L'attente compréhensible des citoyens se heurte à la réalité objective. C'est en cela que la politique est une affaire difficile.

Il est impératif d'effectuer des changements suffisamment vite pour que les citoyens gardent espoir. Une mesure à effet immédiat implique un résultat visible sous douze à vingt-quatre mois maximum. Elle vous donnera une première réussite à présenter aux impatients pour faire valoir que d'autres suivront avec le temps. C'est un gage de bonne foi, la garantie qu'on peut vous faire confiance.

Il n'y a pas de quoi s'enorgueillir de ces changements faciles. Les vraies preuves de votre valeur en tant que dirigeant sont les transformations structurelles à long terme. Mais c'est une tactique à court terme nécessaire pour la survie du gouvernement, elle-même cruciale pour la réalisation des objectifs à long terme.

Les mesures à effet immédiat peuvent prendre diverses formes, mais elles ont des caractéristiques communes : leur effet est concret, à brève échéance, visible pour les citoyens et imputable au dirigeant.

Elles peuvent être purement politiques : l'abrogation d'une loi impopulaire, la suppression d'une institution mal-aimée, la nomination d'un champion de la lutte anti-corruption crédible, une alliance avec un ancien opposant comme signe d'unité nationale – autant de signaux politiques qui témoignent d'une approche différente, d'un ensemble de valeurs, d'un ordre des priorités. Elles sont efficaces dans une certaine mesure, mais, comme elles n'ont pas trait au quotidien des citoyens, elles tendent à parler davantage aux élites politiques qu'aux citoyens lambda.

Il peut s'agir d'une dépense publique bien ciblée. J'ai bien conscience qu'ouvrir le tiroir-caisse ne demande ni savoir-faire, ni courage politique. Mais il n'est pas donné au dernier des imbéciles de parvenir à trouver une mesure qui vise les bonnes personnes et fasse une véritable différence dans leur vie sans contredire les transformations à long terme ni grever le budget de l'État. La promesse du Premier ministre indien Narendra Modi de fournir un accès aux toilettes pour tous en constitue une bonne illustration : une initiative facilement compréhensible, à fort impact, et, parce que l'existence d'installations sanitaires est un enjeu de santé publique, tout à fait pertinente à long terme.

Autres possibilités : construire une nouvelle route dans une zone rurale, améliorer l'accès à l'électricité, sachant qu'environ un tiers des foyers africains en sont dépourvus, ou encore offrir un accès Internet aux communautés jusque-là privées de câble grâce à la technologie satellitaire, comme cela se fait, sous les conseils de mon institut, dans de plus en plus de pays à travers le monde.

La technologie est à mon sens le nouveau domaine des mesures à effet immédiat. Je pense à la numérisation des services publics, y compris des versements des subventions d'État pour supprimer les intermédiaires, et à la création de nouvelles applications pour les agriculteurs. Même l'introduction d'une identité numérique ou d'une carte de santé intelligente peut témoigner du fait que quelque chose change bel et bien, et ce dans un délai d'un an ou deux.

Vous l'aurez compris, les meilleures transformations que vous pouvez introduire rapidement sont tangibles – on peut les toucher, les voir, les sentir – ou virtuellement tangibles. Dans les deux cas, l'impact est indéniable. C'est pourquoi, traditionnellement, les dirigeants ont opté pour des projets d'infrastructures. Ils sont concrets. Il faut juste s'assurer qu'ils soient pertinents et qu'ils changeront la donne pour les bonnes personnes aux bons endroits. Aujourd'hui, leurs équivalents virtuels peuvent représenter des victoires faciles aussi importantes, voire plus importantes, que leurs contreparties physiques.

Si possible, évitez les subventions-cadeaux à l'ancienne. Elles sont populaires, certes, mais il est pratiquement impossible de revenir dessus, même si leur coût s'envole ou si ce qui les justifiait au départ n'a plus la même portée. Autre risque : un acteur extérieur, le FMI par exemple, pourrait désapprouver ouvertement votre action.

Le meilleur scénario, c'est quand la mesure qui vous fait marquer des points reflète et enrichit l'argumentaire global du gouvernement. Dans le cas de ma législature, l'instauration du salaire minimum a été bénéfique, raisonnable en coûts et, surtout, elle a symbolisé un changement d'approche et de valeurs. La mesure gagnante à tous les niveaux, en somme.

En arrivant aux responsabilités, il faudra veiller à ne pas partir du principe que les mesures à effet immédiat les plus adaptées sont celles que vous aviez imaginées lorsque vous étiez dans l'opposition. Prenez votre temps. Ou du moins suffisamment de temps pour que, une fois réalisé l'état des lieux de ce que le gouvernement peut accomplir, vous ayez une idée claire de ce que serait une mesure gagnante d'une part et une mise en œuvre rapide d'autre part.

Enfin, même si ces mesures relèvent de la pure tactique et ne sauraient justifier que vous vous emballiez, ne vous en privez pas au nom de la pureté politique. Tout dirigeant a besoin de petites victoires. De communiquer sur des choses simples et populaires. Et c'est valable aussi pour les ministres.

Pour les gouvernements des nations émergentes, le soutien des donateurs internationaux représente une véritable opportunité de marquer des points auprès de l'électorat sans grever des finances publiques déjà fragiles. Il vaudra la peine de consacrer du temps et de l'énergie aux projets susceptibles d'attirer des financements, et de les élaborer pour qu'ils génèrent des résultats rapides et visibles. Les donateurs répondent beaucoup plus favorablement aux projets clairs et bien pensés qui leur permettent de bénéficier de l'éclat du succès.

Les mesures à effet immédiat vous donnent du temps et de l'espace pour vous attaquer à ce qui compte réellement : les transformations propres à construire un avenir meilleur pour la prochaine génération ; celles-là mêmes qui prouvent que l'action politique bien menée améliore la vie des gens.

Mais ce sont les plus difficiles à mettre en œuvre.

Chapitre 12

En politique, rien n'est jamais sûr – ni la défaite, ni la victoire

Souvent, j'entends des politiciens ou des commentateurs parler du destin politique d'un parti ou d'un candidat en particulier comme s'il était scellé. La défaite ou la victoire serait certaine.

C'est du vent.

Certes, on peut conjecturer, émettre des probabilités quant à l'issue du scrutin. Si vous êtes 20 points à la traîne dans les sondages et que l'élection est imminente, vous serez tenu pour perdant. Si vous êtes 20 points devant, vous serez tenu pour gagnant. C'est sûr.

Sauf qu'en politique, justement, rien n'est jamais sûr.

Alors, en tant que candidat, vous n'avez qu'une question à vous poser. Si la défaite semble se profiler : qu'est-ce que je peux faire pour l'éviter ? Si, au contraire, la victoire semble se profiler : qu'est-ce que je peux faire pour l'assurer ?

Admettons que vous alliez au-devant d'une défaite.

D'abord, vous devez trouver pourquoi. Demandez-vous ce qui est réellement à l'origine de la préférence des électeurs pour vos adversaires ou, de manière plus pertinente, de leur dédain pour vous. L'exercice est plus difficile que vous ne l'imaginez, car il se peut que vous et votre entourage soyez dans l'illusion ou dans le déni.

L'histoire récente du Parti travailliste britannique offre malheureusement une parfaite illustration de la myopie des appareils politiques.

En 2010, si aucun parti n'a dégagé de majorité, les travaillistes ont néanmoins perdu le pouvoir après s'être un peu éloignés de la ligne politique du New Labour sans toutefois revenir complètement à celle du Labour traditionnel. Les deux scrutins suivants se sont également soldés par une défaite, offrant une majorité confortable aux tories en 2015 puis écrasante en 2019, en raison d'un virage à gauche de plus en plus marqué.

Sur cette période, les responsables se sont convaincus que les gens votaient conservateur parce que le Labour n'était pas assez de gauche. Personne n'a jamais expliqué pourquoi les Britanniques auraient agi de manière si irrationnelle, mais, comme dans les années 1970 et 1980, et, dans une certaine mesure, dans les années 1990, cette fable est restée dans les esprits.

Il aura fallu attendre jusqu'à nos jours pour que le Labour recouvre la raison, opérant un recentrage de sa ligne politique sous l'impulsion d'un nouveau leader.

Les conservateurs, quant à eux, finiront par regretter d'avoir laissé l'euroscepticisme devenir leur marque de fabrique en dévoyant le thatchérisme. Sans cela, ils auraient pu remporter les dernières élections, et cette erreur risque fort de les éloigner du pouvoir pour longtemps.

Tâchez donc d'être lucide dans l'analyse de ce qui dérange les électeurs chez vous et tenez compte de leurs réserves même si elles heurtent l'un de vos points sensibles ou vos convictions idéologiques.

Si vous êtes dans l'opposition, cela devrait être relativement simple, même s'il faudra veiller à ne pas confondre le monde réel et le monde tel que vous voudriez qu'il soit

– une tendance répandue chez ceux qui ne sont pas aux commandes.

Si, en revanche, vous êtes aux responsabilités, les choses peuvent se révéler plus compliquées. Un gouvernement peut tout à fait devenir impopulaire alors qu'il fait « ce qu'il faut » pour le pays, les réformes étant généralement mal vues lorsqu'elles sont en cours. Dans la mesure où la nation fonde ses espoirs en eux, les dirigeants sont parfois jugés à l'aune de standards de perfection déraisonnables. Leur image peut également être ternie par les scandales ou les mauvaises nouvelles.

Ensuite, il vous faudra évaluer l'étendue et l'intensité de la désaffection des électeurs. Les sondages sont des instantanés. Ils sont importants, mais ils reflètent l'état de l'opinion à l'instant T. Et encore ! Peut-on vraiment s'y fier ? Les sondés ne disent pas nécessairement ce qu'ils pensent vraiment ; parfois, ils répondent ce qu'ils croient devoir répondre ou répètent ce qu'ils ont récemment entendu ou lu dans les médias – auquel cas ils expriment une opinion de surface. Le moindre coup de vent peut les faire basculer.

Il faut donc comprendre ce que les gens pensent vraiment. Et quand je dis *les gens*, je veux dire les « vraies » gens – celles et ceux qui ne militent pas, qui n'ont pas d'opinions politiques tranchées, qui ne dévorent ni les émissions d'actualités ni les podcasts politiques, qui ne parlent pas des affaires gouvernementales à table – à savoir la MAJORITÉ.

La question que ces gens se posent à l'approche du jour J est on ne peut plus simple : qu'est-ce qui est le mieux pour moi et ma famille ?

Pourquoi croyez-vous qu'on cite si souvent le slogan phare de la campagne de Bill Clinton pour la présidence américaine : « Ce qui compte, c'est l'économie, idiot ! » ? Parce que c'est fondamentalement vrai. Si la sécurité du pays semble menacée, bien sûr, l'économie passe au second plan. Mais, en gros, les gens votent en fonction de leurs intérêts immédiats sans se préoccuper d'idéologie.

Naturellement, la criminalité, les services publics, la santé, l'éducation, les transports sont autant de questions qui entrent en ligne de compte lorsque les gens sont dans l'isoloir, mais, si elles sont importantes à leurs yeux, c'est parce qu'elles ont un impact sur leur niveau de bien-être perçu. S'assurer un avenir plus prospère, ce n'est pas juste avoir plus d'argent ; c'est disposer d'une bonne qualité de vie, laquelle dépend de services dont le gouvernement est responsable.

Et qu'est-ce qui peut susciter l'espoir d'une vie meilleure chez les électeurs ? Une politique économique crédible. Sans cela, vous perdrez. J'en suis absolument convaincu.

Quand on vise une réélection, il faut se concentrer sur les priorités de son prochain mandat.

Juste avant le démarrage de ma première campagne de réélection, alors que nous étions donnés gagnants dans les sondages et que, pour être tout à fait honnête, nous nous endormions un peu sur nos lauriers, je me souviens d'avoir répondu à un appel de Bill Clinton qui venait de quitter la Maison-Blanche. « Comment allez-vous ? m'a-t-il demandé. — Bien, ai-je répondu. Vous savez, on communique sur notre bilan, sur toutes les choses qu'on a réussies. — Je vois, a-t-il répondu. À ce compte-là, ils pourraient tout aussi bien vous dire merci beaucoup et bye-bye. »

Ce qu'il tenait à me rappeler, et qui m'a fort heureusement réveillé, c'était qu'une élection est toujours une question d'avenir, de sorte que lister ce qu'on a fait ne suffit pas ; il faut également lister ce qu'il nous reste à faire. Sinon, pourquoi demander aux gens de nous réélire ?

Je dirais donc que le message à faire passer aux électeurs dans le cadre d'une réélection, c'est qu'il y a BEAUCOUP À METTRE À VOTRE CREDIT, BEAUCOUP À FAIRE et BEAUCOUP À PERDRE.

BEAUCOUP À METTRE À VOTRE CREDIT tient à revendiquer ce que vous avez accompli, un détour nécessaire afin de soutenir l'idée que votre premier mandat n'aura pas été une perte de temps pour les citoyens.

BEAUCOUP À FAIRE tient à reconnaître que vous n'avez pas répondu à toutes les attentes mais que vous savez ce qu'il reste à accomplir.

BEAUCOUP À PERDRE tient à prévenir que voter pour le camp adverse compromettra à coup sûr ce qui est porté à votre crédit.

La première partie vous ferait passer pour arrogant sans l'humilité de la seconde. La seconde serait un aveu d'échec sans la première. La dernière rappelle aux électeurs que le critère à appliquer lors de leur vote est celui de la préférence, non de la perfection.

Le slogan qui accompagne votre campagne de réélection doit donc s'inspirer de ces trois éléments.

Par ailleurs, il est conseillé de vous présenter devant les électeurs avec un parti uni derrière vous, mais l'idée qu'un parti divisé court nécessairement à la défaite est un mythe. Ce n'est jamais la division en soi qui mène à l'échec, mais les faiblesses qu'elle génère au sein du groupe. En d'autres termes, si le leader tient bon la barre et est capable d'exercer son autorité et de donner un cap avec clarté, les différends au sein du parti n'empêcheront pas sa victoire. En revanche, s'il en est incapable, le désordre dans ses rangs lui sera fatal.

Quand j'étais à la tête du Parti travailliste, il y avait dans mon camp une foule de personnes qui étaient en désaccord avec moi et qui ne se privaient pas pour l'exprimer. Mais l'opinion publique savait que j'étais le capitaine du navire. Je dirais même qu'à certains moments les divergences d'opinions au sein du parti m'étaient utiles car elles me permettaient de réaffirmer ma position de leader.

Pour résumer, si vous avez le temps, l'énergie et l'intelligence de recentrer votre campagne autour des éléments développés dans les chapitres précédents – la stratégie, le programme, les résultats, la force de votre leadership – et de vous différencier de votre adversaire, vous pouvez toujours sauver l'issue d'un scrutin. En politique, on peut difficilement espérer mieux.

Quel est le problème ? Le vrai. Quelle est la solution ? La vraie.

Si vous abordez l'exercice sans détour, en veillant à ne pas vous mentir et à affronter les réalités les plus difficiles, vous pouvez toujours renverser la vapeur.

À l'inverse, vous pouvez dominer les sondages et perdre quand même. Si votre avance repose sur une désaffection passagère pour vos adversaires ou sur des jugements superficiels, si vous n'avez que partiellement défini les politiques publiques que vous souhaitez mettre en place, si vous ne corrigez pas les faiblesses de votre programme parce que vous pensez à tort que votre avance vous en dispense, si vous n'avez pas planifié votre stratégie avec la précision requise, eh bien, vous pourriez avoir une très mauvaise surprise.

Je vous donne un exemple. J'ai travaillé avec un président qui, à l'issue de son deuxième mandat, jouissait d'une popularité, sinon exceptionnelle, du moins satisfaisante, et pensait pouvoir choisir son successeur et le faire élire. De fait, les sondages étaient favorables à son dauphin.

Faute de recul par rapport auxdits sondages, il n'a pas analysé la situation qui était pourtant la suivante : son candidat était âgé, pas des plus dynamiques et son programme médiocre, alors que son challenger débordait d'enthousiasme et promettait de transformer la nation.

Absence de stratégie, absence de plan, absence de capacité d'exécution. Le jour du scrutin, l'avance dont les sondages faisaient état s'est évaporée.

Autre enseignement à tirer de cette campagne : ne sous-estimez jamais votre adversaire. Il vaut presque mieux le surestimer. Traitez-le avec respect. Trouvez ses faiblesses, mais ne négligez pas d'identifier d'abord ses forces.

Je me souviens quand, dans le camp des progressistes, tout le monde dénigrait Ronald Regan – « stupide », « superficiel », « trop vieux », « trop rustique » et j'en passe – je répondais : « Eh bien, vu qu'il a battu deux fois nos amis démocrates, je me demande ce que ça dit de nous ! » On pourrait opposer la même chose à ceux qui raillaient Joe Biden avant qu'il remporte l'élection présidentielle de 2020.

Si votre adversaire a déjà fait les preuves de sa capacité à gagner, partez du principe que ce n'est pas un hasard. Si c'est un challenger et que vous n'êtes pas certain de gagner, demandez-vous ce qui fait son attrait auprès des électeurs et comment vous pouvez le contrer pour vous assurer la victoire.

J'ai à plusieurs occasions souligné l'importance de garder la tête froide, de rester détaché. C'est particulièrement vrai lorsque vous réfléchissez à l'issue d'une élection qui semble déjà jouée. Sachez que vous pouvez toujours prendre le dessus si vous êtes suffisamment intelligent pour trouver la voie de la victoire et la suivre. Et que vous pouvez toujours vous perdre avant la ligne d'arrivée si vous vous montrez trop sûr de vous, trop suffisant, ou si vous ne parvenez pas à identifier ce qui peut réellement vous garantir la victoire.

Et si tout cela fait de vous un leader nerveux, eh bien, dans ce cas, c'est une anxiété saine.

TROISIÈME PARTIE :

Leçons de politique

Chapitre 13

Votre premier devoir – assurer la sécurité des citoyens

Comme je l'ai déjà dit, lorsque vous envisagez d'élaborer une politique, il est bon d'y réfléchir non pas du point de vue d'un dirigeant, mais plutôt de celui d'un citoyen lambda. En tant que tel, qu'attendez-vous du gouvernement ? De nombreuses choses, bien sûr. Une bonne politique économique, des services publics de qualité, un minimum de décence et d'intégrité, etc. Mais ce que vous voulez en tout premier lieu, c'est l'assurance qu'il fera son maximum pour vous protéger, vous et votre famille.

Dans la vie, rien ne peut faire contrepoids au sentiment d'insécurité.

Les politiciens, en particulier ceux de la gauche progressiste, sous-estiment continuellement cette réalité ou, pire encore, semblent parfois avoir autant de compassion pour les criminels que pour leurs victimes.

Mais j'ai pu me rendre compte sur le terrain que les gens respectueux de la loi sont touchés au plus profond par les questions de criminalité et de sécurité. Ils détestent être menacés ou se sentir menacés.

La sécurité, ou plutôt les menaces à la sécurité, peuvent prendre plusieurs formes.

Il y a les menaces à grande échelle : le risque d'invasion ou d'atteinte à la sécurité de la nation par un autre État ou par des acteurs non étatiques. Et puis il y a les menaces liées à la criminalité ordinaire.

Le gouvernement doit s'y préparer et y répondre, pas de la même façon, cela va de soi, mais le principe de base reste le même : son devoir est de protéger les citoyens.

Ces dernières décennies ont été marquées par la montée de la menace extrémiste, qu'il s'agisse des djihadistes islamistes ou, plus récemment, des groupes d'extrême droite. Les attentats du 11 septembre ont bouleversé les politiques de sécurité nationale dans le monde entier. Je sais qu'il est communément admis que les États-Unis sont allés trop loin dans la gestion de la menace terroriste, mais, au lendemain de la pire attaque que le monde ait connue, il n'y avait guère de place pour la demi-mesure. Je peux en témoigner pour l'avoir constaté moi-même : ce qui a guidé le président et le peuple américains, c'était la volonté de riposter si fort que personne ne songerait à réitérer une telle agression.

De même, le combat de l'Ukraine contre la Russie ne répond pas uniquement à l'objectif de défendre ses frontières aujourd'hui, mais aussi à celui de prévenir toute nouvelle offensive.

Les opérations contre la région séparatiste du Tigré, en Éthiopie, les combats contre Boko Haram au Nigeria, ou encore la campagne militaire de l'Arabie saoudite et des Émirats arabes unis au Yémen sont autant d'exemples qui – sans débattre de leur bien-fondé – soulignent l'importance pour les gouvernements de contrôler les zones géographiques dont dépend la sécurité de leur pays, même si cela signifie recourir aux armes sur le territoire national, contre ses propres civils ou ses propres voisins.

L'une des menaces les plus répandues aujourd'hui est le terrorisme islamiste. De nombreux pays doivent y faire face. Tous essaient de le vaincre, avec plus ou moins de succès.

La réalité, c'est que les pays dont les gouvernements ne parviennent pas à régler le problème connaissent des difficultés, notamment l'instabilité et l'insécurité. Les citoyens sont inquiets et les entreprises nerveuses, la société se fracture, la croissance stagne au mieux, s'écroule au pire. La confiance en l'avenir est anéantie et le corps social ne se préoccupe plus que du court terme. Aucune nation ne peut prospérer dans ces conditions.

À l'heure actuelle, dans la région du Sahel, la démocratie est assiégée parce que les gouvernements ne parviennent pas à vaincre la menace djihadiste qui se répand de la Libye vers la frange nord de l'Afrique subsaharienne, et de là, dans les pays d'Afrique de l'Ouest comme dans ceux d'Afrique de l'Est.

Résultat : les efforts de développement menés par les pays eux-mêmes et les donateurs internationaux ont beaucoup moins d'impact. Sans sécurité, il n'y a pas de développement possible.

Beaucoup considèrent, en particulier dans le secteur des organisations non gouvernementales, que, sans développement, la sécurité devient menacée. Si les populations ne peuvent pas avoir d'espoir en une vie meilleure, elles se tournent en effet vers les solutions proposées par les extrêmes. C'est vrai. Ne nions pas que les groupes extrémistes sont très forts pour exploiter les griefs des populations locales, un peu à la manière des populistes en Occident.

Mais ce qui est encore plus vrai, c'est que, sans sécurité, les chances de développement et de progrès partent en fumée. Ce qui a en partie motivé les coups d'État qui se sont succédé dans la région du Sahel, c'est l'incapacité des gouvernements élus démocratiquement à accomplir leur premier devoir : assurer la sécurité de leur population. Aux yeux du citoyen lambda, la sécurité revêtait davantage d'importance que la démocratie.

Évidemment, il aurait été préférable de préserver la démocratie, en particulier dans un pays comme le Niger, dont le président essayait de conduire de véritables changements et avait entrepris des réformes visant à améliorer la sécurité avec l'aide d'acteurs extérieurs autres que des organisations paramilitaires comme le groupe Wagner.

Mais le fait est que perdre la bataille pour la sécurité revient à perdre la confiance des citoyens dans la possibilité du changement et de la croissance.

Pour lutter contre ces menaces émanant de groupes qui ont des connexions dans le monde entier, les gouvernements doivent pouvoir compter sur des systèmes de sécurité complets : renseignement, surveillance, armes de précision, centres de commandement et de contrôle forts.

Si les pays développés ont la capacité de se doter de tels systèmes, ce n'est pas le cas de nombreux pays émergents. C'est pourtant bien sur leurs territoires que se concentrent la plupart des menaces terroristes actuelles alors que même leurs forces de sécurité classiques sont inadéquates au point de vue des équipements et des entraînements spécifiques.

Il serait donc judicieux de leur apporter davantage d'aide – même si de nombreux pays occidentaux comme la Grande-Bretagne, les États-Unis et la France sont engagés auprès d'eux sur ce terrain –, ne serait-ce que parce que les laisser plonger dans l'instabilité, c'est risquer que leurs citoyens cherchent une vie meilleure ailleurs, donc généralement en Europe ou aux États-Unis. Mais c'est un autre sujet.

Ce sur quoi je veux insister, c'est la nécessité absolue pour tout dirigeant dont le pays est confronté à la menace terroriste d'obtenir les moyens de combattre ce fléau. Ne laissez pas la fierté vous empêcher de solliciter des appuis ou des emprunts si besoin. Mettez les meilleures personnes sur le coup. Donnez-leur toute l'aide extérieure possible pour maximiser leur potentiel. Et faites appel aux donateurs internationaux qui doivent comprendre que les programmes de soutien à l'éducation en zone rurale ou aux petits paysans qu'ils financent seront vains s'ils ne vous aident pas sur la sécurité.

Un exemple : le Mozambique a été confronté – et est toujours confronté – à une insurrection djihadiste dans la province septentrionale du Cabo Delgado, où les colossales ressources gazières font l'objet d'un projet d'exploitation crucial pour son développement économique. Le président n'a pas hésité à faire appel à l'aide internationale quand les forces armées mozambicaines ont été dépassées. Grâce à cela, le projet n'a pas été enterré.

Enfin, dernier point crucial : les agences du maintien de l'ordre de votre pays doivent être irréprochables et ses membres doivent faire preuve d'autodiscipline afin de ne pas se comporter comme ceux qu'ils combattent, même en cas de provocation. Les conséquences sont désastreuses quand les gens censés assurer la sécurité d'un pays abusent de leur pouvoir, ciblent des communautés « suspectes » ou utilisent la force quand ce n'est pas nécessaire.

C'est beaucoup plus difficile qu'il n'y paraît. Les policiers perdent des collègues de mort violente, ils voient des atrocités et deviennent prêts à tout pour obtenir des résultats. Mais il faut maintenir une discipline de fer, avec des commandants qui comprennent que maintenir la confiance avec les communautés locales est l'élément clé d'une stratégie gagnante.

La sécurité, c'est-à-dire la capacité à protéger votre pays des menaces extérieures et intérieures, est l'exigence numéro un d'un dirigeant. Alors, si la sécurité nationale n'est pas acquise lorsque vous accédez au pouvoir, vous devez traiter le problème d'urgence, avant toute autre chose.

Plus prosaïque, mais probablement plus important dans la vie de tous les jours, du moins dans les pays développés ou les nations émergentes stables, la question de la « tranquillité publique ». En d'autres termes : la protection contre la délinquance.

C'est sur ce sujet que je me suis fait un nom en tant que candidat à la tête du Parti travailliste. Le Labour, comme la plupart des parties de gauche dans les années 1990, était réputé « laxiste » dans le traitement de la criminalité, prompt à tenir la société pour « responsable » plutôt que les individus, sauf quand il s'agissait de criminalité en col blanc, celle des « riches ».

Mais j'ai appris deux choses sur la délinquance en grandissant. Premièrement, ce sont les communautés les plus pauvres qui en pâtissent le plus. Les dealers sévissent au bout de leur rue, les gangs tiennent leurs quartiers, les empêchent de s'aventurer dehors – sans parler de leurs enfants qui ont les pires modèles sous les yeux.

Deuxièmement, elle génère des sentiments d'impuissance et d'humiliation. Ce n'est pas rien pour les gens. Je n'oublierai jamais ce type qui urinait contre la porte d'une maison dans ma rue et qui m'a menacé avec un couteau quand je l'ai pris à partie. Ces incidents-là restent gravés parce que, quelque part, ils ne sont pas juste déplaisants ; ils grèvent l'estime de soi.

C'est pourquoi j'ai tenu à mettre le problème de la criminalité à l'agenda du Parti travailliste. Quand on prétend défendre les travailleurs, on ne peut pas faire l'impasse là-dessus.

Mais, bien sûr, il faut aller au-delà du discours et élaborer une stratégie, comme avec tous les autres problèmes à résoudre.

Pour avoir observé et analysé ce qui se passe dans les pays où le taux de criminalité est faible, ce que je peux dire, c'est qu'il s'agit avant tout d'une question de culture. La tolérance zéro est tout à fait justifiée selon moi. Il n'y a aucune raison d'accepter quelque comportement que ce soit qui trouble la tranquillité d'esprit des citoyens respectueux de la loi.

Aujourd'hui, dans le monde occidental, nous avons décidé de tolérer beaucoup de choses, quoi qu'en disent parfois les dirigeants soucieux de montrer qu'ils comprennent les attentes des citoyens. La culture des gangs est monnaie courante dans les quartiers défavorisés. Le trafic de stupéfiants reste la plupart du temps impuni. Le crime organisé se développe sans guère rencontrer d'obstacles. Les cambriolages font rarement l'objet d'une enquête. Les systèmes judiciaires sont ridiculement dépassés et lents. Quant aux prisons, elles sont davantage des écoles du crime que des lieux de réinsertion.

Quand j'étais au pouvoir, je me suis intéressé de très près au sujet et mon gouvernement a été le premier à voir une baisse de la criminalité en Grande-Bretagne depuis la Seconde Guerre mondiale. Un début de succès qui, si nos politiques avaient été développées plus avant, nous aurait permis de compter parmi les leaders mondiaux de la lutte contre la criminalité, une prouesse pour une nation développée dont la population est assez importante.

Naturellement, de nombreux pays en voie de développement connaissent les mêmes difficultés, lesquelles s'expliquent toutefois plus facilement par leur manque de moyens.

Mais, quelle que soit la situation d'une nation, il n'en reste pas moins que lorsqu'un certain degré de tolérance à la criminalité s'installe, les criminels développent un dangereux sentiment d'impunité. Les citoyens perdent espoir. Le système renonce. Trop de règles, trop de formulaires à remplir, trop de procédures, des enquêtes qui ne commencent jamais, des procédures qui n'en finissent pas.

Si la situation se dégrade vraiment, le risque, c'est qu'un nouveau dirigeant débarque, décrète que le système ne vaut rien et s'affranchisse des règles et des procédures sous les applaudissements de l'opinion publique. Il suffit de prendre l'exemple du président Bukele et de son programme de lutte contre les gangs au Salvador qui a certes fait diminuer la criminalité, mais au prix de graves violations des droits de l'homme.

Tout cela pour dire que le respect des procédures légales ne vaut que si ces dernières permettent d'exercer la justice de manière efficace et équitable. Et pas uniquement contre les prévenus.

Pour ne pas courir le risque de voir s'instaurer une politique pénale autoritaire dans votre pays, il vous faudra agir et peut-être réformer les procédures prévues par la loi. Posez comme principe que ce qui est intolérable ne sera effectivement pas toléré et tirez-en un nouveau cadre.

Cela impliquera de disséquer le système, d'analyser ce qui ne fonctionne pas, puis d'essayer de le réparer. Ce ne sera pas une tâche facile. Il faudra probablement renforcer les pouvoirs des forces policières et d'investigation, ce qui n'ira pas sans d'âpres contestations.

Peut-être qu'une refonte complète du système juridique s'imposera. Les solutions technologiques – des bases de données ADN aux opérations de surveillance en passant par le contrôle financier – pourront exiger de nouveaux cadres légaux et faire l'objet d'extensions.

Les forces de l'ordre doivent protéger la population sans se livrer aux abus de pouvoir ni à la corruption. Cela suppose qu'il existe une certaine confiance entre la police et les administrés. Pour prendre l'exemple de la Grande-Bretagne, je peux dire en toute honnêteté qu'en quarante ans de vie politique, je n'ai jamais rencontré de gens qui réclamaient moins de police.

Et la vraie bonne nouvelle pour un dirigeant politique, c'est que prendre à bras-le-corps le défi de la tranquillité publique fonctionne bien sur le plan électoral. Car, oui, croyez-le ou non, les gens préfèrent être en sécurité.

Où que j'aille dans le monde, je demande aux responsables politiques ce qu'il en est de la criminalité dans leur pays. La plupart du temps, la réponse est immédiate : faible ou élevée. Mais, à ma grande surprise, je découvre parfois qu'ils n'y ont pas réfléchi plus que ça.

La question de la criminalité est primordiale à bien d'autres titres que la protection de la société. Une criminalité faible, c'est bon pour l'économie. La première question que posera un potentiel investisseur étranger, c'est : est-ce que ce pays est sûr ? C'est également bon pour le tourisme. Lorsque les gens choisissent leur prochaine destination vacances, ils écartent les pays dont les journaux parlent pour les crimes odieux qui s'y produisent.

De plus, le taux de criminalité dit quelque chose d'important d'une nation – quelque chose de sa culture mais aussi de son esprit. La criminalité n'est pas un sujet à Singapour parce que les autorités en ont décidé ainsi. Les méthodes employées ont sans aucun doute été contestables à certains moments, mais la tolérance zéro face à la criminalité fait partie du récit national de la cité-État. Cet objectif n'a souffert aucun obstacle. La politique qui en a découlé, loin d'être accessoire à la réussite de Singapour, en a constitué un élément essentiel.

Et qu'est-ce qui a été décisif dans ce processus ? Le leadership. Comme toujours.

Chapitre 14

Leçons pour l'économie

Il peut sembler absurde d'imaginer des solutions qui fonctionnent pour toutes les nations tant les situations économiques varient à travers le monde. Comment comparer l'économie des États-Unis à celle de la Sierra Leone ? Celle de la Chine à celle du Myanmar ? L'histoire, la taille, les ressources, la culture, la situation géographique, le stade de développement sont autant de caractéristiques distinctives qui dissuadent à première vue de chercher à définir des règles communes.

Il y a pourtant davantage de principes généraux à observer qu'on pourrait s'y attendre, y compris entre les pays industrialisés et les pays les plus pauvres du monde. C'est pourquoi il est très instructif d'examiner comment, au cours des cinquante dernières années, certains pays ont pris le chemin de la prospérité quand d'autres ont pris celui du déclin.

Si l'on s'intéresse aux pays qui ont fait les progrès les plus notables, on constate, dans 100 % des cas, que les États ont pris et mis en œuvre des décisions transformatrices.

Dès la fin des années 1970, après des décennies de gestion communiste de l'économie, la Chine s'est ouverte au commerce international et aux investissements étrangers.

En 2001, elle a rejoint l'Organisation mondiale du commerce. Aucun autre pays dans l'histoire mondiale ne peut se targuer d'un développement économique et matériel aussi spectaculaire en si peu de temps. À l'origine de ce succès ? Une décision de leader.

La Corée du Sud, née de la division entre la péninsule coréenne et sa population après un conflit prolongé, a connu des régimes corrompus puis la dictature militaire avant d'émerger, par un ensemble de réformes et de processus de gouvernance, comme moteur de l'économie mondiale au début du XXIe siècle.

Les pays d'Europe de l'Est qui ont rejoint l'Union européenne en 2004 ont amorcé un virage exceptionnel sur les plans politique et économique. Parmi eux, la Pologne, qui s'est battue pour s'affranchir du joug soviétique et mettre en place le programme de réformes imposé par l'Europe aux nouveaux États membres, est aujourd'hui l'une des nations les plus riches du continent. Les salaires réels y ont augmenté de presque 10 % en seulement quelques années.

Ces exemples soulignent que la réussite de ces nations n'est pas due au hasard ou à la chance ; elle est directement imputable aux décisions prises par leurs dirigeants et leurs gouvernements.

Mon expérience en tant que Premier ministre de l'une des plus grandes puissances économiques mondiales puis en tant que consultant auprès de nombreux gouvernements – pour des pays du Golfe, d'Asie du Sud-Est, d'Europe de l'Est ou d'Afrique, dont les économies sont très différentes de celle du Royaume-Uni et les unes des autres – m'a permis d'identifier des facteurs de réussite qui dépassent les cultures, peu importe le contexte et les défis rencontrés.

Tout d'abord, toutes les nations prospères ont visé, atteint et maintenu la stabilité macroéconomique. Elles ont mené des politiques monétaire et fiscale cohérentes conformes aux principes de l'équilibre budgétaire, de la soutenabilité de la dette publique, de la crédibilité monétaire, de l'indépendance des banques centrales (la plupart du temps) et de l'anticipation des risques.

En la matière, il ne saurait être question d'opposition gauche / droite. Il s'agit plutôt de discerner ce qui est bon pour l'économie de ce qui ne l'est pas. Une bonne politique macroéconomique est un prérequis du progrès économique.

Cela ne veut pas dire qu'il n'y a pas de grands débats autour des mesures les plus indiquées. Après la crise financière, certains pays ont visé l'assouplissement monétaire, d'autres non. Certains économistes ont proposé une politique budgétaire expansionniste pour restaurer la croissance tandis que d'autres ont estimé que cela poserait des problèmes de santé financière à long terme. Quelle est la meilleure politique macroéconomique pour la croissance ? Quelle politique fiscale choisir ? À partir de quel moment telle ou telle orientation met-elle la stabilité de votre pays en péril ? Ces questions ne font pas consensus.

En revanche, tout le monde s'accorde à dire que la crédibilité de la politique macroéconomique d'une nation lui assure stabilité et accès au crédit, constituant une condition sine qua non de sa santé économique.

Si un État donne l'impression d'être incapable d'honorer ses engagements financiers, il va au-devant de grandes difficultés. Le Royaume-Uni l'a appris à ses dépens en septembre 2022 lorsqu'une série de mesures budgétaires visant à financer des baisses d'impôts par l'emprunt a affolé les marchés. La crédibilité d'un pays dépend de celle de son gouvernement, de son ministère des Finances et de sa banque centrale.

J'ai peut-être l'air d'enfoncer des portes ouvertes, mais je le fais car il arrive que les dirigeants croient pouvoir agir au mépris de cette crédibilité. Ils se trompent.

La prospérité économique passe également par l'ouverture aux investissements internes et externes. Les dirigeants sont généralement ravis de voir des capitaux étrangers entrer car cela dit quelque chose de positif non seulement sur leur économie, mais aussi sur le pays lui-même.

Lorsqu'ils me demandent comment attirer les investisseurs, je leur dis que la réponse est simple : prédictibilité et stabilité. Malheureusement, je dois souvent ajouter que leur pays, même doté d'un potentiel important, est loin d'offrir de telles garanties. En tant que dirigeant, vous vous pensez peut-être équipé pour attirer les investissements dont vous avez besoin, et le système vous l'assure probablement. Mais ce sont les investisseurs déjà présents ou ceux qui pourraient avoir un intérêt à vous rejoindre qui seront le plus à même de vous dire ce qu'il en est.

Le moyen le plus rapide d'attirer des capitaux, c'est de créer un climat propice aux affaires : existence de règles prévisibles universelles, absence de corruption dans l'attribution des contrats. Cela implique généralement de réformer des systèmes qui fonctionnent à l'exact opposé. Il s'agira de changements d'ordre culturel et réglementaire, mais il n'y a guère de doute sur ce qui marche. Demandez à n'importe quel chef d'entreprise passablement intelligent ou à n'importe quel économiste de stature internationale – et écoutez bien ce qu'ils ont à vous dire.

Les pays ne doivent pas hésiter à se montrer proactifs et à mettre en avant leurs atouts – en participant aux grands colloques sur l'investissement, en organisant des rencontres avec des investisseurs intéressants. Il faut aller chercher les opportunités où qu'elles se trouvent au lieu d'attendre qu'on vienne toquer à votre porte.

Dans ce domaine également, il faut mettre en place un système de suivi efficace. Souvent, des pays parviennent à éveiller l'intérêt d'investisseurs potentiels. Le chef d'État les rencontre en personne. L'enthousiasme est réel. Mais, ensuite, les pourparlers traînent et le projet s'enlise dans le bourbier de la bureaucratie. Créer une agence ou un comité de promotion de l'investissement, dont la fonction est d'identifier les opportunités et les meilleures façons de les transformer en réalités, est une bonne idée. Cependant, une telle agence ne sera efficace que si elle a le soutien complet et manifeste du dirigeant, et qu'elle dispose d'une capacité interministérielle pour lever les obstacles.

Accueillir des capitaux financiers, intellectuels et managériaux de qualité dans un pays est un élément essentiel de son développement. Il convient donc de résister au nationalisme économique. Je ne parle pas de renoncer à soutenir les champions des filières d'excellence de votre pays ou d'abandonner la stratégie industrielle. Mais veillez à ne pas freiner l'implantation des entreprises étrangères capables d'ajouter de la valeur à votre économie au motif fallacieux que vous pouvez y arriver par vous-même.

Pour donner un exemple : l'industrie automobile britannique, qui a périclité dans les années 1970, n'a fait un retour en force qu'après l'installation d'une usine Nissan dans le nord-est de l'Angleterre. Le groupe japonais a montré le chemin de l'efficience et de la modernité, entraînant l'ensemble du secteur dans son sillage.

De même, les nations disposant de ressources naturelles qu'elles exportent à l'état brut se privent de la plus-value liée à leur transformation. Elles doivent attirer les investisseurs qui ont fait leurs preuves dans le développement des filières de transformation à haute valeur ajoutée. Ce n'est pas facile mais c'est possible à condition que le pays ait non seulement une compréhension claire et juste de ses atouts et de la façon dont un investisseur pourrait les exploiter, mais aussi la capacité d'orienter les investissements vers les entreprises les plus à même de créer de la plus-value.

Mon institut a aidé des pays, dont les performances en matière de transformation des matières premières, comme le coton ou d'autres produits agricoles, étaient médiocres, à obtenir des investissements importants de grandes entreprises étrangères. Celles-ci réalisent les opérations de fabrication localement afin qu'au moins une partie de la valeur ajoutée reste dans le pays qui la produit.

Cependant, il existe encore des pays qui produisent des cultures très importantes et les exportent à l'état brut pour les faire revenir à prix fort une fois les transformations effectuées. C'est fou et bien sûr très mauvais pour la balance des paiements.

Pour les pays développés, je recommande une approche stratégique industrielle. Élaborez un plan cohérent, identifiez vos ressources et leur potentiel, voyez comment elles peuvent s'articuler avec les autres pans de votre économie et répondre aux besoins de l'économie mondiale. Allez chercher les talents là où ils sont pour vous aider à formuler votre stratégie. Par exemple, déterminez comment l'arrivée d'un gros investisseur dans le pays peut bénéficier aux petites entreprises locales. Assurez-vous que la stratégie soit comprise par le gouvernement dans son ensemble. Attirer des capitaux exige que différents ministères collaborent et s'alignent. Pour cela, il faudra mettre en place un processus adéquat.

La nécessité d'une bonne infrastructure, comme celle d'une politique macroéconomique forte, peut sembler évidente. Et, bien sûr, tous les pays veulent les meilleurs équipements économiques et techniques. N'importe quel dirigeant sait que, sans eux, son économie patinera. Tout le problème – satisfaire un besoin illimité avec des ressources limitées –, c'est de savoir comment on y parvient.

Si la Chine a été capable de gagner du terrain en Afrique, c'est notamment parce qu'elle a accepté d'investir dans la construction d'infrastructures. Tel dirigeant souhaite un nouveau pont ? Un nouvel aéroport ? Un nouveau bâtiment gouvernemental ? Les Chinois, qu'il s'agisse du gouvernement, du secteur privé ou des entreprises publiques, foncent. Ils n'attachent pas de conditions politiques à leur aide. Mais ils ont d'autres exigences problématiques : concessions de ressources naturelles, conditions de remboursement des prêts accordés, contrats négociés à la hâte suscitant bien des regrets par la suite.

Le besoin urgent en infrastructures exige, comme d'habitude, un plan dont l'élément central est un projet propice à l'investissement. En général, c'est là que les choses se compliquent. Cela implique d'élaborer le projet de sorte qu'un investisseur international réputé puisse en voir la portée, la faisabilité et, plus important, le taux de rentabilité. Il ne peut pas simplement s'agir d'une liste des desiderata les plus irréalistes du président.

La difficulté, c'est que rendre un projet propice à l'investissement réclame une expertise dont les gouvernements ne disposent généralement pas. C'est pourquoi, en dépit de tous les beaux discours sur les énergies renouvelables, la part de ces investissements dans les pays en voie de développement a chuté ces dernières années. Ce n'est pas lié à une pénurie de capitaux, mais à une pénurie de projets construits de manière à attirer les investisseurs.

Voilà une formidable chance pour les pays occidentaux et leurs politiques de développement. Encore faut-il qu'ils mobilisent l'imagination nécessaire pour remédier au problème.

Mon institut s'y emploie dans de nombreux pays, mais les gouvernements doivent coopérer et dépasser les intérêts particuliers tissés autour des arrangements infrastructurels existants.

De bonnes infrastructures sont bien sûr utiles au pays lui-même et à son commerce international. Prenons par exemple les liaisons aéroportuaires. Plus un pays est connecté et accessible, plus il est aisé d'attirer des investissements. L'existence de vols directs depuis l'Europe et les États-Unis, et de plus en plus depuis les régions les plus riches d'Asie, est donc cruciale. Même chose pour la fluidité des formalités aéroportuaires. Idéalement, on devrait pouvoir compter sur une compagnie aérienne nationale, même s'il n'est pas nécessaire qu'elle soit gérée par l'État.

Cela représente un véritable défi qu'il est toutefois possible de relever avec la planification adéquate. Singapour, les Émirats arabes unis et le Qatar se sont appuyés sur la richesse gouvernementale pour améliorer leurs liaisons. C'est aussi le cas de nations plus pauvres comme le Rwanda, dont la compagnie aérienne nationale est en plein essor, et l'Éthiopie, qui dispose de l'une des meilleures compagnies du monde.

L'exploitation des ports doit également être confiée à des gestionnaires internationaux plutôt qu'aux États, et ce pour des questions de corruption. Je connais des pays où, sans pots-de-vin pour accélérer les choses, des semaines entières peuvent s'écouler avant que les marchandises destinées à l'exportation quittent un port – un délai intenable aujourd'hui pour les entreprises occidentales.

La planification est également essentielle dans le secteur de l'énergie, particulièrement à l'ère technologique. Dans les pays émergents, la gestion des fournisseurs d'énergie publics est souvent inefficace, ce qui dissuade les investisseurs en quête de rentabilité (en général, les nations en développement reçoivent le soutien des donateurs internationaux pour la construction de routes, ou parfois de chemins de fer et de ports ; pour la production d'énergie, l'aide internationale existe mais elle est plus lente et plus difficile à obtenir).

Résultat : certains pays parmi les plus pauvres achètent de l'électricité aux tarifs les plus élevés, tandis que les grandes entreprises qui y exploitent les matières premières produisent leur propre énergie sans dépendre du réseau national. Afin d'aider le secteur de l'énergie partout où nous travaillons, nous avons mis au point une stratégie réplicable pour que les pays s'assurent un flux d'investissements adapté et la construction de moyens de production énergétique, mais cela exige que les dirigeants concentrent leurs efforts sur la question et s'attaquent aux intérêts qui freinent les réformes nécessaires.

Nous travaillons avec un État insulaire qui bénéficie d'un climat chaud et d'un très bon ensoleillement. Le potentiel de production d'énergie solaire et éolienne bon marché est donc illimité. Pourtant, ce pays dépend du diesel pour sa production électrique. C'est dément. Heureusement, c'est en train de changer, mais uniquement parce que le dirigeant a décidé qu'il était temps de contester le monopole local.

Aujourd'hui, la technologie numérique est essentielle aux infrastructures – si essentielle, d'ailleurs, que j'y consacre tout un chapitre (voir p. 193). Je me contenterai donc ici de dire que l'impact de la technologie doit être pris en compte dans tous les secteurs de la stratégie économique d'un pays.

L'agriculture par exemple est sur le point de connaître sa propre révolution technologique : nouvelles méthodes d'irrigation et de fertilisation, nouvelles semences, nouvelles formes de propriété en coopérative facilitées par la digitalisation, nouveaux moyens d'accès aux marchés, prévisions météorologiques, culture en intérieur – le tout développé grâce à des avancées technologiques que l'intelligence artificielle va potentialiser tous azimuts.

Une grande partie du monde dépendant toujours de l'agriculture pour fournir de l'emploi, il est crucial que les dirigeants examinent ces développements et voient comment adopter de nouvelles méthodes. Certains pays ont conçu et mis en œuvre avec succès des programmes de substitution aux importations ciblés sur un produit. Je pense à la Sierra Leone avec le riz, ou à l'Éthiopie avec le blé. Mais, aujourd'hui, les pays qui sont prêts à appliquer ces nouvelles méthodes de travail ont l'opportunité de conduire une véritable révolution agricole.

Autre élément à ne pas négliger pour s'assurer une bonne santé économique : le marché du travail. Là encore, il y a des enseignements à tirer des pratiques existantes aussi bien dans les pays développés que dans les pays en développement.

Dans les pays les plus pauvres où l'économie est majoritairement informelle, les lois relatives aux droits des travailleurs sont largement ignorées dans la pratique. Mais, pour les pays qui appartiennent à la catégorie des économies à revenu intermédiaire et qui cherchent à entrer dans celle des économies à revenu élevé, la question est primordiale. Leur développement est souvent freiné par des pratiques de travail obsolètes et contraignantes, des intérêts particuliers multiples et des réseaux d'organisations qui encouragent l'économie informelle et rendent le recrutement difficile. Là encore, ce genre de pratiques font fuir les investisseurs étrangers.

Prenons l'exemple de l'Indonésie. Pendant longtemps, le système de santé du pays a dû faire face à une sévère pénurie de personnel en raison de l'interdiction d'employer des médecins étrangers – une mesure défendue par l'Association nationale des médecins qui avait la mainmise sur le recrutement. Cette pénurie obligeait le pays à dépenser des fortunes dans le but d'envoyer les Indonésiens, du moins les plus riches, à l'étranger pour se soigner jusqu'à ce que le président Jowoki procède enfin à une réforme complète de son droit du travail, autorisant un quota de médecins étrangers à exercer dans le pays pour grossir les effectifs.

Sur ce point, l'Europe fournit un bon exemple pour les pays à revenu intermédiaire. Le droit du travail et les régimes de retraite y étaient le fruit de négociations collectives très centralisées menées à l'ère industrielle traditionnelle. Avec le temps, et à mesure que l'économie s'est mise à exiger davantage de flexibilité, les systèmes existants sont devenus des freins à l'innovation et à la croissance. Les réformer n'est pas une mince affaire mais c'est vital parce que, sans un niveau raisonnable de flexibilité du marché du travail, un pays aura toutes les peines du monde à obtenir des niveaux élevés d'investissement et de croissance.

Cela ne signifie pas qu'il ne doit pas y avoir de véritable protection en place – comme un salaire minimum, par exemple. Pour autant, une réglementation relative à l'embauche et au licenciement de travailleurs très contraignante implique certes moins de licenciements, mais aussi moins d'embauches.

Préparer les gens au fait que le marché du travail est voué à évoluer est primordial aussi. Aujourd'hui, les universités ne sont pas seulement des lieux d'apprentissage ; elles sont des incubateurs d'entreprises. Au Royaume-Uni, qui compte plusieurs des meilleures universités du monde, elles sont vitales à la performance économique, ce qui représente un changement majeur dans leur rôle quand on le compare à ce qui se faisait il y a trente ou quarante ans. C'est également vrai des États-Unis. Ce n'est pas une coïncidence si une pléthore d'entreprises technologiques prospères se sont développées là où se trouvent Standford, Berkeley ou UCLA. On observe le même phénomène à Boston et, de plus en plus, au Texas.

Les meilleurs étudiants des pays en développement finissent généralement par partir à l'étranger. À court terme, c'est inévitable. Mais cette fuite des cerveaux, même si elle perdurait, montre à quel point il est nécessaire de se doter d'institutions d'enseignement supérieur de qualité. Les universités existantes qui cherchent à améliorer leurs performances tireront avantage à former un partenariat avec une université occidentale bien établie. Beaucoup l'on déjà fait – parfois grâce à l'aide de mon institut.

Les efforts déployés pour s'assurer des partenaires ne seront pas vains car ces derniers peuvent accélérer le développement, partager leur expertise et constituer un point d'entrée dans les réseaux d'excellence internationaux qu'aucun pays en développement ne pourrait intégrer en partant de zéro.

Libérez le potentiel de vos jeunes talents, en particulier dans le secteur de la tech. Dans presque tous les pays du monde, il y a des jeunes gens brillants et ultraconnectés qui, si on leur en donne les moyens, inventeront des applications, lanceront des petites entreprises à même de se développer, secoueront les modèles économiques traditionnels à une vitesse exceptionnelle. J'ai pu le voir partout en Afrique et en Extrême-Orient, où l'ingéniosité locale est impressionnante. À charge pour les gouvernements de créer un cadre réglementaire souple et propice à l'expérimentation, et de minimiser l'ingérence administrative ou les normes établies selon les principes de l'économie traditionnelle.

Certains pays se sont dotés de ce qu'on appelle des « incubateurs » : des structures qui accompagnent les entrepreneurs porteurs de projets innovants dans la création de leur entreprise.

Non seulement les jeunes talents sont soutenus dans le développement de leur entreprise, mais ils participent en plus à la création d'emplois et d'un écosystème qui participe lui-même à la vitalité économique du pays.

En dépit du chaos caractéristique des administrations centrales de nombreux pays africains et de leur faible niveau de capital-risque comparativement aux autres régions du monde, les investissements pour l'innovation y ont été multipliés par dix ces cinq dernières années. L'Afrique héberge aujourd'hui une douzaine de licornes, ces jeunes sociétés non cotées en Bourse qui affichent une valorisation de plus d'un milliard de dollars. En Asie du Sud-Est, elles sont encore plus nombreuses.

Il est utile aussi que le pays ait d'autres atouts pour attirer les gens. La sécurité. Des villes qui fonctionnent. La culture et l'art.

Enfin, le gouvernement doit être organisé de façon à tirer avantage des occasions de conduire ce type de changements économiques. Il est très peu probable que l'administration en place dispose des compétences nécessaires, alors mettez vos meilleurs éléments sur le coup et faites appel à tous les experts extérieurs dont vous avez besoin. N'hésitez pas à vous tourner vers les membres de votre diaspora.

Quand le président indonésien Joko Widodo s'est mis en quête du meilleur ministre des Finances en 2016, il s'est tourné vers Sri Indrawati, alors directrice générale de la Banque mondiale. Elle a décliné son offre par deux fois avant d'accepter. Comme dans la parabole de la Bible, la persévérance du président a payé. Les gens compétents valent de l'or. Allez les chercher là où ils sont et sollicitez leur engagement jusqu'à ce qu'ils disent oui.

Les questions économiques semblent toujours très arides. Mais vous pouvez changer la trajectoire de votre pays si vous suivez ces recommandations. Elles sont toutes difficiles à mettre en pratique, bien sûr, mais vous trouverez de par le monde des pays qui y sont parvenus.

J'ai volontairement laissé un aspect de côté, et pour cause. Il est si important qu'il mérite un chapitre à lui tout seul : l'État de droit.

Chapitre 15

L'État de droit

Les dirigeants étant confrontés à des défis aussi nombreux que complexes – prendre le virage de la révolution technologique en cours, faire face à la montée en puissance de la Chine ou, plus pragmatique mais non moins important, conquérir et conserver le pouvoir –, il peut sembler étrangement prosaïque de consacrer un chapitre à une question aussi aride et pointue que l'État de droit.

Mais ne nous y trompons pas : l'État de droit est essentiel. On le retrouve dans toutes les nations développées, preuve qu'il est inhérent au développement et qu'on ne peut pas faire l'impasse sur le sujet.

Les pays du « tiers-monde » et du « second-monde » qui ont accédé au développement ont tous adopté l'État de droit ; certains l'ont d'ailleurs conquis de haute lutte.

Précisons d'abord : l'État de droit, qu'est-ce que c'est ? Un système juridique non corrompu qui fonctionne selon des principes objectifs, où des juristes expérimentés examinent les preuves, recherchent la vérité et prennent des décisions en fonction de ce qu'ils estiment juste. En d'autres termes, un système judiciaire qui se veut équitable.

Cela ne veut pas dire qu'il est parfait ; il commet parfois des erreurs et des injustices, mais jamais à dessein.

La plupart des gens souscrivent à l'idée que l'existence de l'État de droit est moralement juste. Cela dit, il est important de souligner qu'il n'influe pas uniquement sur l'éthique de la gouvernance, mais aussi sur son efficacité.

Ce à quoi les citoyens de tous les pays du monde sont les plus attachés, c'est la stabilité. Ce n'est peut-être pas la première chose à laquelle un Occidental pensera si on lui pose la question, mais c'est parce que nous la tenons pour acquise. Le gouvernement perd les élections, il prend la porte. Un responsable enfreint la loi, il y a des conséquences. Le système n'est peut-être pas toujours à la hauteur, il déçoit, mais nous savons qu'il est censé fonctionner correctement et que, dans le cas contraire, nous avons des recours. Nous pouvons défier le pouvoir, exprimer des opinions, protester, nous présenter à une élection parmi toutes sortes de groupements politiques inhabituels. Nous nous sentons libres de faire ce que nous voulons, dans les limites admises.

Bien sûr, les gens peuvent trouver que la puissance publique est « intrusive ». Pendant le Covid, certains ont crié à « l'État policier » quand on nous a demandé de nous faire vacciner, mais ils n'ont pas la moindre idée de ce que vivre dans pareil régime signifie.

La Grande-Bretagne a la chance d'être un État de droit depuis très longtemps, et ce de manière ininterrompue. Il y a eu des soulèvements politiques, des moments de vive anxiété nationale, des guerres, des menaces terroristes et bien d'autres crises, mais la stabilité fondatrice de la nation a toujours été préservée.

Il serait difficile de lister ici toutes les personnes étrangères qui me disent : On aime votre pays parce qu'on sait qu'on peut compter sur son système judiciaire. Un exemple tout de même : un ami qui vient d'un pays où les juges acceptent des pots-de-vin quotidiennement m'a dit son plaisir et sa surprise de découvrir que, lors de l'action en justice qu'il avait intentée auprès du tribunal de commerce de Londres – il avait eu la sagesse de stipuler dans le contrat que tout litige serait jugé selon la loi britannique –, le juge lui avait semblé réellement intéressé par les faits.

Les acteurs du secteur juridique – cabinets d'avocats, tribunaux – sont prospères en Grande-Bretagne car le droit coutumier anglais, basé sur la Common Law, est le choix privilégié pour régir les contrats.

L'existence d'un système juridique fonctionnel constitue un facteur d'attractivité pour les investisseurs internationaux. J'en connais qui n'investissent que dans les pays qui appliquent les procédures prévues par la loi. Même s'ils entendent parler d'occasions incroyables et de taux de rendement considérables dans les nations en développement, ils préfèrent la solidité et la fiabilité d'un pays dont le système juridique leur garantit un procès équitable en cas de problème.

Même chose pour les entrepreneurs. S'ils peuvent se fier au droit, ils sont prêts à faire des projets, à anticiper, à ne mettre aucune limite à leur ambition et leur créativité. Dans le cas contraire, ils se disent : je vais prendre ce qu'il y a à prendre parce qu'on ne sait pas de quoi demain sera fait. Et si je ne peux être créatif que dans le cadre imposé par un gouvernement oppressif, à quoi bon ?

Prenons l'exemple d'un entrepreneur convaincu de pouvoir transformer son idée en exploitation prospère. Le lancement de son activité va peut-être inquiéter les acteurs déjà établis du secteur d'une part, et nécessiter d'obtenir des permis de diverses administrations d'autre part. Si les premiers ont le pouvoir de freiner son projet et si les deuxièmes pratiquent la corruption, il va consacrer tout son temps et toute son énergie à contourner les obstacles au lieu d'œuvrer au développement de son entreprise ou à la qualité de son produit.

L'antidote ? Un cadre juridique robuste. L'entrepreneur doit savoir que la concurrence ne peut pas anéantir son projet grâce à ses contacts au sein du système, et que les fonctionnaires ne vont pas lui demander de pots-de-vin. Si c'est le cas, il doit pouvoir s'en remettre à la justice.

C'est bien évidemment différent pour les grandes entreprises internationales qui jouissent d'un pouvoir et de contacts qui leur permettent de conclure des marchés, de prospérer et d'évaluer les risques clairement quel que soit l'environnement politique. Mais les investisseurs plus modestes ou les entrepreneurs locaux pâtissent plus qu'on ne l'imagine de l'absence d'État de droit. Dans plusieurs des pays en développement où mon institut travaille, des secteurs entiers de l'économie, vitaux pour la prospérité, sont dominés par des acteurs clés traditionnels qui utilisent leurs contacts pour maintenir le statu quo (à leur avantage) et étouffer la concurrence. Conséquence : ils font obstacle à l'innovation.

Les secteurs de l'énergie et des télécommunications en sont la parfaite illustration. À l'ère de la révolution technologique, ils sont plus importants que jamais. Bloquez l'innovation dans ces domaines et le potentiel d'un pays s'en trouvera limité de manière permanente.

Il existe encore des pays dotés de ressources naturelles énergétiques importantes qui dépendent d'importations de combustibles fossiles onéreux ou achètent de l'électricité à des tarifs exorbitants, car leurs fournisseurs ont éliminé toute concurrence.

D'autres ont besoin de la technologie satellite pour raccorder leurs zones isolées à Internet mais continuent de faire barrage aux acteurs du secteur parce que les opérateurs de télécommunications locaux veulent conserver le monopole.

Vous l'aurez compris, l'État de droit n'a rien d'accessoire pour l'économie ; la prospérité future en dépend.

Il est également essentiel à la stabilité politique. Si les gens savent qu'un recours légal contre la discrimination ou les comportements inappropriés des fonctionnaires est possible, ils seront plus enclins à rechercher le changement par la persuasion plutôt que par la révolte. Cela ne veut pas dire qu'il n'y aura pas de manifestations, voire, dans le cas de la France, d'émeutes. Mais la majorité silencieuse, quelle que soit son opinion sur telle ou telle question, ne songera pas que la seule issue possible est de descendre dans la rue.

Pour les pays émergents qui veulent avancer vers l'État de droit, le plus difficile est de savoir par où commencer. Le changement étant systémique, il sera difficile et indigeste.

Mais il existe des points d'entrée. Les contrats commerciaux en sont un exemple. Plusieurs pays ont mis en place un cadre juridique contractuel protégé de manière à garantir, avec des juges étrangers si nécessaire, que les entreprises qui investissent chez eux peuvent compter sur le respect du droit des contrats. Il est essentiel que cette protection s'applique aussi aux entreprises locales.

L'une des nombreuses leçons de gouvernance que l'on peut tirer du processus d'adhésion à l'Union européenne réside dans l'obligation d'adopter l'État de droit. Les pays qui faisaient partie de l'ancien système juridique soviétique étaient profondément corrompus sur les plans politique et financier ; ils ont dû revoir leur fonctionnement de manière radicale pour se conformer aux exigences européennes. Il est vrai que certains s'y sont pliés sans grand enthousiasme, mais, globalement et avec le temps, des changements de taille sont survenus dans leurs systèmes juridiques, et pour le mieux. Tout cela pour dire que de tels bouleversements sont réalisables, pourvu que les incitations à réformer soient suffisamment importantes.

Je m'inquiète de voir aujourd'hui les pays développés négliger, sous la pression des populistes, l'importance de l'État de droit et son attractivité.

Les juges devraient pouvoir faire leur travail sans ingérence des politiciens, et notamment des leaders, même lorsque leurs enquêtes et leurs décisions déplaisent au dirigeant ou à l'opinion. Si vous pensez que le cadre juridique au sein duquel ils opèrent fait sérieusement obstruction à la bonne gouvernance, changez-le. Mais n'attaquez pas les tribunaux quand ils ne font qu'interpréter la loi dans un sens que vous trouvez gênant.

Les médias, prompts à s'indigner, ne devraient pas non plus se transformer en tribunaux. Il m'arrive de lire des comptes rendus d'affaires dans le journal et de me dire : « Eh bien, voilà un drôle de verdict. » Mais lire un article, surtout quand le journaliste cherche à faire passer un message, n'est pas la même chose qu'assister à une audience, avoir accès aux preuves et les évaluer pour rendre une décision raisonnée.

Si un système judiciaire corrompu constitue la plus flagrante trahison de l'État de droit, ayez bien conscience qu'un système judiciaire inefficace lui est également préjudiciable. Il n'est pas inutile de se remémorer ici les mots de la Grande Charte[1] : « Nous ne vendrons, refuserons ou *différerons* [c'est moi qui souligne] le droit d'obtenir justice à personne. » Les délais de traitement à rallonge – dans les pays industrialisés et dans les pays en développement – sapent la confiance des citoyens en leur pays. On ne peut nier, du reste, que les systèmes judiciaires de nombreuses nations sont désorganisés. Au Royaume-Uni par exemple, la justice pénale dysfonctionne au point que de nombreux crimes ne donnent même pas lieu à poursuites, sans même parler de condamnations, et que certains dossiers pourtant solides ne passent jamais devant le juge parce que les délais ne sont pas respectés. Je crois qu'on peut dire la même chose de tous les systèmes occidentaux.

S'agissant de la justice civile, son coût prohibitif pose un véritable problème aux citoyens à revenus moyens.

1. La *Magna Carta*, signée par le roi Jean d'Angleterre en 1215, est un texte fondamental qui limite les pouvoirs monarchiques et garantit des droits individuels comme la protection contre l'emprisonnement arbitraire et l'accès à la justice. *(N.d.l.T.)*

Par ailleurs, de nombreux systèmes ont été créés pour répondre à des problématiques qui appartiennent au passé, à des temps où la première inquiétude des gens était l'erreur judiciaire, la corruption policière ou les malversations. Les lois que les systèmes appliquent sont fréquemment obsolètes, visant des types de délits ou de crimes – par exemple la fraude en ligne, le trafic de drogue, les activités de gangs organisés – qui ont depuis changé de nature et de méthodes d'organisation.

La technologie est utilisée de manière aléatoire – quand on l'utilise tout court –, alors même qu'elle pourrait optimiser la préparation et la tenue des procès, la rédaction des jugements, la collecte de preuves et même le règlement des litiges civils. L'Estonie est pionnière dans ce domaine puisqu'elle fait usage de l'intelligence artificielle pour régler les demandes de dommages et intérêts inférieures à 7 000 € et montre, ce faisant, de quelle manière les pays en développement pourraient bénéficier du recours à l'IA pour mettre fin à la petite corruption.

On se gardera également d'instrumentaliser le système judiciaire à des fins politiques. Attention, je ne dis pas que les hommes politiques doivent être au-dessus des lois. Au contraire. Si un homme politique, a fortiori un dirigeant, se rend coupable d'un délit ou d'un crime, il faut le traiter comme n'importe quel autre citoyen.

Mais, dans les démocraties, on voit de plus en plus souvent des dirigeants faire l'objet d'enquêtes criminelles, pendant ou après leur mandat, lesquels se déroulent dans un climat très tendu et politisé. Parfois, les faits sont contestés. D'autres, fois ils ne le sont pas mais leur interprétation l'est. C'est là que les choses deviennent problématiques.

Bien sûr, si on découvre qu'un dirigeant dispose d'un compte en Suisse alimenté par des fonds publics détournés ou un pot-de-vin reçu en échange d'un contrat gouvernemental, la loi doit s'appliquer dans toute sa rigueur.

Mais attention à la surmédiatisation d'affaires où les faits sont sujets à différentes interprétations, où le dossier semble limite et où, disons-le, les poursuites sont conduites avec un zèle manifeste.

Il suffit qu'un petit nombre de personnes raisonnables pensent que le système est instrumentalisé à des fins politiques pour fragiliser la confiance qu'on lui porte. Pire : cela permet au dirigeant qui a réellement enfreint la loi de faire passer des accusations justifiées pour des reproches sans fondement et de rallier sa base de soutien de manière toxique pour la démocratie. Après tout, si un dirigeant estime que l'attirail judiciaire se mobilise contre lui pour lui nuire politiquement, il se défendra en attaquant l'intégrité du système.

Alors, ce qui est toléré contre le pouvoir devient justifiable contre l'opposition une fois qu'elle revient aux commandes. Résultat : à terme, c'est un principe fondamental de l'État de droit, à savoir la confiance dans l'objectivité de la loi, qui est gravement affaibli.

Donc oui, la loi doit s'appliquer aux dirigeants comme à tout citoyen, mais il est utile, voire salutaire, de faire preuve de discernement quant à la nécessité des poursuites.

Il faut éviter toute procédure aux relents d'arbitraire (un point de vigilance pour les nations occidentales, parfois promptes à sanctionner les individus) ou qui place le pouvoir politique au-dessus de la loi, et la subjectivité au-dessus de l'objectivité dans la prononciation des décisions de justice.

L'État de droit ne se résume pas à un ensemble de règles appliquées équitablement. C'est une vertu, une qualité qui reflète la nature d'une nation – une terre sacrée. S'il est absent dans votre pays, instaurez-le pour bien gouverner ; s'il est présent, estimez-le à sa juste valeur et ne le malmenez pas.

Chapitre 16

Le fléau de l'idéologie

Quand je suis en visite en Amérique du Sud, il m'arrive de me dire que le pire fléau infligé par l'Europe au continent, après la colonisation, c'est l'introduction de nos idéologies politiques, notamment les formes les plus extrêmes de socialisme. Le Brésil, l'Argentine, le Mexique, la Colombie, le Venezuela, sans parler des pays plus petits, portent tous les stigmates des mêmes batailles idéologiques et peinent encore aujourd'hui à s'en libérer.

On peut faire le même constat dans certains pays du Moyen-Orient, profondément influencés par la pensée politique européenne : l'Égypte de Nasser par exemple, ou l'Irak et la Syrie du parti Baas (ou Baath, *le parti de la renaissance socialiste* en arabe).

Je ne dis pas que les dictatures militaires qui ont été à la tête de nombre de ces pays n'étaient pas tout aussi délétères, voire plus. Mais il s'agissait moins d'idéologie que de prise de pouvoir pure et simple. Le fascisme comme idéologie du pouvoir en place est heureusement mort à la fin de la Seconde Guerre mondiale.

J'appartiens à l'aile progressiste du spectre politique, celle-là même qu'on associe traditionnellement, entre autres choses, au socialisme. Sur le plan éthique, je considère toujours le socialisme comme une idéologie séduisante. Une société doit veiller sur ses citoyens les plus précaires et fournir les services fondamentaux au progrès humain pour que tous, et pas seulement quelques-uns, en bénéficient. L'inégalité des chances, et d'une certaine manière des réussites, doit remuer les consciences. Notre devoir ne s'arrête pas à l'intérieur de nos frontières.

En revanche, je n'approuve pas le socialisme dans ses aspects les plus radicaux – contrôle de l'économie, méfiance, pour ne pas dire hostilité, à l'égard des entreprises, protection des producteurs aux dépens des consommateurs, croyance en un État fort comme condition de la justice sociale. Ce pan de l'idéologie socialiste a fait et continue de faire des dégâts. C'est d'ailleurs le drame de la gauche que certaines de ses branches continuent d'y adhérer, alors qu'il est clair depuis longtemps que le fossé entre ses promesses et la réalité dont elle accouche est inacceptable.

Récemment, l'aile conservatrice du spectre politique a eu son lot de défis idéologiques.

Traditionnellement, les conservateurs ont des points forts à faire valoir. Ils abordent les processus de gouvernance avec réalisme et les rêveries utopiques avec scepticisme parce qu'ils comprennent que l'enthousiasme initial se transforme en déception. Ils accordent de la valeur au travail et au progrès individuel. Ils considèrent à juste titre le patriotisme comme quelque chose de positif, alors qu'à gauche certains méprisent l'amour du pays.

Au début de ma carrière politique, les conservateurs se méfiaient de l'idéologie. Pour eux, elle était incompatible avec l'élaboration de politiques avisées. Bien sûr, ils défendaient certains principes avec force : le libre-échange, l'ordre social, la défense des intérêts nationaux sur la scène internationale, et plus tard, l'égalité des chances et des aspirations. Ils ont parfois jugé nécessaire de prendre des décisions difficiles ou impopulaires pour soutenir ces valeurs. Une telle détermination revêtait, il est vrai, un caractère élitiste, mais demeurait curieusement saine. Les conservateurs pensaient que bien gouverner était une fin en soi, croyance qui entraînait un certain complexe de supériorité. Ils estimaient que la gauche se fourvoyait en proposant des politiques conformes à leur idéologie mais déconnectées de la réalité objective. On pouvait compter sur eux pour bien gouverner parce que personne d'autre n'en avait la volonté – ou, du moins, de leur point de vue.

Résultat : en Grande-Bretagne, les conservateurs sont le parti de gouvernement par défaut. Sur les cent vingt ans d'existence du Parti travailliste, ils en ont passé environ quatre-vingt-dix au pouvoir, endossant le rôle de gardiens des intérêts du royaume – des gardiens certes pas toujours agréables, mais fiables – parce que le Labour (qui n'a cumulé que trente ans aux manettes, dont dix sous le New Labour, au grand regret, il faut bien le dire, des plus traditionalistes du parti) ne représentait pas un concurrent crédible pour le pouvoir.

Puis ils se sont laissé griser par l'élixir de l'idéologie. On peut débattre de pourquoi et comment une telle chose s'est produite, mais, tout à coup, le patriotisme s'est mué en nationalisme, la défense des intérêts britanniques en rejet des institutions de coopération internationale, le devoir de bien gouverner en signe d'appartenance aux élites détestées qu'il ne fallait plus rejoindre mais détruire.

Le phénomène n'est pas circonscrit à la Grande-Bretagne. Partout dans le monde, les partis traditionnels se font battre par de nouveaux partis populistes ou phagocyter par leurs franges les plus radicales. On observe un durcissement des positions idéologiques.

Les deux extrémités du spectre présentent de nombreuses caractéristiques communes. Elles emploient la même rhétorique incendiaire. Elles cèdent l'une et l'autre au populisme, préférant exploiter les griefs plutôt que les résoudre.

Elles diabolisent certains groupes qui font, à les en croire, obstacle au futur qu'elles souhaitent voir advenir. À gauche, il s'agit bien souvent des entreprises ; à droite, des immigrants. Les franges radicales provoquent les conflits et s'en nourrissent. Elles considèrent l'élaboration des politiques basée sur les faits et l'analyse des problèmes dans toute leur complexité comme des aveux d'échec plutôt que comme des méthodes nécessaires pour parvenir à des solutions. Elles estiment que regarder ce qui se passe ailleurs est une tentation indigne, le début de la trahison de la cause.

Et quand les extrêmes s'adressent aux gens, c'est essentiellement en leur assignant un rôle de victimes : les électeurs seraient donc les marionnettes de « l'État profond », d'élites bureaucratiques influençant secrètement la politique, des magnats de la presse, des milliardaires, des financiers, bref de tous les « ennemis de l'intérieur » possibles et imaginables. Ils simplifient tout. Dans leurs discours, les faits ne sont plus simplement des faits ; ils changent selon la personne qui les invoque.

Mais rejeter l'idéologie ne veut pas dire rejeter les idéaux. Je sais que certains mettent idéologie et idéaux sur le même plan, ou du moins envisagent l'idéologie comme un ensemble structuré d'idéaux. Pour ma part, je les distingue car l'idéologie entend répondre à une analyse globale du système par une solution globale, ce qui en fait par nature un dogme. Les idéaux fonctionnent différemment. À titre d'illustration, ce sont des idéaux qui ont présidé à la création des services publics de santé et des programmes d'aide sociale. La preuve : ces dispositifs sont compatibles avec diverses visions de l'économie, du marché et du rôle du capital privé. Ils sont guidés par des valeurs de solidarité, et non par une doctrine. L'idéologie, au contraire, est un système de croyances qui considère l'État – mais il pourrait s'agir d'une religion ou d'une idée – non pas comme une réponse, mais comme LA réponse. C'est un prisme à travers lequel tous les défis doivent être perçus et résolus.

Les idéaux ressemblent davantage à des principes – universels et non exclusifs.

En politique, il faut en avoir, ne serait-ce que l'envie de bien gouverner. Contrairement à ce que pensent la plupart des électeurs, les personnes qui s'engagent en politique sont animées par le désir de faire le bien. Naturellement, elles n'y parviennent pas toujours, mais c'est une autre histoire. Être animé par des principes, des valeurs fortes, un but à atteindre, c'est précieux et nécessaire quand on veut entrer dans l'arène et devenir un concurrent ou une concurrente crédible.

Les idéaux ouvrent des horizons où la réussite se mesure à l'aune des buts atteints. L'idéologie est un carcan où la réussite se mesure à l'aune de la conformité à la doctrine et au dogme. L'idéologie n'est même pas une philosophie politique de gouvernement. Elle est malheureusement trop rigide pour cela car elle repose sur la conviction qu'une seule voie – ou un seul ensemble de mesures ou de comportements – est valide et doit prévaloir.

L'idéologie séduit parce qu'elle promet un changement radical. À l'heure où les systèmes traditionnels et les résultats qu'ils produisent génèrent une profonde frustration, la tentation de l'idéologie se répand bien au-delà des franges, dans les courants dominants du paysage politique.

Pour l'idéologue, être « radical » est primordial, même si cela implique de contredire le réel. Les « pragmatiques » sont considérés au mieux comme des technocrates, au pire comme des rabat-joie. Personne n'a jamais accroché l'attention d'un cortège de manifestants en brandissant une pancarte « Soyons pragmatiques ».

Sauf que réalisme et radicalité ne devraient pas s'exclure l'un l'autre. Ils devraient être complémentaires. Dans le contexte de la gouvernance, la radicalité implique des changements fondamentaux et systémiques qui portent sur les règles du jeu. Mais, sans réalisme, ils ne fonctionneront pas.

Aux grands maux les grands remèdes. Voilà un adage auquel je souscris dès lors qu'on accorde autant d'importance au mot « remède » qu'au mot « grand ».

Comme je le développe plus loin, exploiter la révolution technologique du XXIe siècle devrait être l'objectif de tout gouvernement – un objectif profondément transformateur dans son approche, et réalisable et concret dans ses résultats. À terme, ce tournant éclipsera la lutte idéologique du siècle dernier entre l'État et le marché, le capital et le travail, modifiant à tout le moins le cadre des débats sur le mondialisme et le nationalisme.

Les pays qui s'en sortent bien aujourd'hui doivent leur réussite à une analyse rigoureuse et une évaluation statistique soignée, suivies par l'élaboration minutieuse de politiques qui s'appuient dessus pour conduire les changements radicaux capables de produire les effets souhaités.

On peut citer en exemple le travail accompli par le précédent dirigeant chinois Deng Xiaoping. Il est, plus que quiconque, l'artisan de l'ouverture de son pays au monde. Il a créé les conditions de son incroyable développement économique, auquel il s'est attelé à la suite de la Révolution culturelle, période cauchemardesque où l'idéologie maoïste enserrait la Chine avec les effets désastreux qu'on sait. Deng lui-même a été arrêté, exilé dans la province rurale du Jiangxi, sa famille a été persécutée, et pourtant il a refait surface et mené un assaut frontal contre l'idée même selon laquelle on peut se passer d'évaluation objective de la réalité au nom de l'idéologie.

Les mots qu'il a utilisés pour persuader le Parti communiste chinois de changer de cap résonnent encore de manière spectaculaire aujourd'hui.

Contre la doctrine du parti (et en fait contre l'idée qui a dominé une grande partie de l'histoire de la Chine), il a affirmé que son pays devait apprendre des autres, en particulier de l'Occident, dans les domaines de l'éducation, de la science et de la technologie. Pour lui, le processus de reformulation des politiques devait « chercher la vérité dans les faits » et « s'appuyer sur la réalité ». Pour y parvenir, a-t-il dit, le peuple devait « libérer » son esprit.

Au lieu de faire des déclarations vaniteuses sur la grandeur de la Chine, Deng Xiaoping a mis l'accent sur la pauvreté et le retard relatifs de son pays.

Il s'agissait là d'un message incroyablement transformateur.

Il a ensuite affirmé le principe de « l'intégration de la théorie à la pratique » et lancé des réformes fondamentales pour transformer l'économie et le système, mettant la Chine sur la voie de la prospérité et de la puissance.

La vie de Deng Xiaoping avant son accession au pouvoir témoigne des dégâts que peut faire l'idéologie. Son action à la tête du pays témoigne au contraire de ce qu'un leader éclairé et affranchi de telles contraintes peut accomplir.

En tant que leader, même si vous accédez au pouvoir grâce à un soutien idéologique, vous devez gouverner en faisant ce qui marche, ce qui produira des changements réels, et non en adaptant vos mesures à l'idéologie. Il faut privilégier les résultats et le pragmatisme.

Bien sûr, parler au cœur des gens fait partie de votre rôle, mais, pour réussir, vous devrez aussi parler à leur tête sans craindre d'être radical.

QUATRIÈME PARTIE :

Entrer dans la révolution technologique ou comment rester en phase avec un monde en mutation

Chapitre 17

La révolution technologique et l'État réinventé

Nous vivons, en ce début de XXIe siècle, une révolution technologique qui transforme notre façon de travailler, de vivre, d'être aux autres et au monde aussi considérablement et globalement, sinon plus, que la révolution industrielle en son temps.

Pour l'heure, ce bouleversement n'a pas modifié notre façon de faire de la politique. C'est pourtant nécessaire, et ce processus devrait, à mon sens, s'accompagner d'une réinvention de l'État.

Il y a de cela quelques années, quand j'ai commencé à défendre cette position auprès des dirigeants politiques avec lesquels je travaillais, certains ont acquiescé, mais la plupart considéraient que je me laissais aller à l'hyperbole politique. D'autres pensaient que, n'étant plus aux responsabilités depuis longtemps, j'avais oublié à quoi ressemblait la vie de M. et Mme Tout-le-Monde, frappés par la crise du coût de la vie et soumis à des contraintes on ne peut plus éloignées de mes histoires de découvertes scientifiques et de puces informatiques.

« C'est bien joli ce que vous dites, mais c'est un discours de technocrate », me répondait-on. Le mot n'a rien d'un compliment en politique.

Le mépris de la classe politique pour tout ce qui relève du « technocratique » ou du « technique » m'a toujours intrigué. Je l'ai découvert lorsque j'ai entrepris la refonte complète du système de santé britannique. Mes collaborateurs, même ceux qui étaient globalement bien disposés à mon égard, me disaient : « D'accord, mais que fait-on des principes fondateurs du NHS, l'égalité d'accès, la clarté inhérente à la gratuité lors du service ? Ce sont des éléments clés de notre système, n'est-ce pas ? »

Comme si on pouvait cloisonner les « principes » qui sous-tendent un système et les moyens techniques de les appliquer !

Ils vont de pair. Et plus les techniques sont bonnes, plus les améliorations du système sont rapides. Cela ne veut pas dire pour autant qu'il faut recourir au langage technocratique pour expliquer l'objectif d'une réforme.

Le mot « technologie » vient des mots grecs *techne* – l'art, la compétence – et *logos* – la parole, l'expression de la pensée (comme dans l'Évangile de Jean : « Au commencement était le Verbe. »). Il suppose que la compétence, le savoir-faire s'orientent vers un objectif, unc finalité.

De même, le nom « technocrate » fait référence à une personne dotée d'un savoir d'expert au service de la résolution de problèmes pratiques. En gros, le technocrate conçoit et applique les solutions qui fonctionnent.

Cette révolution technologique implique une évolution radicale des moyens utilisés par les gouvernements pour atteindre les objectifs qu'ils se fixent. Attention, il ne s'agit pas de confondre moyens et finalité de l'action politique ou de la gouvernance, laquelle reste inchangée : faire avancer les intérêts des citoyens et mettre en œuvre les valeurs qui la sous-tendent.

Mais il se trouve que la nature de la transformation des « moyens » est telle qu'elle accroît l'ambition première du but et accélère sa réalisation. C'est une révolution qui offre l'opportunité de résoudre des problèmes actuellement insolubles.

La tâche du dirigeant est d'abord d'accepter l'ampleur des mutations du « monde réel », puis de les expliquer pour les intégrer à un discours politique enthousiasmant.

La réalité à laquelle sont confrontées les nations développées, c'est que les services publics ne sont pas en mesure de répondre aux attentes des citoyens. Les systèmes de santé sont exsangues et la justice pénale est dysfonctionnelle ; les autorisations de planification freinent ou entravent les évolutions infrastructurelles, en particulier dans le domaine de l'énergie verte ; retards, pannes et lourdeurs administratives sont à déplorer partout.

Traditionnellement, la réponse à ces défaillances consistait à augmenter les dépenses publiques grâce à l'imposition.

Or, aujourd'hui, l'opinion publique n'adhère plus à cette surenchère. Les attentes n'ont pas changé. La demande d'efficacité gouvernementale est toujours aussi forte. Mais la capacité de l'État, dans sa forme actuelle, à mettre en œuvre les politiques publiques s'est érodée.

Pour apporter des solutions, il faut exploiter pleinement le potentiel transformatif de la technologie.

Dans les régions en voie de développement, où, d'une part, les défis sont multiples, complexes et en apparence insolubles et, d'autre part où, les finances sont inévitablement limitées, cette révolution technologique doit permettre aux nations de sauter les étapes normales du développement pour agir comme un accélérateur d'avenir, et ce dans un délai relativement court.

Elle offre également des solutions applicables à l'échelle mondiale. La seule réponse politiquement réaliste au défi du réchauffement climatique, c'est d'inventer des technologies propres à soutenir le développement durable. Sinon, dans le monde industrialisé, les consommateurs s'opposeront aux coûts des mesures pour la planète, et, dans les pays en développement, les gouvernements préféreront les actions en faveur du développement économique à celles en faveur du climat. Et comment le leur reprocher ? Ils ne sont pas responsables du réchauffement et la croissance de leurs pays est une nécessité.

La révolution technologique n'est donc pas un sujet parmi d'autres, c'est LE sujet – celui qui devrait dominer le débat politique, et non être accessoire aux questions « essentielles » de la vie de tous les jours.

Au XXe siècle, le débat politique sur l'économie tournait autour de l'opposition entre capitalisme et économie de marché d'une part, et socialisme et place de l'État d'autre part – le clivage traditionnel entre la droite et la gauche.

Depuis déjà quelques années, il a perdu de son intensité sur le fond même s'il s'est envenimé sur la forme : on se querelle à propos de modifications mineures des politiques fiscales et des dépenses publiques en prétendant qu'elles sont porteuses de différences idéologiques majeures.

Ce faisant, de nouveaux débats « culturels » – nationalisme, « wokisme », identité – ont émergé, envahissant l'espace public de positions extrêmes, bien que la plupart des citoyens soient plus nuancés et modérés sur ces questions.

Le sujet de la technologie – de la manière dont nous pouvons utiliser ses applications pour résoudre les problèmes auxquels nous sommes confrontés tout en veillant à la sauvegarde de nos libertés – est moins palpitant mais beaucoup plus prometteur pour nos intérêts et notre bonheur. C'est pourquoi les dirigeants doivent inscrire le sujet à l'agenda politique et développer un argumentaire propre à susciter davantage d'enthousiasme.

L'intelligence artificielle générative a, dans une certaine mesure au moins, modifié les dispositions vis-à-vis de la technologie dans la classe politique. Par exemple, certains leaders utilisent ChatGPT. Mais, pour beaucoup d'autres, cette IA demeure un gadget et non un outil qui pourrait complètement changer leur programme politique, comme nous le verrons dans le prochain chapitre. Ou alors ils se concentrent sur les dangers que représente l'intelligence artificielle et ne pensent plus qu'aux questions de réglementation – une seconde nature dans ce milieu.

Tout cela n'a rien de très surprenant. À l'heure où l'Europe sombrait dans les affres de la révolution industrielle, les gouvernements ont mis une éternité à se mettre au diapason de ce qui se passait dans le monde réel. Des inventions formidables voyaient sans cesse le jour. Le développement des centres urbains et la réduction de l'emploi rural s'accéléraient. L'économie du Royaume-Uni, épicentre de cette révolution, était en pleine mutation.

Pourtant, il n'y a qu'à lire les débats parlementaires de l'époque pour comprendre que les décideurs étaient toujours ancrés dans le monde d'avant, celui de l'ère préindustrielle dominée par les riches propriétaires terriens appartenant aux deux partis qui s'opposaient alors, les tories et les whigs. Leur principal sujet de discussion n'était autre que les « maux » de l'industrialisation.

Il a fallu attendre plusieurs décennies pour que la classe politique comprenne que la transformation dont elle était témoin devait être prise en compte dans son travail législatif.

Il a fallu attendre encore plus longtemps pour que le système des partis s'ajuste. Le Labour n'a été fondé qu'au début du XXe siècle et n'a accédé au pouvoir que dans les années 1920. L'État lui-même n'a opéré sa révolution que plus tard avec la création de l'État providence moderne.

Au total, le processus de changement et d'adaptation de la sphère politique à la révolution industrielle a pris un siècle.

Le monde d'aujourd'hui évolue beaucoup plus vite. Malgré cela, la plupart des nations auront besoin de temps pour prendre le train en marche. À un moment, la classe politique se rendra compte du formidable potentiel que représente l'intégration de la révolution technologique dans son discours ; ceux qui seront au pouvoir comprendront son impact sur la capacité de mise en œuvre de l'action publique, et donc sur leur propre succès.

Ce ne seront pas nécessairement les pays auxquels on s'attend qui entreront dans la danse en premier. Qui aurait cru que le gouvernement estonien serait le plus avancé de l'Union européenne sur le plan technologique ? Que le Kenya ouvrirait la voie au traitement intelligent des transactions ? Que le Sénégal mettrait en place le meilleur pass vaccinal contre le COVID-19 ? Que l'Indonésie imaginerait le service de livraison par application mobile le plus performant ?

Autre changement capital que cette révolution initiera : une compréhension renouvelée du rôle central de l'éducation pour la croissance. Dans ce monde nouveau qui est le nôtre, le secteur universitaire devient un moteur économique central. Aucun pays désireux de réussir au XXIe siècle ne peut le faire sans universités d'envergure internationale. C'est de l'enseignement supérieur que naîtra l'innovation. Une fois l'infrastructure numérique en place, les talents locaux pourront inventer de nouvelles applications. L'émergence d'un nouvel écosystème d'entreprises permettra, s'il est correctement exploité, de changer l'économie locale et la gouvernance.

Les partis politiques traditionnels structurés autour du clivage économique gauche / droite se désintégreront – le processus a déjà commencé dans de nombreux pays – et se remodèleront en fonction des disparités d'opinions sur la technologie, entre ceux qui prôneront la prudence et ceux qui considéreront que la technologie et l'avenir sont indissociables.

Pour l'instant, on entend souvent dire : « Stop ! C'est terrifiant ce qui se passe avec la technologie ! »

Pourtant, s'il y a un autre enseignement à tirer de la révolution industrielle en particulier, et de l'histoire en général, c'est que les inventions nées de l'ingéniosité humaine ne sont jamais annihilées par les inquiétudes qu'elles génèrent. Les luddites, ces ouvriers anglais qui, au début du XIXe siècle, tentaient de détruire les machines de peur de perdre leur travail, n'ont pas obtenu gain de cause.

Au lieu de combattre ou de nier la révolution qui s'opère aujourd'hui, mieux vaut s'efforcer de la comprendre dans toute sa complexité, de saisir les opportunités qu'elle offre et d'en limiter les risques. En tant que dirigeant politique, ne laissez ni la peur ni les inévitables campagnes contre la technologie vous freiner. Votre à-propos doit nourrir l'élan du changement.

S'il y a bien une chose qui me fait regretter de ne plus être aux responsabilités, c'est le potentiel de la révolution technologique. Quelle belle période pour gouverner !

Chapitre 18

Mise à jour de dernière minute ! De nouveaux développements se poursuivent à une échelle sans précédent

Alors qu'on s'imaginait que le rythme du changement ne pouvait pas être plus rapide, plus brutal – entre le Covid et ses conséquences, l'accélération du réchauffement climatique, les guerres en Europe et au Moyen-Orient, et un paysage géopolitique plus complexe que jamais –, on assiste en réalité, dans le domaine de la technologie, à une transformation encore plus radicale qui va considérablement impacter le monde réel sur les plans géopolitique, sociétal, économique, et ce dans un délai extraordinairement court, surtout à l'échelle des gouvernements et de la politique.

Je dis encore plus radicale parce que cette transformation est en évolution continue et en accélération perpétuelle, si bien que, d'un mois à l'autre, l'impossible devient possible et les scenarii qui semblaient relever hier encore de la science-fiction deviennent aujourd'hui réalisables ! Je pense bien sûr au monde de l'intelligence artificielle qui s'ouvre à nous.

Si je perçois toute l'importance de cette avancée majeure, elle échappe néanmoins quelque peu à ma compréhension ! Et encore, en disant quelque peu, je m'épargne.

Pour vous donner un exemple, il y a quelque temps, on m'a demandé de prononcer un discours lors d'un symposium sur la cryptomonnaie. J'ai donc dans un premier temps demandé à mon fils, qui travaille dans le secteur de la tech, de me briefer. Je n'ai rien compris à son exposé. Il m'a alors envoyé tout un dossier intitulé « Cryptomonnaie, guide à l'usage des imbéciles ». À sa lecture, j'ai eu le sentiment d'être… le roi des imbéciles ! Quand le lendemain j'ai passé en revue avec lui ce que j'en avais retenu jusque-là, il m'a dit : « Papa, fais-toi porter pâle. »

Mon inaptitude n'est pas nouvelle. J'ai en effet compris assez jeune que la nature m'avait doté d'un esprit sensible plutôt que scientifique. Je suppose que c'est mieux que de ne pas en avoir du tout, mais cet état de fait m'a valu bien des déconvenues. J'étais moyen en maths, mauvais en chimie et nul en physique – tellement nul qu'un jour mon professeur de sciences physiques m'a dit, en me rendant un devoir raté, qu'il n'avait jamais vu une copie aussi indigente. De fait, j'étais indifférent, voire réfractaire au monde de l'abstraction – électrons, neurones, ondes radio, gravité, conduction, courant électrique et j'en passe ! En revanche, j'étais sensible à ce que je pouvais voir, toucher, éprouver, et je saisissais les sentiments – amour, haine, respect, chagrin, angoisse, joie. C'est un atout en politique car cela permet de prendre en compte le facteur humain en toutes choses. Par parenthèse, c'est fort de cette conscience d'avoir eu, en tant qu'élève, des points forts et des points faibles que j'ai toujours été contre le tri des collégiens en fonction de leurs aptitudes scolaires globales, qui aboutissait au Royaume-Uni à leur séparation entre sélectives « grammar schools » et établissements secondaires ordinaires.

Jusqu'à récemment, je ne trouvais pas gênant, ni pour moi ni pour les autres politiciens dotés d'un esprit sensible plutôt que d'un esprit scientifique, de ne pas comprendre comment fonctionnent les technologies. De fait, j'ignore comment fonctionnent les téléphones portables ou les avions mais ça ne m'empêche pas d'en profiter.

Pourtant, s'agissant de l'IA générative, je ressens le besoin impérieux de comprendre au moins les tenants et les aboutissants de son avènement – probablement parce qu'à mon sens un dirigeant pourvu de connaissances, même rudimentaires, comprendra mieux pourquoi il est si primordial et urgent de saisir les formidables aubaines qu'offre cette révolution tout en se protégeant des redoutables dangers qu'elle implique.

Voici donc ce que je crois avoir saisi de l'émergence de l'IA générative. Il va de soi que je fais fi des risques de la simplification à outrance et que je me positionne ici en tant que dirigeant et non en tant qu'expert de la tech.

Au cours des dix dernières années, plusieurs avancées technologiques ont enclenché une dynamique d'innovation qui s'autoalimente, un état de révolution technologique permanente. Elles trouvent leurs racines dans des inventions qui datent de plusieurs décennies avant d'aboutir à un développement exceptionnel de l'intelligence artificielle générative porteur de profondes conséquences.

D'abord, les ordinateurs étaient des systèmes analogiques : ils effectuaient des calculs mathématiques à partir de données stockées sur des supports aussi basiques que des cartes perforées. Ils reproduisaient (d'où l'expression *système analogique*) des signaux électroniquement – par exemple des ondes sonores. Progressivement, ces données ont été stockées électroniquement, sur des disques durs, SSD ou mémoires flash. La numérisation – la capacité de convertir ces signaux analogiques en données numériques, représentées par des 0 et des 1, selon le modèle de logique booléenne mis au point par George Boole en 1847, a offert de nombreux avantages :

capacité de traitement maximisée, résistance aux interférences, flexibilité accrue. En d'autres termes, un circuit numérique fonctionne en manipulant ces données binaires d'une manière plus puissante et plus fiable que les systèmes analogiques.

Les premiers ordinateurs numériques étaient des machines principalement électroniques, composées de tubes à vide et parfois de relais électromécaniques ; ils étaient extrêmement complexes et faisaient la taille d'une grande pièce. Mais, à la fin des années 1940 et au début des années 1950, les premiers circuits entièrement électroniques composés de transistors ont vu le jour. Ces composants ont permis de réguler le passage du courant électrique en en contrôlant le flux à travers des jonctions de matériaux semi-conducteurs. Avantages considérables par rapport aux tubes à vide utilisés auparavant : ils étaient plus petits, consommaient moins d'énergie et, surtout, pouvaient s'insérer dans un espace réduit pour plus d'efficacité.

En 1959, on a vu apparaître le premier « circuit intégré » : un ensemble de transistors, résistances et autres composants électroniques regroupés sur une petite plaque, appelée « puce ». Cette puce devait être fabriquée à partir d'un matériau capable de transmettre et réguler le courant. Le matériau initialement utilisé était le germanium, mais il a vite été remplacé par le silicium, beaucoup plus efficace en l'occurrence.

C'est aux chercheurs des laboratoires Bell – le centre de recherche de la Bell Telephone Company, fondée par Alexander Graham Bell, qui deviendrait plus tard la American Telegraph & Telephone Company – que l'on doit l'invention de la puce à semi-conducteur. Ce n'est pas un hasard. Les premiers téléphones utilisaient des câbles pour relier émetteur et récepteur, mais, rapidement, les chercheurs de Bell se sont mis à explorer l'utilisation de champs électromagnétiques et de fréquences radio pour transférer l'énergie sans fil. Les circuits intégrés, ou puces, ont joué un rôle clé dans ces expérimentations.

Au début, ces téléphones sans fil avaient une portée limitée et étaient reliés à une seule antenne de transmission, ce qui les rendait très coûteux et utilisables uniquement sur de courtes distances. De nouvelles innovations ont ensuite conduit à la création d'un réseau d'antennes sans fil, permettant de diviser une zone de couverture en petites cellules, chacune avec sa propre antenne de transmission. Puis un système de commutation a permis aux utilisateurs de passer d'une cellule à l'autre sans interruption, ce qui a donné naissance au réseau cellulaire et, bien sûr, aux téléphones portables.

Le premier téléphone portable a été développé en 1973 par Martin Cooper, de Motorola. Ce fut une étape marquante dans l'intégration de deux technologies : celle du téléphone portable lui-même et celle de la puce à semi-conducteur, qui a permis de miniaturiser les composants nécessaires à l'amplification de la voix, au traitement des signaux et à l'établissement de la communication sans fil avec les stations de base.

Vous l'aurez compris, la miniaturisation a représenté une étape essentielle dans les progrès technologiques. Gordon Moore, directeur de la recherche et du développement chez Fairchild Semiconductor, annonçait d'ailleurs dès 1965 que le nombre de transistors insérables sur une puce doublerait tous les deux ans. Une prédiction connue sous le nom de « loi de Moore » qui s'est avérée – contrairement à la plupart des prédictions politiques !

Mais une autre avancée majeure a eu lieu : la mise en réseau des ordinateurs. Au début, ils ne pouvaient se connecter entre eux que de manière très limitée, souvent dans des environnements spécialisés tels que les laboratoires. Puis un scientifique britannique, Donald Davies, a introduit le concept des paquets de données, permettant de diviser l'information en petites unités envoyables indépendamment entre deux ordinateurs distants, puis réassemblées à leur arrivée. Ce procédé a facilité l'échange de données et permis une plus grande efficacité dans le traitement des volumes de données, donnant naissance à des réseaux interconnectés où les données pouvaient circuler sous forme de paquets, jetant ainsi les bases des réseaux modernes comme l'Internet.

À la fin des années 1980, l'Internet a connu une nouvelle révolution avec l'invention du World Wide Web par un ingénieur britannique, Tim Berners-Lee, pour le CERN, en Suisse, facilitant l'accès à l'information via des pages web et des liens hypertextes.

Un grand nombre d'autres inventions ont suivi. Le multiplexage par division de fréquence et le câble à fibre optique ont considérablement augmenté la capacité des communications, permettant le développement d'échanges quasi instantanés comme l'e-mail. Les téléphones mobiles se sont mués en smartphones et ont intégré des fonctionnalités informatiques. L'iPhone en est la parfaite illustration. Google a lancé son moteur de recherche, révolutionnant la manière dont les utilisateurs naviguent sur le web. La puce à semi-conducteur a permis l'apparition de l'unité centrale de traitement, ou processeur, qui orchestre la réalisation des tâches et le traitement des données, puis l'unité de traitement graphique, qui optimise le traitement des images et des vidéos, notamment dans les jeux vidéo.

Dans le même temps, la quantité de données a explosé : informations, messages, réseaux sociaux, images. On estime que 99 % des données humaines enregistrées ont été collectées au cours de la dernière décennie. Cette accumulation, combinée aux progrès des algorithmes – du nom du mathématicien persan du IXe siècle al-Khwarizmi –, a permis l'avènement d'un niveau d'analyse sans précédent.

Les algorithmes, qui sont des ensembles d'instructions pour le calcul et l'analyse, s'améliorent à mesure qu'ils étendent leur réseau de données. Ils peuvent repérer des motifs et prédire ce que vous aimez, ce que vous pourriez acheter, ce qui vous intéresse. Le commerce en ligne, Netflix, Disney, et même les applications de textes prédictifs fonctionnent tous sur des algorithmes.

Ils constituent une forme rudimentaire d'intelligence artificielle – rudimentaire parce qu'ils répondent essentiellement à des requêtes.

Puis est apparu le *cloud computing*. Auparavant, entreprises et particuliers stockaient leurs données sur leurs propres serveurs. Mais les géants de la tech – Microsoft, Amazon et d'autres – ont créé de gigantesques centres de données qui sont devenus des hébergeurs : les utilisateurs y stockent leurs données tout en bénéficiant d'une puissance de calcul accrue et de meilleures applications. Le marché des centres de données – l'industrie du cloud – venait de naître.

Ne me demandez pas pourquoi cela s'appelle *cloud computing*. Il y a une raison, mais, franchement, c'est un peu confus. Cela dit, pour la petite histoire, il y a quelques années, alors que j'expliquais à un dirigeant politique la nécessité de la migration des données et services numériques de l'État vers le cloud, ce dernier m'a répondu : « Ça ne marcherait pas ici. Le soleil brille toute l'année. »

Donc entre l'explosion des données, l'amélioration des algorithmes et l'infrastructure du *cloud computing*, les conditions étaient réunies pour que chercheurs et ingénieurs parviennent à reproduire de manière artificielle les réseaux neuronaux du cerveau humain et à les appliquer aux grands modèles de langage (LLM, pour *Large Language Models*). Ces modèles sont des systèmes logiciels gigantesques qui reposent sur une puissance de calcul massive et peuvent être entraînés pour analyser tous les mots (le langage) présents sur Internet. Grâce à l'IA, ils peuvent traiter ces données, établir des schémas, tisser des connexions, répondre aux questions qui leur sont posées et donner l'impression de penser comme des êtres humains.

Finalement, tout comme un bébé qui ne peut pas parler mais s'imprègne des schémas de sons qui lui permettront de le faire, la machine a commencé à « parler » ! C'était en 2022.

Ainsi, au lieu de simplement prédire et décrire, elle s'est mise à produire – ou, du moins, à reproduire le processus mental humain (même si, bien entendu, elle est également sujette aux « hallucinations »).

Ce que cela signifie pour nous aujourd'hui, ce n'est pas seulement que les processus peuvent être automatisés avec une précision et une portée croissantes, mais aussi que l'IA peut suggérer de nouvelles manières de les mener à bien – par exemple pour concevoir une nouvelle puce capable de mieux exploiter les capacités des transistors existants et de dépasser les limites physiques de la miniaturisation des transistors.

Sa conséquence ? L'amélioration des grands modèles de langage, lesquels généreront encore plus de données, qui permettront à leur tour une nouvelle amélioration des grands modèles de langage ! En d'autres termes, on arrive à un état de révolution technologique permanente.

Cette nouvelle IA – que nous appelons IA générative en raison de sa capacité à générer du contenu et de la pensée originaux – augmentera ses capacités de manière exponentielle à un rythme autonome.

Elle dispose de l'ensemble de l'expérience humaine et de capacités semblables à celles du cerveau humain, mais avec un intellect en constante amélioration. Elle peut imiter à la fois l'expérience humaine et le cerveau humain.

S'il est vrai qu'à l'heure actuelle elle ressemble à une personne dotée d'un QI de 100 points environ, elle atteindra bientôt les 150 et, avec le temps, les 200. Et là, nous occuperons un nouveau monde.

On en parle moins mais l'IA générative a également un impact dans le domaine de la robotique, lequel pourrait faire sa propre révolution. Les voitures autonomes et les drones sont déjà une réalité. Dans le secteur de la production industrielle, on utilise des robots pour accomplir certaines tâches essentielles. Dans certains restaurants, on leur confie la prise de commandes. Mais, à mesure que les grands modèles de langage gagneront en puissance et en sophistication, les robots gagneront en capacité et en polyvalence et seront capables de réaliser des tâches complexes aussi bien, voire mieux que les humains.

Cuisiner, faire les courses, le ménage, planifier une journée ou des vacances, tondre la pelouse, peut-être même accomplir les tâches d'un auxiliaire de vie – autant de choses que l'intelligence artificielle fait déjà partiellement. Mais imaginez un monde où les robots pourraient pallier les pénuries de main-d'œuvre et de compétences, éliminant le défi de la productivité. Imaginez des systèmes encore plus développés, capables non seulement de répondre aux instructions humaines, mais aussi de les améliorer, de les rendre plus efficaces. Des robots capables de suggérer et non plus seulement d'obéir. L'avènement du robot humanoïde n'est peut-être pas si lointain. Certains travaillent même sur la biomimétique, qui consiste à rendre les robots physiquement semblables aux humains.

Évidemment, les risques que présente l'IA générative sont ahurissants. Nous avons affaire à une technologie d'usage général qui peut être utilisée à des fins malveillantes, d'où l'exigence d'une réglementation révolutionnaire et profonde. Mais une chose est sûre : à l'instar des machines tant redoutées pendant la révolution industrielle, elle ne peut être annihilée.

Je ne suis pas à l'abri de verser dans l'exagération mais je crois que l'IA générative est plus qu'une nouvelle étape sur le chemin du progrès technologique. C'est une révolution en tant que telle, porteuse de changement radical, un tournant pour l'avenir de l'humanité.

Nous ne savons pas exactement comment l'IA va évoluer, mais nous savons qu'elle va transformer nos vies.

Elle ne remplacera pas nécessairement l'activité humaine dans son ensemble. Elle jouera plutôt le rôle d'un collègue vraiment compétent. Mais il ne fait aucun doute qu'elle affectera chaque tâche humaine, chaque entreprise. Sa capacité à accomplir le travail du cerveau humain de façon plus précise et plus rapide permettra des progrès scientifiques et technologiques majeurs dans tous les domaines, de la médecine à la lutte contre le réchauffement climatique. Et, oui, entre les mains d'acteurs malveillants, elle sera une arme d'une puissance et d'une létalité redoutables.

En tout cas, chacun de nous a beaucoup à apprendre et à réapprendre – un état de fait qui inclut les dirigeants.

Au niveau gouvernemental, il est impératif de changer radicalement de perspective et de se tenir prêt à maîtriser et à exploiter le potentiel de l'IA.

Votre réussite en dépend.

Chapitre 19

Les applications de la technologie, ou l'État réinventé en action

Nous sommes donc d'accord : nous vivons dans un monde nouveau. À la clé, des opportunités incroyables à exploiter et des risques effrayants à réduire. La question qui se pose à nous, c'est : comment ?

Tout d'abord, ce que vous devez accepter en tant que dirigeant – à moins que vous ne soyez à la tête des États-Unis, de la Chine, d'un pays doté d'une véritable expertise dans le domaine de l'IA comme le Royaume-Uni, en passe de l'être comme l'Inde, ou d'une organisation influente comme l'Union européenne –, c'est que votre capacité à impacter le développement de l'informatique en général, et de l'intelligence artificielle en particulier, est limitée, voire inexistante.

Ne vous perdez pas en questions inutiles du type : est-ce que l'IA est une bonne chose ? Faut-il la réglementer, et jusqu'à quel point ? (Il le faut, sans le moindre doute.) Tout ce pouvoir entre les mains des géants de la tech, est-ce bien raisonnable ? Au bout du compte, vous ne déciderez pas des contours de cette révolution technologique. Bien sûr, cela ne doit pas vous empêcher de participer aux sommets internationaux et aux dialogues sur la gouvernance de l'IA, ni surtout de décider d'en tirer le meilleur parti parce que c'est là que se situe votre marge de manœuvre.

Les nations qui exploitent pleinement le potentiel des nouvelles technologies, et en particulier de l'IA, vont connaître une transformation considérable, tout comme les nations qui, à la suite de la Grande-Bretagne au XIXe siècle, ont pris le train de l'industrialisation, révolutionnant leurs perspectives d'évolution.

Si on utilise le mot « révolution » – pour parler du XIXe siècle ou de ce qui se passe aujourd'hui –, c'est parce que au lendemain de ce genre d'événement, rien n'est plus pareil. Il y a bien des étapes mais, à la fin, ce qu'on constate, ce n'est pas un ajustement du système, mais une altération radicale des principes de base qui le sous-tendent.

Vous, leader, devez l'admettre et adapter votre façon d'envisager les choses.

Nombreux sont les paramètres qui échappent au contrôle des nations alors même qu'ils impactent directement le niveau de vie de leurs citoyens. Je pense par exemple à la santé économique mondiale, aux perturbations de la chaîne d'approvisionnement internationale liées aux conflits régionaux, à la hausse du dollar ou du prix du pétrole. Les gouvernements peuvent au mieux en atténuer les effets, mais pas les neutraliser.

A contrario, la révolution technologique offre des possibilités d'action à fort impact qui s'inscrivent à la fois dans le champ de contrôle des gouvernements – si toutefois ils s'assurent le soutien des bons partenaires – et dans un temps relativement court, en phase avec les cycles électoraux.

Je prends un exemple simple et banal : vous devez choisir un restaurant. Vous vous creusez la tête pour vous rappeler où vous avez déjà dîné, ce que vous avez pensé de votre repas, le rapport qualité-prix… Pas facile. Imaginez à présent une application qui rassemblerait vos opinions sur tous les restaurants que vous avez déjà testés et en ferait l'analyse par rapport aux données de tous les restaurants situés dans un rayon de *x* ou *y* kilomètres autour de vous. Vous auriez de bien meilleurs éléments de réponse pour faire votre choix, n'est-ce pas ? Sans parler du gain de temps que cela représenterait.

Transposons maintenant cette méthode à des situations beaucoup moins anodines : un chirurgien qui réalise une opération en faisant appel à son savoir et à son expérience, mais aussi au bagage de tous ceux qui l'ont réalisée avant lui. Le résultat serait nettement amélioré, vous ne croyez pas ? Et si un robot reposant également sur l'analyse des données pouvait se charger certaines des parties les plus délicates de l'opération pour le chirurgien ? Ce serait aussi un progrès, non ?

Songez à la recherche clinique et au développement de nouveaux médicaments, généralement très coûteux et très longs. Grâce aux nouvelles technologies, on pourrait procéder aux essais et à la mise sur le marché à une échelle et à une vitesse décuplées. L'industrie pharmaceutique s'en trouverait certes bouleversée, mais de manière positive.

L'IA est la seule réponse réaliste à l'amélioration de la productivité dans le secteur privé.

Elle permettra aussi une véritable mutation dans le secteur public – la possibilité de réformer à une échelle jusqu'alors inconcevable le renouveau de l'organisation des services publics mais aussi de leur finalité.

Prenons la santé. En Grande-Bretagne, à l'heure actuelle, la raison d'être du NHS est de soigner les malades. Est-ce bien sensé ? Quand on y réfléchit sérieusement, l'objectif de tout système de santé devrait plutôt être d'aider les gens à rester en bonne santé.

Une telle approche a des implications différentes : enseigner aux jeunes générations un mode de vie sain et les sensibiliser à l'importance du sport et du contenu de leur assiette ; assurer et faciliter l'accès à une alimentation de bonne qualité nutritionnelle et limiter l'accès à la malbouffe ; instituer des bilans de santé réguliers, par l'entremise de professionnels mais aussi, et de manière croissante, par les patients qui communiqueraient leurs données à leur médecin ; faciliter la consultation et le partage des dossiers médicaux ; utiliser les données de santé pour améliorer l'approvisionnement en médicaments et développer de nouveaux traitements rapides ; généraliser le séquençage du génome humain ; identifier à la naissance ou in utero la prédisposition des individus à telle ou telle maladie, etc. Imaginez des intelligences artificielles qui assisteraient les médecins et les infirmiers, ou qui permettraient à l'usager d'accéder au meilleur conseil médical instantanément !

De même, la plupart des systèmes éducatifs sont orientés vers la réussite des élèves aux examens. Est-ce un objectif suffisant ? Sans remettre en question leur bien-fondé puisqu'ils impliquent l'engagement et la discipline, deux qualités importantes, le véritable rôle de l'éducation ne devrait-il pas être d'armer les étudiants pour la vie afin qu'ils soient heureux, équilibrés et à même d'exercer le métier de leur choix ? Si oui, et partant du principe que chaque élève est différent, l'approche standardisée de l'enseignement qui prévaut aujourd'hui est inadaptée. Nous devons tirer profit de la technologie pour permettre aux élèves d'acquérir des contenus en adéquation avec leurs intérêts et leurs capacités propres au rythme qui leur est propre, et de penser de manière créative dans un monde en constante évolution. Rendez-vous compte : nous aurions la possibilité d'interagir avec des IA tutrices disposant de toute la connaissance humaine à n'importe quel stade de l'apprentissage et quel que soit le sujet.

Prenons enfin le système de justice pénale. Il ne devrait pas avoir pour seule mission de sanctionner les criminels. C'est important bien sûr – et ça demande efficacité et rapidité, ce qui n'est pas le cas aujourd'hui – mais sa finalité devrait aussi être d'assurer notre sécurité. Un système orienté vers la protection mettrait en œuvre des programmes de lutte contre la fraude en ligne, contre la violence et les délits sur la voie publique, exploiterait les données, y compris génétiques, utiliserait des techniques de surveillance et des outils de planification modernes pour rendre le maintien de l'ordre plus efficace et les tribunaux plus fonctionnels, montrerait aux citoyens qu'ils sont protégés et obtiendront réparation en cas de défaillance du système.

Au sein de mon institut, nous répertorions les applications pratiques des nouvelles technologies mises en place par les gouvernements partout dans le monde et la liste ne cesse de s'allonger. Voici quelques exemples dans les nations en développement :

- Des drones équipés de capteurs sont utilisés pour cartographier la production agricole, collecter des données météorologiques et vérifier l'utilisation adéquate des stocks de céréales et d'engrais fournis par le gouvernement.
- Ces mêmes dispositifs servent à l'analyse approfondie des gisements de minerais, permettant pour la première fois à de nombreux pays d'évaluer leurs ressources naturelles réelles.
- Des solutions technologiques sont mises en œuvre dans les domaines de l'irrigation et des semences pour augmenter la production agricole et changer la donne dans les pays africains, qui ont des résultats quatre à cinq fois moins bons que les autres pays émergents.
- La télémédecine facilite l'accès à la consultation et aux soins dans les zones reculées où la présence du personnel médical nécessaire est impossible et, bientôt, l'IA générative analysera les notes des médecins pour formuler des propositions de traitements.
- Des installations électriques hors réseau permettent d'alimenter en énergie des régions isolées, faiblement peuplées ou encore insulaires ; combinées à la technologie

satellite, elles offrent aux communautés locales une connectivité internet révolutionnaire.

- Des téléphones portables et des tablettes à bas prix sont développés pour les populations des régions les plus pauvres du monde.
- De nombreuses initiatives visent à développer des infrastructures technologiques pour faciliter la traduction de pas moins de deux milles langues africaines afin d'améliorer la communication.
- Allocations et subventions sont versées directement aux bénéficiaires pour réduire le risque de corruption.
- Le tutorat personnalisé est désormais accessible à tous grâce à des organisations à but non lucratif telles que la CK-12 Foundation et la Khan Academy qui dispensent un enseignement en ligne de haut niveau à des millions d'apprenants pénalisés par des écoles sous-dotées.
- Les dernières avancées technologiques permettent de surveiller les frontières pour mettre fin aux trafics et assurer la perception des taxes sur les cigarettes et les carburants, ou encore de lutter contre les emplois fictifs dans la fonction publique.
- De nouveaux vaccins et médicaments injectables sont en cours de développement pour lutter contre des maladies transmissibles (tuberculose, sida) et non transmissibles (pathologies cardiaques, cancers). Grâce à une infrastructure numérique adéquate et le dossier médical électronique, c'est la santé de toute une nation qui peut être radicalement améliorée.

La plupart de ces initiatives ont eu lieu avant le développement de l'IA générative, laquelle va permettre de poursuivre la course aux inventions à une échelle qui nous échappe encore.

Le plus difficile pour les dirigeants, c'est de saisir l'énormité des possibilités qu'offre cette révolution globale en cours

– et de décider quel usage en faire. Dans un contexte politique miné notamment par son apparente incapacité à opérer des changements de manière conventionnelle, la révolution technologique offre une occasion unique d'innover pour faire évoluer les choses en profondeur.

Cela ne se fera pas du jour au lendemain, mais, avec le temps, la nature de l'État – son périmètre, ses modalités d'action, sa relation avec les citoyens – changera. Les responsables politiques pourront s'inspirer des meilleures pratiques qui émergeront à travers le monde.

C'est une perspective enthousiasmante, mais qui leur demandera de faire preuve d'autodiscipline pour mesurer la portée de cette révolution, et de rassembler le courage de conduire les changements qui en résulteront.

S'ils y parviennent, le bénéfice pour leur nation et pour eux-mêmes sera considérable.

Chapitre 20

Le déploiement de l'infrastructure numérique

Un État réinventé suppose une recréation et non une simple réorganisation de l'État existant.

Envisagez la chose comme si votre pays créait une compagnie aérienne. Vous auriez à fournir l'aéroport, la logistique, les routes d'accès, les services aux passagers, et les industries touristique et commerciale connexes.

Mais il ne vous viendrait jamais à l'esprit d'essayer de construire les avions vous-même. Vous les achèteriez à Boeing, à Airbus, peut-être à Embraer ou à d'autres constructeurs plus petits. Après tout, ces entreprises ont réalisé des investissements colossaux, elles ont une longue expérience et des équipes d'opérateurs hautement qualifiés. En bref, elles ont atteint un niveau d'expertise, de compétences et de sécurité qu'aucun pays qui se lancerait dans la construction aéronautique ne pourrait égaler.

C'est exactement la même chose avec l'infrastructure numérique dont les nations doivent se doter. Pour exploiter la révolution technologique efficacement, il faut par exemple des systèmes de gestion nationaux où stocker en toute sécurité l'ensemble des données d'un pays tout en veillant à ce qu'elles restent accessibles pour analyse. Mais cela suppose de faire appel à un expert en la matière, peut-être parmi les acteurs mineurs du domaine, mais plus vraisemblablement parmi les géants que sont Amazon, Microsoft, Google, Oracle ou, en Chine, Alibaba et Tencent. La prudence sera de mise dans le choix du partenaire – ou des partenaires, si vous êtes à la tête d'un grand pays.

La domination du marché du stockage des données par les géants de la tech suscite des inquiétudes légitimes. C'est aussi le cas pour la production des appareils mobiles comme les smartphones. L'émergence de nouveaux acteurs ou de nouvelles technologies est toujours possible, auquel cas les cartes seront rebattues. Mais arrêtons-nous un instant sur la taille de ces entreprises.

Apple a une capitalisation boursière aussi importante que le PIB annuel de la France. Amazon a un budget pour la recherche et le développement équivalent à quatre fois celui du gouvernement britannique. Oracle a investi des milliards dans la sécurité de son cloud. Microsoft a mis 10 milliards de dollars dans ChatGPT, une somme bien plus élevée que le budget R&D de n'importe quel pays européen en dehors de l'Allemagne. L'entreprise n'avait pourtant pas la moindre garantie de succès. Quand Google a acheté DeepMind, l'entreprise britannique qui comptait parmi les leaders mondiaux de l'intelligence artificielle, des milliards de dollars ont été injectés dans sa croissance. Aucun gouvernement britannique n'aurait pu s'aligner, quand bien même investir dans l'IA est primordial pour l'avenir du Royaume-Uni.

Les capacités d'investissement de ces entreprises leur confèrent un pouvoir extraordinaire libre de toute responsabilité. On peut s'en alarmer. Il n'en reste pas moins que c'est cette puissance financière qui leur permet de développer des produits d'une qualité bien supérieure aux autres acteurs.

Avec l'émergence de l'IA générative, on s'élève à un nouveau niveau de développement de l'infrastructure numérique. On peut supposer que le marché des modèles de base que sont les

LLM sera également dominé par une poignée de mastodontes : OpenAI avec ChatGPT, xAI créée par Elon Musk avec Grok, Google avec Gemini, Meta avec MetaAI, même si quelques entreprises plus petites, comme la française Mistral, attirent facilement les investisseurs et se développent rapidement.

La puissance de calcul nécessaire pour faire fonctionner ces grands modèles de langage est considérable, bien supérieure à celle que la plupart des pays peuvent développer. Elle impliquera donc de former des partenariats avec un ou plusieurs fournisseurs pour y accéder – ce qui ne dispensera pas les pays obtenteurs de fournir l'électricité nécessaire à l'alimentation des modèles.

Certains États comme les Émirats arabes unis se dotent d'un modèle de base propre, mais c'est un investissement de taille.

Le coût que représente l'adaptation d'un modèle existant est beaucoup plus raisonnable. C'est pourquoi les États devront pouvoir ajouter leurs propres données brevetées au modèle de base afin de créer un LLM personnalisé pour améliorer leurs chances d'innovation et leur efficacité. Il y a fort à parier que nombreux seront les pays et les entreprises à vouloir procéder à de telles adaptations.

L'identité numérique deviendra une partie importante de cette infrastructure. De nombreux gouvernements, de Singapour aux pays du Golfe, de l'Europe de l'Est en passant par l'Inde, s'y sont déjà convertis pour transformer la relation entre l'État et les citoyens. Grâce à un identifiant biométrique unique, les administrés peuvent accéder à tous les services gouvernementaux, ce qui réduit la bureaucratie et, du même coup, la corruption. L'identité numérique peut également permettre d'accéder à des services du secteur privé avec le paiement numérique.

Au-delà du défi que représente la transformation des systèmes existants, l'adoption de l'identité numérique nécessite de répondre aux inquiétudes des citoyens sur la confidentialité et la possible violation de leur vie privée.

De mon point de vue, ces peurs n'ont pas lieu d'être. Dans les pays démocratiques, l'individu moyen donne davantage d'informations à Facebook, à TikTok, aux sites d'e-commerce et de divertissement en ligne qu'il pourrait en transmettre au gouvernement. Et, très honnêtement, dans les régimes autocratiques, les autorités n'ont pas besoin de l'identité numérique de leurs habitants pour se livrer à un usage abusif des données personnelles.

Cela dit, il serait avisé de mettre en place des systèmes rigoureux de supervision de la numérisation, d'inscrire le principe de protection des données dans la loi et de prévoir des recours en cas d'abus.

Les États tiendront également à protéger la souveraineté des données. Il appartiendra aux dirigeants d'examiner la meilleure façon d'y parvenir. Beaucoup imaginent que l'hébergement des données dans des centres locaux garantit leur protection. Malheureusement, ce n'est pas le cas. Dans les pays où la fourniture électrique n'est pas suffisamment fiable par exemple, il faut d'autres systèmes de sauvegarde et donc veiller à une meilleure sécurisation des clouds.

Avant de se lancer dans la planification de l'infrastructure numérique, il faudra procéder à un véritable état des lieux de la capacité numérique existante, et, par *véritable*, je veux dire en dehors des mains de l'administration.

Vos services dédiés à la communication et au numérique vous diront, probablement avec la plus grande sincérité, qu'ils ont la situation en main, qu'ils procèdent au développement de l'infrastructure et des systèmes nécessaires, mais, si vous vous penchez vraiment sur la question, vous découvrirez qu'il n'en est rien : infrastructure défaillante, fonctionnaires désespérément inexpérimentés, freins liés aux intérêts locaux, sauvegarde des données dans le cloud partielle ou inexistante.

C'est là que le choix du partenaire prendra toute son importance.

Si vous faites appel à l'un des géants du secteur, exigez que l'accord inclue une offre de formation et profitez-en pour créer une véritable académie du numérique.

Et faites savoir au monde de la tech – pas uniquement aux poids lourds, mais à l'ensemble de la communauté de l'innovation – que votre pays a une infrastructure adaptée et est prêt à la mettre à disposition de toute entreprise souhaitant tester ses produits et leurs possibles applications.

Un environnement de type « bac à sable » – protégé, cela va de soi – encouragera et facilitera les solutions technologiques et attirera les développeurs du monde entier. Très souvent, ils ne cessent d'inventer mais ignorent que leurs solutions peuvent trouver preneur en dehors des marchés américain et européen soumis à la bureaucratie et à la réglementation. La plupart sont des idéalistes et sauteront sur l'occasion d'aider les pays émergents, si tant est qu'ils sachent comment.

Surtout, vous devez bien comprendre que meilleure sera votre infrastructure, plus nombreuses seront les occasions de prospérer pour les entreprises locales. Avec une plateforme numérique et un environnement réglementaire adéquats, vous verrez les talents se presser pour fournir une large gamme d'applications inventées chez vous, créant de l'emploi et la possibilité de transformer les services.

Tout cela ne se fera pas sans bouleversements, tant au point de vue des perspectives que des compétences, au sein du gouvernement. Il faudra chahuter un siècle d'évolution lente dans les processus gouvernementaux au point de vue des structures, des savoir-faire, de la gouvernance ou de la responsabilité.

C'est une chose de comprendre que cette révolution technologique doit tout changer. C'en est une autre de bâtir la capacité d'exploiter son potentiel. Et c'est encore tout autre chose d'utiliser cette capacité pour transformer plus efficacement les services publics et l'économie, de sorte que l'État réinventé devienne une réalité.

Chapitre 21

Leçons de la tech pour une disruption plutôt qu'une simple rénovation de la gouvernance d'État

Les systèmes gouvernementaux reposent sur des mécanismes traditionnels très précis, des préceptes établis de longue date, des méthodes immuables. L'élaboration des politiques publiques part généralement de postulats qui ont pris de l'importance avec le temps et circonscrivent leur champ d'action. Il est donc nécessaire d'être prêt à les repenser.

Je n'ai guère réfléchi à ce que la politique pouvait emprunter au secteur de la technologie quand j'étais Premier ministre. À ma décharge, la révolution en cours commençait juste. Depuis, j'ai eu l'occasion d'étendre mes connaissances dans le domaine et d'analyser non pas simplement l'impact de l'innovation technologique, mais aussi le mode de pensée des innovateurs, que je trouve fascinant et instructif.

Je me suis bien évidemment demandé si on pouvait l'appliquer aux affaires publiques. Et je suis convaincu que oui. En tout cas, ça vaut la peine de se pencher sur ce mode de pensée pour voir comment on pourrait l'adopter.

En gros, voici ma conclusion : les innovateurs sont des ingénieurs. Non pas simplement parce que, parfois, ils œuvrent littéralement dans l'ingénierie, mais parce que l'approche qu'ils adoptent pour résoudre les problèmes relève bel et bien de l'ingénierie.

Ce que je veux dire, c'est que les innovateurs abordent les choses en partant de zéro, en s'affranchissant de toute idée préconçue. Ils effectuent une analyse de bout en bout et n'hésitent pas à se demander si le procédé en cours est le bon. Ils ont conscience qu'on ne peut pas l'amender sans y toucher, c'est-à-dire sans y mettre vraiment les mains pour disséquer, désagréger, déranger l'ordre supposé naturel ou établi des choses.

Souvent, au sein des entreprises et encore plus au sein des gouvernements, la volonté de changement se heurte au refus de toucher aux principes fondateurs des systèmes. « Oui, nous voulons que le système fonctionne mieux. Réformez-le. Mais pas question d'en modifier les bases parce que c'est l'ordre établi. » Résultat : rien ne change. Parce que, bien sûr, si les choses fonctionnaient, on n'exprimerait pas le besoin de les réformer.

Les entreprises qui n'évoluent pas avec leur temps vont au-devant de grandes difficultés. Souvent, c'est une innovation technologique qui rend leur modèle commercial obsolète. La seule stratégie qui marche est donc de reconnaître la nécessité de repenser le modèle de fond en comble. Ça n'a rien de réjouissant, mais, sans cela, les entreprises sont condamnées.

Cette approche vaut à la fois pour les entreprises existantes face au défi du changement et pour les entreprises dont la création change radicalement la donne dans leur secteur.

Presque tous les géants du pétrole et du gaz repensent leur avenir en essayant de se transformer en acteurs de l'énergie. S'ils ne passent pas par cette transition, ils risquent, à terme, l'obsolescence en raison de la concurrence des énergies propres qui répondent aux impératifs climatiques.

Ce n'est pas un hasard si les dix plus grandes entreprises du monde étaient encore au stade embryonnaire il y a vingt-cinq ans. L'innovation technologique a bousculé les modèles économiques traditionnels.

Tesla est aujourd'hui le plus gros constructeur automobile du monde par capitalisation boursière. Sauf que ce n'est pas seulement un constructeur automobile. C'est aussi l'un des plus gros fabricants de batteries grâce à son site de production hors norme. L'entreprise a développé les robots les plus efficaces, repensé les matériaux et l'électronique utilisés dans la fabrication des véhicules, créé l'un des centres de données les plus importants des États-Unis. (De la même manière, BYD, le constructeur de véhicules électriques chinois, s'est d'abord spécialisé dans la génération et le stockage d'énergie par batterie avant de devenir le poids lourd de l'industrie qu'on connaît aujourd'hui.)

SpaceX a mis au point les fusées les plus efficaces, meilleures que celles de la NASA, de la Chine ou de la Russie.

Starlink a mis plus de satellites dans l'espace que tous les autres acteurs du secteur réunis, offrant une solution d'accès à Internet plus rapide et moins chère que le câble aux communautés des zones les plus isolées d'Afrique.

Derrière tout ça, il y a le génie d'équipes assemblées par un innovateur extraordinaire : Elon Musk.

Ce qui est remarquable, à mon sens, c'est la façon dont Elon Musk a réinventé la production, et ce à chacune de ses étapes. La voiture du futur sera électrique. Soit. Elle aura besoin d'une batterie qui n'existe pas encore. Créons-la. Dans un futur plus lointain, cette voiture électrique sera autonome. Elle fonctionnera grâce à un système électronique ultra complexe alimenté par l'IA. Concevons-le. La carrosserie doit être plus légère mais plus résistante. Des robots ne pourraient pas se charger plus efficacement et plus vite de la fabrication d'un tel matériau ? Si, mais il faudrait les inventer. Qu'à cela ne tienne. Et pourquoi s'encombrer d'un vaste réseau de concessionnaires quand les clients peuvent commander en ligne et se faire livrer sans délai ?

De même, pourquoi continuer à envoyer des fusées non réutilisables dans l'espace ? Trouvons une solution à cela.

Tâchons de fabriquer des satellites plus petits et plus faciles à mettre sur orbite à moindre coût. Nous pourrons en lancer des milliers.

Ce qui se joue, c'est une réingénierie des processus à grande échelle.

Les avancées dans les domaines de l'IA générative, de l'énergie propre avec la production d'hydrogène et la fusion nucléaire, ou encore dans celui des biosciences créent des possibilités de changement et des bouleversements des modes de travail qu'on n'imaginait pas il y a encore quelques années.

Bien sûr, c'est une chose de comprendre ces changements et c'en est une tout autre de les adopter. Pour cela, il faut penser en ingénieur.

J'ai récemment pu voir ce mode de pensée à l'œuvre dans le domaine de l'agriculture. Larry Ellison, fondateur d'Oracle, le géant des bases de données avec lequel mon institut a un partenariat, a en effet réinventé la culture en intérieur. Son idée ? Produire une nourriture de haute qualité nutritionnelle à proximité de son lieu de consommation et sans dépendre du cycle des saisons.

Évidemment, la culture en serre n'a rien de nouveau. Aussi, quand Larry Ellison et son équipe se sont mis à réfléchir à la mise en œuvre de son objectif, ils disposaient d'un certain savoir-faire en matière de semences et de culture et utilisaient des serres traditionnelles, en verre et en métal.

Avec le temps, ils ont compris que pour optimiser les avantages de la culture en intérieur – qui permet en premier lieu de s'affranchir des caprices de la météo –, ils devaient repenser tout le processus : faire appel à la biologie pour produire les meilleures semences possible, à la robotique pour récolter plus efficacement, à la science des matériaux pour la construction des serres, sans parler des technologies de contrôle de la lumière et de la chaleur. Quand telle ou telle opération a exigé de créer un nouveau système de production, ils ont sollicité des experts en ingénierie, donc des acteurs extérieurs au monde agricole, qui ont étudié les problèmes sous un angle complètement différent et développé un nouveau mode de pensée.

C'est cette démarche de rationalisation qu'il faut tâcher d'adopter dans la gestion des affaires publiques.

Comme je l'ai déjà dit, les services de santé, d'éducation et de justice peuvent être transformés pour servir des objectifs plus grands : respectivement la prévention des maladies, l'épanouissement individuel tout au long de la vie, la sécurité de tous.

Mais pensez à l'État lui-même : dans la mesure où la gouvernance repose sur des processus, l'IA devrait pouvoir en automatiser une bonne partie pour contribuer à sa transformation.

Elle permettrait tout d'abord de réduire considérablement le nombre d'emplois purement administratifs pour recruter d'autres profils, comme des experts en technologie ou des fonctionnaires dont les missions seraient la sauvegarde de l'intérêt public, le conseil et la prévention.

L'État serait principalement investi d'un rôle stratégique – il définirait des cadres de régulation et s'occuperait moins de mise en œuvre ou de contrôle. Il favoriserait l'autonomie dans la prise de décisions. Il conserverait le pouvoir de lutter contre les choses indésirables mais n'aurait pas celui d'interférer dans les domaines où il n'est pas nécessaire car la bureaucratie serait moindre.

Les mécanismes de reddition de comptes seraient plus précis et plus simples grâce aux données qui fourniraient de bien meilleurs éléments de preuves quant au bon fonctionnement ou pas des processus.

Pour parvenir à ce résultat, il faut reconnaître que la réingénierie de l'État passe par une approche différente de la gouvernance, une réinvention qui va au-delà de la simple réforme.

Entreprendre une telle reconfiguration de l'État est une vaste mission politique. Elle nécessite une analyse soigneuse, un plan cohérent et une volonté d'avancer en dépit des inévitables erreurs. Il faudra également expliquer son bien-fondé et les avantages qu'elle produira. Au final, elle doit garantir de meilleurs résultats à moindre coût pour permettre de baisser les impôts ou d'augmenter les dépenses dans des domaines insuffisamment financés.

Ne pas l'entreprendre, c'est s'enfermer dans un débat aussi stérile que démoralisant sur la manière de tirer davantage du même système en procédant à de simples ajustements ; c'est rester coincé dans les vieilles querelles sur la possibilité d'action du gouvernement en matière de fiscalité et de dépense publique, lesquelles ne remettent jamais en question les principes qui régissent l'une et l'autre.

Pour disrupter la gouvernance d'État, nous devons penser comme des innovateurs et non comme des gardiens du système.

CINQUIÈME PARTIE :

La politique étrangère

Chapitre 22

L'importance de la cohérence en matière de politique étrangère

La politique étrangère fait rarement partie des préoccupations premières d'un leader de l'opposition – à moins, bien sûr, que l'actualité internationale n'ait des répercussions au plan national. Son pain quotidien, c'est plutôt le niveau de vie, la santé, l'éducation, la criminalité, l'immigration, etc.

Mais, s'il arrive au gouvernement, elle prend une place très importante dans son esprit, et ce assez rapidement.

Dans ce domaine comme dans tous les autres, peut-être même encore plus que dans tout autre, la stratégie est essentielle. La politique étrangère doit en effet se définir avec clarté et non se décliner en une série de manœuvres décousues. Réfléchissez avant tout à deux choses : quel est le positionnement de votre pays sur l'échiquier géopolitique, et pourquoi ?

À moins que vous ne soyez à la tête d'une grande puissance, vous aurez une influence limitée sur son statut dans l'ordre mondial. Il vous appartient néanmoins d'en avoir et d'en donner une vision claire.

Quelle est la place de votre pays ? Qui sont vos alliés ? Comment souhaitez-vous être perçu sur la scène internationale ? Quels principes vont présider à votre politique extérieure ? Quel prix êtes-vous prêt à payer pour ne pas les trahir ? Comment pouvez-vous équilibrer, dans un monde désormais multipolaire et en constante évolution, les différents avantages, risques et impératifs liés à vos relations avec l'Ouest et l'Est ? Comment pouvez-vous former et maintenir les bonnes alliances pour protéger vos intérêts ?

Pourquoi vous faut-il répondre à ces questions ? Parce que si la politique étrangère peut parfois donner le sentiment de naviguer en eaux calmes et offrir un répit agréable par rapport aux bourrasques qui agitent la vie politique intérieure, quand une tempête, voire un véritable tsunami géopolitique, frappe le monde, le capitaine peut être amené à faire des choix difficiles. Il doit rester sur le pont et manœuvrer le gouvernail en s'appuyant sur le cap soigneusement défini au préalable. S'il en a fait l'économie, les dommages peuvent être importants.

La stratégie qui consisterait à être l'ami de tous et l'ennemi de personne peut sembler tentante pour de nombreux dirigeants. Mais elle est intenable. Quand une crise survient, des camps se forment. La guerre entre la Russie et l'Ukraine nous en a récemment fourni l'illustration : les nations qui ont essayé de ne pas prendre parti ont vu leurs relations se dégrader avec les deux, à l'exception des pays du Golfe qui ont su les convaincre de l'intérêt, en l'occurrence économique, de les préserver.

Si votre pays ne peut pas faire valoir un avantage unique, le risque de chercher à plaire à tout le monde, c'est de finir par ne plaire à personne – comme en politique intérieure, d'ailleurs.

À titre d'exemple, quand j'étais Premier ministre, la politique extérieure du Royaume-Uni s'inscrivait dans un cadre stratégique très simple : primauté à l'alliance avec les États-Unis, partenariat fort avec l'Europe et, sous la direction du nouveau ministère du Développement international, exercice d'un soft power efficace dans les pays émergents. Notre positionnement était clair et ces trois pans se combinaient et se complétaient harmonieusement.

En dépit de cet équilibre, maintenir ces relations a pu se révéler coûteux sur le plan politique.

Après les attentats du 11 septembre, j'ai annoncé que le Royaume-Uni ferait front commun avec les États-Unis. Facile à dire. Mais une fois lancées les offensives militaires en Afghanistan puis en Irak, il a fallu prendre une décision : serions-nous de véritables alliés ou nous contenterions-nous d'encourager les Américains depuis la ligne de touche ? Nous avons opté pour l'engagement, et nombreux sont ceux qui pensent que c'était le mauvais choix. Mais ma conviction profonde, c'était que la Grande-Bretagne devait impérativement rester l'alliée numéro un des États-Unis car cela servirait nos intérêts à long terme.

L'objet ici n'est pas de dire si, oui ou non, nous avons bien fait, mais seulement de souligner qu'il y a bien eu un *choix* à faire et que ce genre de choix peut être vraiment difficile. Il n'y a que les experts en politique étrangère pour s'imaginer, du fond de leur fauteuil, que choisir n'est pas renoncer.

Les relations avec l'Europe m'ont également valu bien des tourments, la Grande-Bretagne étant notoirement eurosceptique. Depuis le jour où Margaret Thatcher a débarqué au Conseil européen en exigeant – à juste titre – une réduction de la contribution financière britannique, l'idée qu'il faut taper du poing sur la table pour tout ce qui a trait aux affaires de l'Union est largement répandue dans l'opinion.

Aussi, après chaque Conseil européen, je me faisais voler dans les plumes : j'étais trop conciliant avec mes homologues européens, je ne défendais pas assez les intérêts de la Grande-Bretagne ! Sauf que, pour les défendre, ne me fallait-il pas obtenir la confiance et le soutien des autres leaders ? Les malmener aurait été vraiment idiot, mais ça m'aurait grandement facilité la vie.

Même notre action en faveur du développement était politiquement très controversée. Si nous avions organisé un référendum, nous n'aurions pas obtenu l'adhésion des citoyens. Il me semblait pourtant essentiel pour nos intérêts à long terme d'augmenter le budget alloué à l'aide internationale et de jouer un rôle prépondérant auprès des pays émergents.

Pareillement, vous devrez penser votre politique étrangère de manière stratégique et la mener à bien avec cohérence et engagement, en combinant plusieurs aspects.

Il y a bien sûr les relations avec les autres nations, à commencer par les grandes puissances. Le plus souvent, les pays moins influents devront trouver des leviers d'action pour protéger leur bonne entente et donner auxdites grandes puissances une raison de les traiter avec respect. La multipolarité du monde d'aujourd'hui complexifie grandement la chose.

Les relations avec les pays frontaliers peuvent quant à elles être tendues. Il faut les apaiser, trouver un terrain d'entente sur les sujets potentiellement explosifs et établir un canal de communication confidentiel. L'instabilité qui touche un voisin direct peut aisément traverser ses frontières. Alors, sans intervenir, comment pouvez-vous endiguer sa propagation ?

Les relations régionales enfin jouent un rôle de plus en plus important à mesure que le monde se fragmente en aires d'influence désireuses de limiter le pouvoir des grandes puissances.

Autre élément : votre stratégie de défense. De nombreux pays ont procédé à un recalibrage en la matière depuis l'invasion de l'Ukraine – à juste titre. La Finlande et la Suède ont rejoint les rangs de l'OTAN. En dépit de la pression fiscale qu'il représente, l'Allemagne a augmenté de manière significative son budget pour la défense.

L'attitude de la Russie suscite de vives inquiétudes vis-à-vis de la Chine, qui pourrait suivre son exemple et prendre Taïwan, dont le statut est source de tensions. Ce risque doit encourager l'Ouest à se préparer à toutes les éventualités, et donc à revoir sa stratégie envers la Chine.

Jusqu'en 2023, l'Occident semblait inébranlable entre le renforcement de l'Alliance transatlantique, l'annonce par le G7 du lancement d'un programme d'investissement de 600 milliards de dollars dans les pays émergents pour concurrencer l'initiative chinoise connue sous le nom de nouvelle route de la soie, et la consolidation du soft power des États-Unis en Afrique et en Asie du Sud-Est.

Puis la lassitude s'est installée, l'intérêt s'est émoussé et notre stratégie commune s'est délitée. Le conflit à Gaza n'y est pas pour rien. Mais le sort de l'Ukraine, toujours incertain, importe plus que jamais aujourd'hui. Notre engagement sera, à n'en pas douter, passé au crible, pas uniquement par nos alliés, mais aussi par nos ennemis. Et s'il faiblit maintenant, le prix final sera plus élevé et nécessitera un engagement encore plus lourd de notre part.

Comme j'ai souvent pu le constater quand j'étais Premier ministre, les crises politiques et géopolitiques n'attendent pas gentiment leur tour pour surgir. Elles peuvent être concomitantes.

L'Europe de l'Est et le Moyen-Orient ne sont pas les seules zones de conflit. La crise au Soudan et l'insécurité au Sahel – ce groupe de nations du nord de l'Afrique ravagées par une combinaison de difficultés : pauvreté, explosion démographique, institutions défaillantes, mauvaise gouvernance, extrémisme – vont, de l'avis de tous les observateurs, générer un flux de migrants et une résurgence du djihadisme en Europe. Pourtant, il ne semble pas y avoir de volonté stratégique d'agir pour remettre la région sur pied.

Enfin, la cohérence et la constance sont de mise dans l'exercice du soft power. Pour en donner un exemple : d'un côté, le monde développé a besoin du soutien des pays émergents dans la lutte contre le réchauffement climatique ; de l'autre, ces pays doivent se développer, ce qui implique inévitablement qu'ils se dotent de meilleures infrastructures de transport, notamment des aéroports et des compagnies aériennes, et donc consomment plus d'énergie.

Concilier ces deux priorités signifie que l'aide au développement doit être la plus durable possible. Et j'insiste sur le mot « possible ». Si nous refusons d'investir dans les projets gaziers des pays émergents par exemple, ils utiliseront du charbon (bon marché) et du diesel (lourd) pour couvrir leurs besoins en électricité. Par ailleurs, privés des retombées économiques positives de l'exploitation gazière, ils ne pourront pas se développer, ce qui pour eux est inacceptable. La réalité, c'est que le gaz est un combustible de transition essentiel. L'UE le reconnaît désormais mais l'écart d'investissement avec d'autres acteurs s'est creusé parce que nous n'avons pas su aligner notre politique climatique sur notre politique de développement. Ce faisant, nous nous sommes fait des ennemis pourtant essentiels à la stratégie occidentale.

Pour conclure, en matière de politique étrangère, l'élaboration doit être guidée par la stratégie et la mise en œuvre par la cohérence et la constance.

Deux impératifs qui, s'ils sont négligés, vous amèneront à réagir aux événements au coup par coup, exposant votre pays à des risques importants.

Chapitre 23

La confiance comme base des relations personnelles

Dans le domaine de la politique étrangère, en tant que dirigeant de l'opposition, vous pouvez trier vos amis sur le volet et tenir des propos ou défendre des positions irresponsables sans subir trop de dommages. Mais, en tant que chef du gouvernement, ce n'est plus le cas. Les déclarations à l'emporte-pièce nuisent à vos relations et peuvent avoir de véritables conséquences sur votre pays et sur vous-même.

A contrario, construire des relations de confiance avec vos homologues étrangers peut offrir de grands avantages. Vous découvrirez vite qu'éroder la confiance qu'on vous porte peut porter atteinte aux intérêts de la nation, parfois de manière importante, et que la soigner peut les faire avancer, parfois d'un pas de fourmi, d'autres fois d'un pas de géant.

Quand j'étais Premier ministre, les bons rapports que j'entretenais avec mon homologue italien, Silvio Berlusconi, et ce en dépit de nos importantes divergences d'opinions et des inquiétudes légitimes de mes conseillers, ont été déterminants dans la désignation de Londres pour l'organisation des jeux Olympiques de 2012. Le dirigeant italien a en effet retiré son soutien à la candidature de Paris au profit de celle de Londres.

De même, l'amitié qu'avaient nouée mon ministre de l'Intérieur, David Blunkett, et son homologue français, Nicolas Sarkozy, alors qu'ils appartenaient l'un à la gauche progressiste et l'autre à la droite conservatrice, a permis de régler, au moins temporairement, la crise des réfugiés à Calais.

Tous les leaders qui ont un jour exercé les responsabilités de Premier ministre ou de président pourraient donner des exemples similaires où les amitiés politiques, dépassant parfois les clivages traditionnels, ont permis de servir les intérêts nationaux.

Si la relation de confiance existe déjà, il faudra en prendre soin. Si elle est à construire, il faudra éviter certains écueils.

Un gouvernement ne peut pas agir comme une ONG, de même que son chef ne peut pas se comporter en militant qui plaiderait sa cause sans ambages auprès du détenteur du pouvoir. Vous êtes détenteur du pouvoir. Votre devoir, c'est de préserver et de renforcer les intérêts de votre pays. Ses valeurs aussi, bien sûr, mais c'est souvent plus facile à dire qu'à faire.

Quand j'étais dans l'opposition, j'ai laissé mon parti annoncer qu'une fois aux responsabilités nous mènerions une « politique étrangère éthique ».

C'était idiot. D'abord parce que aucun gouvernement ne tient à mener une politique étrangère contraire à l'éthique, mais surtout parce que cette revendication impliquait un niveau de moralité totalement incompatible avec la conduite des affaires d'une nation.

Inutile de préciser que je m'en suis rendu compte sans tarder, et que la nécessité de rétropédaler m'a mis dans une situation délicate.

La réalité, c'est que si coopérer et avoir des relations amicales avec un autre pays sert les intérêts du vôtre – qu'ils soient économiques, sécuritaires ou liés à l'impact potentiel dudit pays sur un dossier qui vous est cher –, votre rôle est de faire en sorte d'aboutir à cette coopération, même si vos partenaires ont des pratiques qui suscitent votre indignation ou celle de vos administrés. Je pense notamment à la question du respect des droits de l'homme, dilemme qui préoccupe plus souvent les Occidentaux.

Bien sûr, vous essuierez des critiques au national, mais ça fait partie du jeu et ça ne doit jamais être une raison de ne pas faire votre devoir.

Sans compter que vous pourrez toujours faire connaître votre position sur ces points de désaccord à vos homologues. Il n'y a aucun mal à cela et peut-être même qu'il en ressortira quelque chose de bon.

Il y aura aussi des pays dont les actes seront en contradiction avec vos valeurs au point qu'il n'y aura pas de réconciliation possible avec vos intérêts. L'invasion de l'Ukraine par la Russie en est un bon exemple.

Ce sur quoi je veux insister, c'est que la politique étrangère n'est pas une affaire de cœur, mais une affaire pragmatique qui exige d'établir et de maintenir des relations de confiance, si coûteuses soient-elles sur le plan politique.

Prenons le cas de l'Arabie saoudite. Nous ne pouvons pas ignorer les divergences qui nous séparent. Mais pouvons-nous ignorer le fait que son nouveau dirigeant poursuit le programme de réformes et de modernisation le plus ambitieux que son pays ait jamais connu, entraînant une véritable révolution sociétale ?

Cette transformation va profondément impacter la région et, dans une certaine mesure, le monde, au bénéfice de notre sécurité et de l'économie mondiale.

C'est pourquoi le président Biden a eu raison de rompre avec l'hostilité qu'il affichait initialement vis-à-vis du prince héritier. Bien sûr, changer son fusil d'épaule l'a mis en porte-à-faux, mais son erreur était d'avoir laissé les relations avec Riyad se dégrader. Je ne dis pas que les États-Unis auraient dû s'abstenir de condamner les violations des droits de l'homme ou l'assassinat du journaliste Jamal Khashoggi ; simplement que ces deux dossiers n'auraient pas dû faire oublier qu'il y avait par ailleurs des choses positives, dignes d'être soutenues et favorables aux Américains dans la politique du dirigeant saoudien.

Joe Biden n'a pas fait passer les intérêts de la nation avant les valeurs de la nation ; il a accepté que pour défendre les uns et les autres, il devait adopter une approche équilibrée et pragmatique dans la conduite de sa politique étrangère. Sans cela, il se serait aliéné un allié, favorisant son rapprochement avec la Chine.

Si une ONG n'est pas obligée d'admettre la nuance en matière d'éthique, ce n'est pas le cas d'un homme d'État. Il est donc important d'évaluer les conséquences de chaque décision que vous prenez.

Il est également primordial de ne jamais perdre de vue que le dirigeant avec lequel vous traitez est humain. Que la relation que vous construisez avec lui ressemble, jusqu'à un certain point, à une amitié.

Votre homologue doit savoir que si vous donnez votre parole, vous la tiendrez ; que si vous concluez un accord, vous le respecterez ; que si vous vous engagez à la confidentialité sur une affaire délicate dont vos médias s'empareraient, vous saurez rester discret.

Quand, au début des années 1970, Henry Kissinger, alors conseiller à la sécurité nationale, et Richard Nixon, président des États-Unis, ont mis en place une politique d'ouverture envers la Chine après des années d'isolation totale, ils ont dû agir avec finesse, perspicacité, sagesse et tolérance. Mais, surtout, ils ont dû construire une relation de confiance. Des secrets ont été gardés. Des liens personnels ont été tissés, notamment entre Kissinger et Zhou Enlai, numéro deux du régime de Mao Zedong.

À des moments décisifs, chacun des deux hommes a dû donner et honorer sa parole. De leur entraide est née la confiance qui a permis aux deux nations de conclure des accords.

Sans cette confiance, il n'y aurait pas eu d'avancée diplomatique – ou alors beaucoup plus tardive. Je suis par ailleurs convaincu que le dégel des relations entre la Chine et les États-Unis a joué un rôle significatif dans le changement d'optique du leader chinois, qui a compris que son pays pouvait tirer parti d'une économie de marché.

Dans les relations de dirigeant à dirigeant, l'affiliation politique de chacun et l'agenda politique intérieur importent peu. Ce qui compte, c'est de pouvoir parler franchement des sujets importants pour l'un, pour l'autre ou pour les deux.

Maintenir de bonnes relations peut se révéler compliqué quand deux leaders doivent gérer une affaire internationale sur laquelle ils tiennent des positions divergentes. C'est souvent le cas, en réalité. Et les opinions publiques de part et d'autre peuvent renforcer le désaccord.

Il faut avoir l'intelligence de le reconnaître et la force d'en tenir compte. N'oubliez jamais que votre partenaire a sa propre réalité politique. Ce serait une grave erreur que de la mépriser ou de la balayer d'un revers de main parce qu'elle ne vous arrange pas. C'est là que la confiance se brise, et la rétablir est très long.

Les dirigeants détestent voir leurs homologues se donner des airs pour les faire fléchir, même s'il leur arrive de le faire eux-mêmes. Parfois, vous ne pourrez pas faire autrement mais il faudra rester conscient de ce que cela vous coûtera.

La confiance est la base de la diplomatie. Construisez-la et faites-en bon usage.

Chapitre 24

Comment naviguer entre les États-Unis et la Chine (sans oublier l'Inde)

Ce livre se veut principalement une exploration des principes généraux de la gouvernance d'État, mais le XXIe siècle a connu un profond changement géopolitique qui mérite qu'on s'y attarde tout spécialement – je veux parler de la relation entre les États-Unis et la Chine. Les États-Unis sont le principal partenaire de défense de nombreux pays ; ils sont la première puissance économique mondiale ; leur hégémonie se vérifie dans les domaines linguistique et culturel ; enfin, ils jouissent d'une grande expérience dans la gestion des affaires du monde. La Chine quant à elle est le premier partenaire commercial de presque tous les pays du monde, si on exclut leur voisin le plus proche. Résultat : il est devenu rare de pouvoir s'entretenir avec un chef d'État sans qu'il évoque rapidement la difficulté de naviguer entre les deux superpuissances.

Pendant un temps, et c'était le cas quand j'étais Premier ministre, l'Occident a nourri l'espoir que l'ascension de la Chine trouve une issue heureuse. « Pas d'inquiétude, ils finiront par adopter notre modèle », soufflait-on bien naïvement.

Son processus de développement n'est pas terminé, nous ne devons pas l'oublier ; mais, pour l'heure, la Chine n'est pas comme nous, et tout porte à croire que ce n'est pas près de changer, bien au contraire.

D'abord abîmés dans la perplexité dont ils sont coutumiers, les Américains ont pleinement pris conscience de la « menace » que représentait la Chine. C'est d'ailleurs probablement le seul sujet sur lequel il y a consensus dans le paysage politique étasunien profondément fracturé. Le pays prend en permanence de nouvelles mesures qui portent toutes le même message : nous sommes enfermés dans une compétition intense avec la Chine dont nous devons sortir vainqueurs.

Il fut un temps où les États-Unis toléraient que leurs alliés ou les pays neutres entretiennent des relations avec la Chine. « Vous faites affaire avec la Chine, on le comprend, pas de problème ; continuez, mais faites attention et, pour clore le sujet, tenez-nous informés. » Aujourd'hui, ils n'ont aucune envie de clore le sujet et se font même quelque peu menaçants.

Pour beaucoup de pays, la pression américaine à abandonner toute coopération avec les Chinois est aussi réelle que leur dépendance économique vis-à-vis de la Chine.

Dans le même temps, la Chine a renoncé à l'approche discrète qui était la sienne en matière de diplomatie au profit d'une conception plus audacieuse, obligeant les États-Unis non seulement à sortir de la perplexité mais aussi à muscler leur politique.

Les importations de produits chinois aux États-Unis demeurent très élevées – elles représentent des centaines de milliards de dollars – mais elles sont désormais soumises à des droits de douane plus stricts. Les États-Unis cherchent par ailleurs à protéger leur compétitivité industrielle en limitant les exportations vers la Chine des technologies sensibles sur le plan de la sécurité, comme les puces informatiques avancées nécessaires au progrès dans le domaine de l'IA.

La révolution technologique en cours crée un nouveau champ de concurrence dont les enjeux sont colossaux, chacun des deux camps étant convaincu qu'il ne peut pas se permettre de perdre la bataille.

De plus, les conflits qui frappent le monde aujourd'hui, à commencer par la guerre en Ukraine, ont vu éclore une alliance entre la Chine et la Russie, renforcée parfois par l'Iran et la Corée du Nord qui s'alignent sur leur position, diamétralement opposée à celle des États-Unis et de l'Ouest. Un état de fait qui paralyse le Conseil de sécurité de l'ONU, lequel battait déjà de l'aile.

Bien sûr, il convient de nuancer ce qui vient d'être dit : les relations entre la Chine et les États-Unis ne sont pas condamnées à demeurer hostiles ou à dégénérer en conflit militaire.

Certes, les États-Unis se livreront à une compétition, féroce au besoin, avec la Chine, mais ils seront toujours contraints de ménager un espace de coopération. Il n'y a pas un défi à l'échelle de la planète dont la résolution puisse se passer de la participation active de la Chine – pandémies, réchauffement climatique, stabilité économique mondiale.

Le reste du monde en est donc réduit à observer cette valse géopolitique complexe tout en se demandant comment évoluer sur la piste sans se cogner trop fort contre l'un ou l'autre de ces deux partenaires.

C'était déjà délicat, et ça promet de l'être encore plus. D'où la nécessité pour les dirigeants d'élaborer une stratégie qui tienne compte du fait que leur marge de manœuvre vis-à-vis de la Chine et des États-Unis est malheureusement négligeable. Seuls quelques pays échappent à cette fatalité.

Premièrement, la question requiert qu'on l'envisage au plan spécifique. Vous devez réfléchir soigneusement aux principes et aux paramètres qui président à vos relations avec ces deux superpuissances. Peut-être qu'elles seront dictées par la nécessité d'une part, et par votre inclination d'autre part. Ou peut-être que votre objectif sera l'équidistance, auquel cas il faudra veiller à ne vous aliéner ni l'une ni l'autre. Ce qui est sûr, c'est que vous ne pourrez pas changer de positionnement en fonction des circonstances.

Deuxièmement, identifiez où se situent les autres acteurs de l'échiquier géopolitique car cela peut avoir un impact sur votre posture.

Par exemple, et quoi qu'on puisse entendre sur la question, l'Europe s'alignera toujours avec les Américains. Parfois à contrecœur, parfois en faisant mine d'osciller, mais au bout du compte elle suivra. L'invasion de l'Ukraine et le rapprochement entre la Russie et la Chine ont levé toute ambiguïté sur la question. Les autres alliés traditionnels des États-Unis, l'Australie et le Japon, en feront de même. C'est un facteur à prendre en compte dans l'élaboration de votre stratégie.

En dépit de la tentation isolationniste actuelle, les États-Unis ne manqueront pas d'exercer une influence plus active dans le monde pour sortir vainqueurs du bras de fer avec la Chine. On peut déjà l'observer en Afrique. Les Américains se réengageront tôt ou tard au Moyen-Orient, bien qu'ils y aient réduit leur influence, laissant les Chinois prendre plus de place ; et si le renouvellement de leur domination exige qu'ils garantissent la sécurité des nations qui se sentent menacées, notamment par l'Iran, ils le feront. Cela ne prendra peut-être pas la forme d'une intervention militaire directe (ce que prévoit du reste l'article 5 du traité de l'OTAN, une attaque contre un membre de l'Alliance étant considérée comme une attaque dirigée contre tous les alliés), mais leur soutien sera solide. En Asie, ils chercheront à revitaliser les négociations commerciales que le retrait du Partenariat Transpacifique en 2017 a mises à mal.

Cela ne veut pas dire que la Chine en restera là ou qu'elle se retirera. Au contraire, elle va passer à la vitesse supérieure, renforcer ses liens économiques et possiblement commencer à exporter des solutions technologiques, tirant parti de l'avantage sur les pays occidentaux que lui donne sa plus grande souplesse quant à l'exploitation des données. Les Chinois adopteront une approche plus subtile que les Américains, qui exercent une forte pression sur leurs partenaires. Ils s'abstiendront de leur demander la moindre contrepartie, de se mêler de leur politique intérieure, de leur donner des leçons de respect des droits de l'homme, ostensiblement démarqués de l'arrogance américaine et des lenteurs induites par la lourdeur de la bureaucratie occidentale. Bien sûr, en tant que leader, vous devrez comprendre que la diplomatie de la contrainte peut prendre des formes variées et s'affranchir de la question des droits humains.

Avec le temps, la Chine se rendra compte que mener la danse sur le plan géopolitique ne va pas sans défis. Être un mastodonte sur l'échiquier mondial, c'est aussi devenir coupable aux yeux des acteurs plus modestes. Le pouvoir est une responsabilité.

Dans ce contexte de tension entre deux superpuissances, les alliances régionales et continentales – l'Union européenne, l'ASEAN[1], l'Union africaine[2], les regroupements de pays émergents en Amérique latine – seront de plus en plus importantes. Les nations peuvent accomplir ensemble ce qu'elles peinent à accomplir seules, donc elles devront privilégier les stratégies élaborées et suivies collectivement ainsi que les positions unifiées, qui inciteront la Chine et

1. Association des nations d'Asie du Sud-Est, créée en 1967 pour stimuler le développement économique de la région ainsi que sa stabilité dans un contexte de guerre froide, regroupe les Philippines, l'Indonésie, la Malaisie, Singapour, la Thaïlande, Brunei, le Vietnam, le Laos, le Myanmar et le Cambodge. *(N.d.l.T.)*

2. L'Union africaine est une organisation continentale qui compte 55 États membres ; elle a été officiellement fondée en 2002 pour prendre le relais de l'Organisation de l'unité africaine (OUA, 1963-1999). *(N.d.l.T.)*

les États-Unis à davantage de réserve, en veillant à tirer profit de leur rivalité et de leur volonté d'attirer plus de partenaires dans leur « camp » pour obtenir les accords les plus favorables, les garanties les plus crédibles et les engagements les plus contraignants. Bien sûr, il ne faudra pas trop tirer sur la corde.

Enfin, il faudra garder en tête qu'il y a d'autres acteurs majeurs. L'Inde, désormais le pays le plus peuplé au monde, progresse. Elle dispose d'un pôle technologique fantastique, d'une jeunesse dynamique et d'une culture vibrante de couleur et de créativité. L'émergence d'une troisième superpuissance est la promesse de nouvelles relations diplomatiques intelligentes pour les nations du monde.

L'aspect démographique est intéressant – non seulement à l'échelle de la planète, puisque les spécialistes estiment que la population mondiale est appelée à décroître, ce qui change complètement le défi auquel l'humanité croyait devoir faire face, mais aussi à l'échelle des nations, puisque le dépeuplement sera inégalement réparti si la tendance actuelle se confirme. Dans les décennies à venir, nous allons assister à un très net déclin de la population chinoise – autour de 800 millions d'individus d'ici à la fin du siècle – alors que l'Inde comptera bientôt 1,5 milliard d'habitants. Cela aura forcément un impact sur la puissance de ces pays.

Tout dirigeant soucieux des intérêts à long terme de sa nation devrait tenir compte de l'Inde dans l'élaboration de sa politique étrangère future.

Mais, pour l'heure, évitons de partir du principe que le climat politique entre les États-Unis et la Chine va rester figé.

La scène politique américaine, profondément fragmentée et imprévisible, pourrait se stabiliser. Quant au leadership chinois, qui semble tout-puissant, il pourrait se voir entraver. Le modèle de contrôle centralisé inventé par le léninisme n'a jamais été durable nulle part, et la Chine, avec sa population multiethnique et sa classe moyenne prospère, ne fera probablement pas exception à la règle.

L'importance de la rivalité entre les deux superpuissances et son impact sur le reste du monde exigent des dirigeants qu'ils réfléchissent avec un soin particulier à leur positionnement.

Chapitre 25

Quand politique extérieure et politique intérieure s'enchevêtrent

Le défi du positionnement vis-à-vis des États-Unis et de la Chine surligne encore l'impact que la politique étrangère peut avoir sur la politique intérieure.

Le phénomène n'est pas nouveau. Les relations diplomatiques d'une nation et son image à l'étranger rejaillissent toujours sur la scène politique intérieure, même lorsque le climat géopolitique est calme. Il y a des rencontres à honorer, des partenariats à construire, des problèmes internationaux à ne pas négliger au risque qu'ils entraînent des conséquences importantes au plan national, des différends larvés avec d'autres nations à régler – autant de choses qui ne font pas nécessairement les gros titres, et dont même l'opposition n'est pas forcément au fait, mais qui peuvent rendre la conduite des affaires gouvernementales plus délicate.

Pour autant, jusqu'à récemment, les considérations de politique extérieure restaient au second plan, voire au troisième plan, dans les décisions de politique intérieure.

D'ailleurs, les ministres des Affaires étrangères survolaient gentiment la mêlée des questions quotidiennes. Ils passaient de longues périodes à l'étranger, assistant à des réunions distinguées où des politiciens échangeaient leurs points de vue avec courtoisie, et rentraient de temps à autre pour rendre compte aux parlementaires, qui consentaient à écouter docilement leurs récits pleins de noms de lieux et de gens imprononçables, voire à feindre la curiosité pour montrer à quel point ils étaient ouverts sur le monde. Et si certains avaient peut-être un réel intérêt pour tel ou tel problème dans tel ou tel pays, il était rare que le conflit en question s'invite dans l'agenda politique du leader.

De même, les questions internationales avaient peu d'influence sur l'électorat, sauf si elles impactaient la politique intérieure ou concernaient leurs voisins immédiats.

Tout cela est en train de changer.

La rivalité entre les Américains et les Chinois est un facteur.

La guerre en Ukraine en est un autre, parce qu'elle a de nombreuses conséquences, dont son impact considérable sur les chaînes d'approvisionnement des céréales et des engrais, mais aussi parce qu'elle a remis en question nos hypothèses sur la nature que pouvait prendre un conflit à l'heure actuelle.

Il y a quelques années, l'idée d'une guerre totale où s'affronteraient, comme au siècle passé, deux armées conventionnelles avec des centaines de milliers de victimes à la clé, et ce aux portes de l'Union européenne, était encore impensable. Aujourd'hui, c'est une réalité. Et l'agresseur est membre permanent du Conseil de sécurité de l'ONU.

Aussitôt après l'invasion de l'Ukraine, la Russie a reçu le soutien de la Chine, dont les positions sont devenues plus affirmées – ou plus agressives, selon votre point de vue.

Par la suite, elle s'est assuré l'appui de deux autres nations, d'abord de l'Iran, puis, plus étrange, de la Corée du Nord.

De ces alliances est indiscutablement né un club qui, s'il n'attire pas les foules, compte néanmoins deux puissances nucléaires qui ne sont rien de moins que la deuxième économie mondiale et le plus vaste pays de la planète ainsi que deux prétendantes à l'arme nucléaires, une république islamique pour l'une et la dictature la plus isolée et la plus imprévisible qui soit pour l'autre.

Les membres de ce club ne jouent pas à armes égales et la Chine ne s'y laissera pas enfermer. Elle est beaucoup plus puissante, sophistiquée, et son ascension repose sur une stratégie de long terme. Même si elle affirme que son amitié avec la Russie est « sans limites », elle n'hésitera pas à exprimer clairement lesdites limites en privé.

Cela étant, la position actuelle de l'Occident l'oblige à mener une politique paradoxale.

D'un côté, les Américains considèrent les Chinois comme la plus grosse menace à leurs intérêts – avec raison. De l'autre, ils croient – comme nous tous, même si personne ne le dit – qu'ils sont les seuls dont on peut espérer qu'ils protègent notre stabilité contre l'imprévisibilité dont leurs trois alliés sont friands.

De fait, c'est la Chine qui s'est opposée à l'utilisation d'armes nucléaires tactiques au début du conflit en Ukraine. C'est encore la Chine qui soutient les efforts de désescalade à Gaza. C'est toujours la Chine qui pourra tempérer le dictateur nord-coréen au besoin. Du moins, nous l'espérons.

Pour autant, le leadership autoritaire exercé par la Chine et sa détermination à reprendre le contrôle sur Taïwan montrent que faire reposer notre politique sur des croyances et des espoirs est bien risqué.

L'Occident va devoir changer d'état d'esprit et revenir à l'adage : « Si tu veux la paix, prépare la guerre. »

Quoique différent dans ses origines et sa nature, le conflit à Gaza, en dehors de son impact dramatique sur les Israéliens et les Palestiniens, a des répercussions politiques à l'échelle mondiale et à l'échelle des nations.

Il alimente les divisions et des rancœurs – divisions au sein des pays occidentaux, où les populations musulmanes s'associent aux acteurs politiques traditionnels (le plus souvent de gauche) pour attaquer les gouvernements qui se positionnent (majoritairement) en faveur d'Israël, et divisions entre l'Occident et la communauté musulmane mondiale ; rancœurs vis-à-vis de la politique occidentale perçue ou régulièrement critiquée comme adepte du deux poids deux mesures. L'opinion publique des démocraties occidentales elle-même est divisée, pas uniquement sur le conflit mais aussi sur la place des musulmans dans les sociétés occidentales.

Nous devons également garder à l'esprit que si on a tendance à considérer, au sein des démocraties occidentales, que les pays du Moyen-Orient, et plus largement du monde arabe, s'unissent pour Gaza, la réalité est beaucoup plus nuancée. L'idée de la création d'un État palestinien fait consensus, mais pas le rôle de la Société des Frères musulmans, dont le Hamas fait partie, devrait jouer dans le processus. Par ailleurs, le régime iranien chiite suscite méfiance et peur. Et comme il apparaît de plus en plus clairement que ces deux acteurs pourraient coopérer, l'ambivalence va grandissant.

Partout dans la région, la distinction entre islam – la religion – et islamisme – l'idéologisation politique de l'islam – s'affirme avec de plus en plus de force, même si elle est souvent minimisée.

Elle s'invite également dans les débats et dynamiques politiques internes des pays occidentaux, où on se laisse facilement persuader qu'exprimer des inquiétudes quant à l'intégration des communautés musulmanes revient à être « islamophobe ».

Or, le conflit à Gaza a exacerbé ces inquiétudes, les citoyens s'interrogeant sur l'influence de la pensée islamiste sur les communautés musulmanes locales.

Ces angoisses ne sont pas près de faiblir, donc il ne faut pas les ignorer. Les partis de gauche notamment doivent veiller à leur positionnement. Bien sûr, dans la mesure où les militants pro-palestiniens font partie de leur électorat, ils craignent de reculer dans les urnes s'ils n'adoptent pas une position suffisamment ferme vis-à-vis d'Israël. Reste que la présence de groupes islamistes dans leurs manifestations inspire la méfiance du reste de la population. Le risque est donc d'assister à une droitisation des débats politiques.

Cela dit, les voix qui s'élèvent dans le monde musulman contre la politisation de l'islam et celles qui s'inquiètent dans les pays occidentaux de la montée de l'islamisme pourraient trouver un terrain d'entente, et penser qu'une solution juste et raisonnable au conflit israélo-palestinien serait dans leur intérêt.

Ce dossier a donc des implications politiques éminemment complexes et, n'en doutons pas une seconde, propres à rejaillir sur les dynamiques politiques nationales.

En bref, ce que je tiens à souligner, c'est que les tensions internationales – États-Unis contre Chine, Ukraine contre Russie, Israël contre Palestine – s'invitent dans l'agenda de politique intérieure des nations, qu'elles s'y impliquent directement ou pas.

Cette perméabilité entre politique étrangère et politique intérieure va se renforcer, la montée en puissance de l'Inde promettant de rebattre les cartes de l'ordre mondial d'ici au milieu du siècle.

Pour la première fois dans l'histoire moderne, les nations occidentales ne domineront plus la scène politique mondiale. Que nous le voulions ou non, nous vivrons dans un monde multipolaire. L'Ouest s'en alarmera ; le « quatuor » formé par la Chine, la Russie, l'Iran et la Corée du Nord s'en félicitera ; les nations « neutres » accueilleront diversement la chose. Mais cette nouvelle donne aura de profondes implications pour tous les dirigeants responsables de la politique mondiale.

Les pays occidentaux devront débattre du meilleur moyen de contrer ce nouveau pôle que constituera le quatuor, hostile au dernier degré à leurs valeurs. Les différentes positions que les leaders et les partis adopteront influenceront considérablement leur politique intérieure.

Dans le monde tripolaire qui se dessine autour des grandes puissances et de la rivalité Est / Ouest, les nations « neutres » seront également forcées de définir une stratégie propre. Ce faisant, elles ne manqueront pas d'évaluer les changements opérés par l'Occident.

De mon point de vue, voici ce à quoi elles peuvent s'attendre :

- Les démocraties occidentales vont renforcer leurs capacités militaires et leur politique de défense sera au cœur des affaires intérieures.
- Elles procéderont à une analyse approfondie des capacités de défense modernes, en tenant compte des avancées technologiques, notamment en matière de drones ; l'accent sera mis sur les capacités de défense et d'attaque dans le domaine cybernétique.
- Elles feront le nécessaire pour parvenir à une capacité technologique supérieure à celle de la Chine.
- L'Inde sera courtisée par tous. L'approche qu'elle défendra sera « L'Inde en premier ». Mais le reste du monde formulera des demandes de plus en plus pressantes pour comprendre ce qu'une telle devise implique exactement.
- L'Occident commencera à corriger les immenses lourdeurs bureaucratiques qui entravent son soutien au monde en développement et à exploiter ses immenses atouts, notamment dans le secteur privé.
- Les organisations internationales – l'ONU, l'Organisation mondiale du commerce, la Banque mondiale, le Fonds monétaire international – seront mises à rude épreuve en raison des rivalités géopolitiques.
- Le commerce deviendra une arme de choix, ce qui pourra mettre en danger l'économie mondiale.
- La nécessité d'une coopération mondiale sur les questions du climat, de la santé, etc., pourtant admise par tous, se heurtera à l'inquiétude de certains acteurs quant à la perte de leur avantage concurrentiel.

- L'Occident commencera à adopter une approche plus pragmatique en matière de politique étrangère.
- Il se rendra compte que faire la distinction entre islam et islamisme est un levier déterminant pour élaborer les politiques et construire des alliances.

Tous ces éléments combinés auront pour effet de complexifier notablement la politique étrangère, nécessitant une approche stratégique basée sur une analyse et une compréhension aussi approfondies qu'inédites des réalités géopolitiques.

Les ministres des Affaires étrangères ne survoleront plus la mêlée avec condescendance ; ils l'observeront de près, en collaboration avec leur président ou leur Premier ministre, qui prendra fréquemment les choses en main.

Chapitre 26

L'art de la négociation

J'ai failli intituler ce chapitre « Conduire une réunion, mode d'emploi » tant il s'agit d'une compétence qui mérite d'être apprise pour elle-même. Comment rendre une réunion productive ? Comment gérer et guider les échanges de sorte qu'ils restent fluides et permettent de parvenir au résultat voulu ?

Cependant, certaines réunions comptent plus que d'autres, et je vais m'arrêter sur celles auxquelles vous arrivez avec un objectif spécifique. Je veux parler de celles qui impliquent une négociation ou, a minima, une circumnavigation et nécessitent une stratégie pour atteindre ledit objectif.

Le leadership est un processus de négociation permanent. Celui-ci consiste en premier lieu à savoir ce que vous voulez. Votre but stratégique doit être parfaitement clair pour vous, mais pas nécessairement, et parfois même préférablement pas, pour les acteurs avec qui vous négociez.

Cela semble évident, mais je rencontre souvent des dirigeants qui n'ont qu'une vague idée de ce qu'ils veulent retirer de telle ou telle réunion à laquelle ils se rendent. Comme de juste, en général, il n'en sort rien.

Vous devez savoir précisément où vous voulez aller. De cette façon, même si vos interlocuteurs vous amènent ailleurs, même si la réunion semble s'engager dans une impasse, même si les questions de procédure prennent le pas sur le fond à mesure que mille détails sans rapport obscurcissent votre objectif, vous pourrez toujours retrouver votre cap.

Bien sûr, les négociations peuvent prendre des formes bien différentes. Parfois, il s'agira simplement de formuler une demande qui appellera un oui ou un non. Dans ce cas, à moins que vous ne soyez certain d'obtenir un oui, il vous faudra réfléchir à ce que l'autre partie pourrait vouloir de vous ou à ce que vous pourriez offrir en échange de la faveur que vous demandez.

Interrogez-vous sur la relation que vous entretenez avec vos interlocuteurs. Avez-vous cherché à l'approfondir au fil du temps ? Sinon, pourquoi ? De leur point de vue, est-elle assez solide pour qu'ils accèdent à votre demande juste parce qu'elle vient de vous ? À leur place, diriez-vous oui ? À quelles conditions ?

Imaginez qu'au cours de l'entretien vous compreniez que la réponse va être négative – peu importe la raison. Sachant que vous serez très certainement amené à engager d'autres négociations avec eux ou même à renouveler celles qui viennent d'échouer dans un contexte plus favorable, comment pouvez-vous mettre fin à la réunion de sorte qu'il n'y ait pas de malaise ? Comment éviter de leur donner le sentiment qu'ils vous ont déçu, même si c'est le cas ? Comment préserver, voire créer, un climat propice à la coopération ? Peut-être faudra-t-il suggérer de prendre un temps de réflexion supplémentaire, ou de garder la question à l'étude ? Peut-être faudra-t-il simplement montrer que vous comprenez les raisons du refus ?

Par ailleurs, je sais d'expérience qu'une réunion réussie est une réunion où vous en dites moins que votre interlocuteur. Faites en sorte qu'il s'exprime en premier. Faites en sorte qu'il s'ouvre et dévoile son jeu.

Et sachez quand vous taire. Cela peut être crucial, car vous découvrirez peut-être que la clé pour obtenir ce que vous voulez n'est pas la position de vos interlocuteurs vis-à-vis de tel élément comme vous l'aviez anticipé, mais plutôt de tel autre. Dans ce cas, vous aurez besoin d'ajuster votre tactique.

J'ai moi-même appris ces leçons en conduisant le processus de paix en Irlande du Nord. J'ai eu la chance de pouvoir y consacrer du temps. Les parties, une fois convaincues d'abandonner leurs positions historiques respectives, ont pu s'écouter. Avec le temps, elles ont reconnu qu'elles avaient de véritables intérêts mutuels. Partant, faire des compromis n'était plus trahir. Le Premier ministre irlandais a été un partenaire formidable. Le processus a été long mais, à toutes les étapes, nous avons patiemment écouté tous les acteurs. Chaque réunion, chaque négociation avait un objectif précis, ce qui a aidé à lever les innombrables obstacles à un accord final.

Le processus de paix au Moyen-Orient, auquel je participe activement depuis vingt ans, offre un contraste saisissant. Pour dire les choses telles qu'elles sont, on ne peut guère parler de processus ni de paix, sauf sur de courtes périodes.

Autour de la table des négociations, il y a bien sûr les principaux intéressés, mais aussi les autres acteurs de la région, les États-Unis, l'Europe, et la majorité des pays qui ont un avis sur la question. En gros, le monde entier ou presque.

Le « processus de paix » est difficile pour de nombreuses raisons, l'une d'entre elles étant que les règles que je viens d'énoncer n'ont pour la plupart jamais été suivies.

Chaque partie, forte de la conviction qu'elle seule comprend vraiment l'autre – alors que les deux se fourvoient totalement –, essaie d'imposer sa vision des choses.

Les réunions ont tendance à se concentrer sur des sujets trop larges pour en déduire un objectif clair et précis, ou au contraire trop limités pour que les acteurs, y compris la communauté internationale, trouvent un intérêt à s'y engager pleinement.

Les Américains s'impliquent de manière inégale, tantôt en première ligne, tantôt en retrait, mais, pour leur faire justice, ce n'est guère étonnant compte tenu des nombreuses sollicitations dont ils font l'objet, réduisant chacune leur temps et leur bande passante politique.

Les pays qui jouissent d'une certaine influence abordent ou sabordent la question à l'ordre du jour en fonction de leur propre agenda politique et, souvent, les discussions ultérieures auxquelles ils participent ne commencent pas dans le bon état d'esprit.

La confiance entre les parties est quasi inexistante. Aussi, lorsque l'une et l'autre s'assoient autour de la table, elles ne savent jamais vraiment si le jeu en vaut la chandelle.

Surtout, les discussions ne vont jamais au fond du problème, car cela exigerait un niveau soutenu de réflexion et d'engagement non seulement des principaux intéressés, mais aussi de la communauté internationale – qui en est incapable en raison des changements permanents de leadership.

Cela dit, et au risque de vous surprendre, je crois toujours que ce processus de paix peut un jour aboutir – parce qu'il y a dans la région de nouvelles forces prêtes à y consacrer du temps et de l'énergie, et parce que la situation actuelle montre aux deux parties qu'il faut sortir du paradigme de la gestion de conflit pour aller vers sa résolution.

Il sera alors essentiel de suivre ces leçons sur l'art de la négociation.

Parfois quand on négocie, on peut être amené à durcir le ton, à menacer. Pas de problème. Mais attention : assurez-vous de bien cerner la psychologie de la personne à qui vous adressez ces menaces et surtout d'avoir les moyens de les mettre à exécution, sans quoi vous courez à la catastrophe.

Citons par exemple l'habileté du président Kennedy, qui a eu recours à la menace dans la gestion de la crise des missiles de Cuba. Elle était crédible, mais il a eu l'intelligence de ménager un espace de négociation, créant un lien avec Khrouchtchev, pour éviter la guerre.

Un contre-exemple, où heureusement les enjeux étaient beaucoup moins critiques : en tant que jeune député, alors que j'allais bientôt devenir porte-parole de l'opposition, je suis allé à Washington avec une délégation envoyée par le ministère des Finances pour négocier un point de fiscalité avec l'administration américaine. Nous avons rencontré le secrétaire d'État au Trésor, l'impressionnant James Baker. Présumant des cartes que j'avais à jouer, j'ai prévenu que si nous n'obtenions pas satisfaction, les États-Unis pouvaient s'attendre à des représailles de la part du Parlement britannique. Sur quoi, il a listé en des termes on ne peut plus clairs toutes les mesures que son administration prendrait à l'encontre du Royaume-Uni. Inutile de vous dire que j'avais sorti une sarbacane face à un homme qui avait un bazooka entre les mains. J'ai battu en retraite, rouge de honte.

Ce que j'en ai retenu : on n'attrape pas les mouches avec du vinaigre.

Il ne faut jamais perdre son sang-froid. C'est humiliant et vain.

Quand votre interlocuteur dit n'importe quoi, demandez-vous s'il est bien utile de le souligner. Peut-être avez-vous des choses plus importantes à défendre. De même, s'il a une plainte à formuler, qu'elle soit justifiée ou non, laissez-le vider son sac.

Amenez-le à se révéler. Si vous vous attendez à d'âpres négociations, commencez en demandant plus que ce que vous voulez pour pouvoir faire une concession au moment approprié et parvenir à un accord.

Réfléchissez au format de la rencontre. Pour des raisons tout à fait compréhensibles, l'administration déteste les tête-à-tête entre dirigeants. Elle veut garder une trace des échanges, savoir ce qui a été convenu et pourquoi.

Mais il est rare de voir des liens de confiance solides se tisser entre dirigeants lorsque chacun est flanqué de toute une armée de fonctionnaires. L'un hésitera à s'exprimer librement ; l'autre préférera éviter que les échanges soient consignés à ce moment précis. Comment parler à cœur ouvert, expliquer ses difficultés, sonder les intentions de l'autre dans une réunion formelle ?

Peut-être faudra-t-il privilégier un format plus restreint, avec seulement deux ou trois proches conseillers, mais réfléchissez à l'organisation la plus adéquate. Une négociation n'est pas un processus judiciaire. La subjectivité y a toute sa place. Autres éléments qui comptent : le feeling, l'atmosphère, la relation, mais aussi savoir évaluer le bon moment pour conclure.

Ce dernier point est déterminant. J'ai pu le vérifier lors des longues et délicates négociations qui ont abouti, en 1998, à l'accord du Vendredi-Saint, établissant les bases de la paix en Irlande du Nord.

En politique, aborder des négociations dans un esprit compétitif, selon lequel il faudrait un gagnant et un perdant, est rarement constructif. Dans le cas de l'Irlande du Nord, nous avons finalement réussi à sortir de cette approche, ce qui a permis de faire avancer le processus de paix. Ce n'est pas le cas au Moyen-Orient, où les interlocuteurs s'enlisent dans un rapport de force brutal.

Pour conclure, des négociations réussies sont celles qui donnent aux deux parties le sentiment d'avoir obtenu satisfaction. Si vous en sortez grand gagnant au détriment de votre adversaire, il s'agira d'une victoire à la Pyrrhus qui laissera un goût amer dans la bouche de votre interlocuteur et dont vous ferez les frais plus tard.

Et si vous sortez vraiment très satisfait des négociations, convaincu que vous avez été plus habile que votre interlocuteur, que vous lui avez carrément damé le pion, ne le montrez pas et ne laissez pas votre équipe le montrer.

La négociation n'est pas une science, c'est un art.

SIXIÈME PARTIE :

La communication dans un nouvel environnement médiatique

Chapitre 27

La communication stratégique : différence entre récit et communiqué de presse

Dans beaucoup de milieux, communiquer veut simplement dire informer le public, lui présenter ce que vous faites, le tenir au courant. Mais en politique, c'est tout un art dont la maîtrise peut faire la différence entre la réussite et l'échec.

Il est essentiel de distinguer la communication tactique (les communiqués de presse, les annonces partagées par le gouvernement au quotidien), le « quoi », de la communication stratégique (le récit que vous livrez sur le « pourquoi »).

Nous ne nous attarderons pas ici sur la communication tactique que peut gérer toute personne qui adopte une approche professionnelle. Elle a bien sûr son importance, mais c'est dans la maîtrise de la communication stratégique que réside la véritable habileté politique.

En tant que dirigeant, vous avez besoin d'un récit – un récit qui explique pourquoi vous êtes au gouvernement et pourquoi vous le méritez, un récit qui donne à entendre les valeurs et les intentions qui sous-tendent vos actions.

Ce récit est particulièrement important pour les leaders qui veulent conduire le changement. Il précise pourquoi vous remettez en question le statu quo, pourquoi vous demandez à la population d'accepter des choses difficiles qui vous vaudront autant d'opposants que d'amis. Il raconte une histoire, pas simplement une série de faits ou, comme on le voit souvent, d'affirmations.

Pour moi, gouverner, c'est comme guider les citoyens sur un chemin. Il ne s'agit pas juste de marcher devant. Il faut commencer par dépeindre la destination – la « maison sur la colline », pourrait-on dire – en termes clairs : voilà où nous nous dirigeons parce que nous y trouverons beaucoup de belles choses qui amélioreront et enrichiront nos vies, et qui feront que nous ne regretterons pas le voyage.

Décrire le but est primordial parce que, sur le chemin, il y a aura des obstacles, des dangers, des détours, lesquels ébranleront la confiance des gens qui se demanderont pourquoi ils ont accepté de vous suivre.

Prenons l'exemple de Moïse et de l'exode d'Égypte dans l'Ancien Testament. On pourrait imaginer que les Hébreux, que celui-ci mène vers la liberté, lui vouent une reconnaissance à toute épreuve. Eh bien, pas du tout ! Ils passent leur temps à se plaindre, à se rebeller, à répéter qu'ils seraient mieux lotis s'il les avait laissés là où ils étaient. Leur méfiance aboutit à l'épisode des eaux de Mériba, au cours duquel Moïse fend un rocher pour en faire jaillir de l'eau en plein désert après que sa légitimité de guide a été contestée.

Pour contrer l'indocilité de son peuple, Moïse explique continuellement qu'il le mène vers « un pays où coulent le lait et le miel » où chacun de ses besoins sera satisfait. Bien sûr, il reçoit l'aide de Dieu qui envoie la manne à la communauté – un coup de pouce sur lequel les dirigeants ordinaires ne peuvent pas compter.

Il y a une leçon à tirer de cet épisode : chaque fois que le gouvernement fait une annonce importante, il doit expliquer le « pourquoi » et pas seulement le « quoi ». Mon collègue Peter Mendelson comparait la communication stratégique à une corde à linge qui court d'un bout à l'autre du gouvernement et à laquelle toute politique, toute initiative, doit être attachée.

Cette corde – le récit – doit être soigneusement fabriquée. Si les fils sont mal tissés, mal tressés, si la corde s'effiloche, si elle n'est pas fermement arrimée à la conviction des gouvernants et à la compréhension des gouvernés, les premiers donneront rapidement aux seconds l'impression qu'ils tournent en rond au lieu de les mener résolument vers l'objectif.

Pour illustrer l'importance du récit, prenons l'exemple de deux anciens pays communistes : la Pologne et l'Ukraine. À l'époque de l'effondrement du bloc de l'Est, ces deux nations présentaient les mêmes caractéristiques – secteur public lourd, secteur privé inexistant ou inefficace, expérience très limitée de la gouvernance démocratique –, et les mêmes perspectives d'avenir dans un monde postcommuniste.

Mais si on se place en 2021, avant la guerre en Ukraine, quel contraste ! En trente ans, la Pologne était devenue prospère et dynamique. De nombreux Polonais, qui au cours des deux premières décennies avaient immigré dans d'autres parties de l'Europe, en quête d'un meilleur niveau de vie, commençaient à retourner au pays, où de nouvelles opportunités s'offraient à eux.

L'Ukraine, au contraire, avait connu des problèmes persistants d'instabilité politique et de gouvernance et pris beaucoup de retard par rapport à son voisin.

La différence entre le sort des deux pays pouvait se mesurer par le salaire moyen : en 2021, il était presque deux fois plus élevé en Pologne qu'en Ukraine. Bien sûr, le processus de démocratisation de la Pologne ne s'est pas fait sans heurt – tout cela est bien documenté –, et une partie des Polonais s'inscrirait en faux contre le tableau enthousiaste que je peins. Mais si l'on compare les deux nations selon des critères objectifs, les dernières décennies ont été fructueuses en Pologne et décevantes pour l'Ukraine.

Ce succès, la Pologne le doit en grande partie à l'espoir, devenu réalité, d'adhérer à l'Union européenne, un espoir qui a donné à ses responsables politiques un objectif clair et attractif à atteindre, une « maison sur la colline » qu'ils ont mise au cœur de leur récit.

Cette perspective s'offrait à de nombreux États d'Europe de l'Est, dont les populations savaient que la destination valait bien les défis à surmonter en chemin. Tous ont dû démontrer leur éligibilité en mettant en œuvre des programmes de réforme de grande ampleur. Rompre avec le statu quo a souvent nécessité des efforts coûteux mais les avantages étaient plus importants et les gouvernements ont pu et su en convaincre les citoyens.

Aujourd'hui, les pays qui souhaitent devenir membres de l'UE, comme l'Albanie, recourent au même discours pour conduire les réformes nécessaires à leur adhésion. Après la guerre, nul doute que l'Ukraine, dotée du bon leadership et si plus rien ne fait obstacle à son entrée dans l'UE, l'adoptera aussi pour enfin prendre le chemin du changement.

Quand je me suis présenté pour la première fois aux élections en tant que chef de l'opposition courant 1997, nous avions également un récit. Il était simple, direct et efficace, à l'image de notre slogan : « New Labour, New Britain ». Nous avions tiré les leçons de nos quatre défaites consécutives et nous avions évolué. À l'approche d'un nouveau siècle, le pays, encore gouverné par l'establishment, avait lui aussi besoin de renouveau. Nous avions modernisé le parti ; nous allions maintenant moderniser le pays.

Ce slogan n'a pas fait l'unanimité. Certains l'ont détesté. Mais personne n'a eu de doute sur sa signification.

Cette même promesse de modernisation est au cœur du récit livré par les dirigeants des pays du Moyen-Orient qui sortent leur épingle du jeu aujourd'hui. Leur message est porteur d'espoir pour l'avenir, quand bien même leurs régimes ne sont pas des démocraties. Leur communication est claire : Nous prenons la voie du changement parce que notre jeunesse, qui a besoin d'être connectée au reste du monde, ne peut pas être l'otage d'une culture repliée sur elle-même. Notre économie doit se diversifier, car la dépendance aux combustibles fossiles n'est désormais ni raisonnable ni acceptable. L'extrémisme est notre ennemi ; la tolérance est notre alliée.

Leur discours est celui d'une modernisation décomplexée. Il place les croyances religieuses dans les sphères individuelle et sociale, mais pas dans la sphère politique, rejetant toute instrumentalisation de la religion à des fins idéologiques. La technologie y est envisagée comme un outil permettant la diversification économique et la connectivité. Le message est facile à faire passer et à comprendre.

Dans le même esprit, certains dirigeants africains recourent à un récit inédit qui, avec le temps, aura des effets positifs : Cessons de nous appesantir sur notre passé colonial et affranchissons-nous de la dépendance à l'aide au développement accordée par les pays occidentaux. Volons de nos propres ailes, tâchons d'ajouter de la valeur aux ressources dont nous disposons en abondance, entrons dans l'ère de la technologie pour réduire la bureaucratie héritée des systèmes coloniaux et lutter contre la corruption qui nous entrave. C'est un récit d'indépendance, d'autonomie, qui invite les citoyens à prendre en main l'avenir de leur pays, à ne pas le laisser entre celles de partenaires dont la générosité n'est ni assez grande ni assez fiable – un récit qui ne peut que parler à ces populations jeunes et connectées à leurs smartphones.

La faiblesse des démocraties occidentales aujourd'hui, c'est bien l'absence de narratif. Nous voulons revenir à des taux de croissance et à des niveaux de vie élevés, mais nous n'avons pas de vision claire des moyens d'y parvenir. Nous savons que la géopolitique mondiale change et que notre domination s'en trouvera bousculée, mais nous ignorons quelle sera exactement notre place.

Nous devons retrouver une mission – raviver la confiance dans la démocratie en montrant qu'elle peut être efficace, pas seulement pour nous mais aussi pour le monde émergent, ce qui passera à mon sens par une mise à profit de la révolution technologique en cours.

Ce sur quoi je veux insister, c'est qu'en l'absence de récit les réformes nécessaires sont plus difficiles à faire comprendre et donc à conduire : le leadership semble naviguer sans cap ni itinéraire fixe.

L'une des premières choses que met en œuvre mon institut lorsqu'il travaille avec des gouvernements partout dans le monde, c'est les aider à construire leur récit. Cela demande réflexion et minutie.

Le récit doit être suffisamment solide pour résister aux épreuves et au temps. Le leader et ses soutiens doivent y croire et partager les valeurs qui le sous-tendent. Il doit être formulé dans une prose simple et facile à comprendre, quel que soit le degré de complexité des éléments sur lesquels il repose. Il faut donc éviter de recourir à un langage politique sophistiqué et se garder d'être vague ou confus.

Une fois ce récit élaboré, il s'agira de le promouvoir, et cette tâche ne peut incomber au seul leader. Tous les ministres, et tous ceux qui parlent au nom du gouvernement, doivent s'y atteler.

Un ministre a une annonce à faire ? Assurez-vous que les informations soient expliquées : voilà ce que nous faisons, voilà pourquoi nous le faisons. Voilà le problème, voilà la solution.

Cela ne fera pas taire les forces qui s'opposent à la réforme, mais cela les obligera à se positionner non pas par rapport à l'annonce, mais au récit – à répondre à vos raisons de faire par des raisons de ne pas faire.

La clarté du récit est d'autant plus importante à l'ère des réseaux sociaux. Mais ne vous y trompez pas, c'est à l'obtention de résultats que vous devrez votre succès ou votre insuccès. A fortiori s'ils sont mesurables à l'aune d'un récit qui ne témoigne pas seulement de ce que fait le gouvernement, mais aussi de pourquoi il le fait.

Chapitre 28

Comment faire face à la critique, version XXIe siècle

Si on vous le demandait, combien pourriez-vous citer d'hommes politiques « normaux » ? Sérieusement. Combien vous semblent être des individus équilibrés et rationnels, des individus qui se comportent comme ceux avec qui vous aimez passer du temps, à qui vous demanderiez conseil ou confieriez vos secrets les plus intimes ?

Pas beaucoup et, ces derniers temps, de moins en moins, en particulier dans les hautes sphères du pouvoir.

Les hommes politiques se sont toujours attiré des critiques. Il n'y a qu'à lire la prose de certains sur Abraham Lincoln pendant sa campagne présidentielle ou sur Winston Churchill au cours de la longue période où il s'est démarqué de l'establishment britannique dans les années 1930. Ou encore la littérature de café injurieuse, diffamatoire, excessive qui s'est développée au début du XVIIIe siècle en Grande-Bretagne, autour de gens comme l'essayiste Joseph Addison[1].

1. Cofondateur, en 1711, de *The Spectator*, quotidien largement lu dans les cafés et qui se voulait divertissant et instructif, abordant

Mais l'époque que nous vivons a vu la critique atteindre un niveau inédit. Les médias, sociaux et traditionnels, ont une portée telle qu'ils sont devenus une arme de guerre psychologique, une véritable matraque, une source de persécution brutale et impitoyable. Critiquer ne consiste plus à formuler un jugement défavorable ou à livrer l'analyse sans concession d'une erreur, présumée ou réelle, mais à participer à une sorte de compétition pour l'attention dans laquelle les lanceurs de javelot réfléchis, qui prennent le temps de se placer, de soupeser leur projectile et d'étudier l'angle de leur trajectoire avant d'effectuer un lancer précis sont supplantés par ceux qui en jettent toute une salve à la va-comme-je-te-pousse, et tant pis s'ils viennent se ficher n'importe où.

Il faut reconnaître que la fragmentation des médias à laquelle nous avons assisté ces dernières années présente des avantages. De nouvelles formes de rendez-vous intelligents avec l'information ont émergé – le podcast, par exemple, s'est révélé un support de diffusion sensé pour les gens sensés –, mais elles sont noyées sous le déluge constant d'attaques et de vociférations qui sature l'espace médiatique.

Cela représente un risque considérable pour la vie politique. Les gens « normaux » n'aiment ni donner ni recevoir des coups, a fortiori s'ils sont destinés à détruire leur tranquillité d'esprit, à provoquer de profondes angoisses, à annihiler leur capacité à penser clairement. Les gens « normaux » sont profondément atteints par la critique. Comment s'en étonner ? La critique fait mal. Elle ronge, déconcentre, décourage. Quand elle est injustifiée aux yeux de celui qui l'essuie – et c'est souvent le cas en politique –, elle déconcerte. Alors, à moins d'être dotés d'un courage exceptionnel, les gens « normaux » réfléchissent à deux fois avant de s'engager dans l'arène politique.

---

des sujets variés, de la politique à la critique littéraire, en passant par des réflexions sur la nature humaine et la morale. *(N.d.l.T.)*

Résultat : aujourd'hui, elle est trop souvent abandonnée aux indifférents chroniques et aux populistes. Leur point commun ? Ils sont de ces personnages qui s'étoffent étrangement dans la rudesse. Ils savent que l'injure stimule chez leurs sympathisants le sentiment d'être assiégés, impression dont ils ont besoin pour renforcer leur influence et faire bouclier contre les critiques qu'ils essuient, qu'elles soient fondées ou non.

Pour ceux qui ne sont pas faits du même bois mais qui sont suffisamment enthousiastes et motivés pour embrasser la carrière politique, l'unique solution est de se forger une carapace mentale, de se créer une bulle de protection spirituelle. Il ne s'agit pas d'ignorer la critique – c'est impossible –, ou d'en nier l'existence – c'est déconseillé –, mais de la considérer avec détachement.

J'ai demandé un jour à l'ancien Premier ministre de Singapour, Lee Kuan Yew, comment il gérait le stress. C'était un homme à poigne, un pragmatique. Je m'attendais donc à une réponse dédaigneuse du type : « Il suffit de se prendre en main. » Au lieu de ça, il m'a confié que, passé un certain âge, il avait entrepris un programme de méditation, lequel lui avait été infiniment utile. J'ai découvert par la suite que c'était une pratique étonnamment répandue parmi les dirigeants.

Moi-même je m'y suis mis. Sur le tard, il est vrai, et encore aujourd'hui, je ne suis pas certain d'arriver à entrer en méditation à proprement parler. Je crois que oui. Mais, pour moi, c'est surtout un temps calme, l'occasion d'évacuer les pensées négatives, d'apprécier notre petitesse et notre insignifiance à l'échelle de l'univers, mais pas dans nos vies personnelles ni dans celles de ceux qui nous sont chers.

Dans ces moments-là, je me rappelle « La prière de la Sérénité » du théologien américain Reinhold Nieburh : « Seigneur, donne-moi la sérénité d'accepter les choses que je ne peux changer, le courage de changer celles que je peux changer, et la sagesse d'en connaître la différence. » Dans une autre version de cette prière attribuée à son disciple, Winnifred Wygal, le courage vient en premier, ce qui me paraît plus conforme à la réalité. Mais soyez certain que la chose à laquelle vous ne pourrez rien changer, c'est le poids et la malveillance de la critique.

Il est toujours délicat de décider comment riposter pour se défendre. D'un côté, on a envie de réfuter les accusations fausses ou injustes. De l'autre, en y répondant, on attire l'attention dessus, ce qui demande beaucoup de temps. Donc, même s'il est légitime de le faire, cela peut être une erreur.

Le mieux, au bout du compte ? Se dire qu'être aux commandes, c'est comme partager une maison avec un psychopathe dont vous ne pouvez ni vous débarrasser, ni ignorer la présence. Parfois – avec un peu de chance, le moins souvent possible –, il vous faudra interrompre ce que vous faites et vous concentrer sur ce qu'il manigance. Mais si vous acceptez que vous ne pouvez pas lui échapper, qu'il fait partie de votre vie sans pour autant la définir, vous trouverez le moyen de poursuivre votre tâche.

Bien sûr, comme beaucoup d'autres, vous pouvez vous dire : Au secours ! Moi, je n'y mets pas les pieds, dans cette maison. Hors de question de vivre avec ce psychopathe ! Que quelqu'un d'autre s'y colle ! Malheureusement, la maison et son hôte indésirable sont indissociables du territoire que vous souhaitez occuper pour mener à bien la mission qui vous tient à cœur et qui a du sens pour vous.

Alors il faut accepter l'inévitable. Se construire des défenses mentales. Se discipliner pour ne pas faire irruption dans sa chambre à tout moment pour savoir ce qu'il dit ou fait.

Vous tombez sur un titre assassin ? Ignorez-le ! Un article horrible ? Ne le lisez pas ! Et si vous n'avez pas la sagesse de vous en empêcher, ne vous risquez surtout pas dans la section « commentaires » en dessous !

Cela ne signifie pas qu'il faut ignorer les critiques sensées et sérieuses ; elles sont au contraire formatrices. Mais vous n'apprendrez rien des déversements de fiel qui visent à générer des clics. Leurs auteurs, quels qu'ils soient, se délectent de leur méchanceté et se nourrissent de l'espoir de vous blesser. Si vous vous laissez atteindre, ils auront gagné.

Gérer la critique, ce n'est pas juste apprendre à recevoir quelques coups, c'est être prêt à se faire démolir. Il faut voir la méfiance et le rejet comme des victoires, car c'est ce qu'elles sont.

Et comprenez bien une chose, que je répète en permanence aux dirigeants avec qui je travaille ainsi qu'à moi-même : la critique compte moins que vous ne le pensez, elle vous définit moins que vous ne le craignez, et, quelle que soit sa véhémence, elle dure moins longtemps que vous ne l'imaginez. Souvenez-vous également que les gens qui mettent de l'énergie à dire ou à écrire des choses blessantes, outrancières, haineuses, ont davantage un problème avec eux-mêmes qu'avec vous.

Il est impératif pour vous de prendre du recul par rapport à la critique – peu importe comment – sans quoi vous ne penserez plus qu'à ça, vous vous détesterez de la laisser vous atteindre et vous perdrez en efficacité dans votre travail de dirigeant. La critique ne doit pas vous envahir car rien de bon ne peut en sortir.

J'ai conscience que ce n'est pas facile. J'ai moi-même joui d'une grande popularité avant de tomber en disgrâce – si j'en crois toutes les critiques, et mêmes certains de mes amis. Une trajectoire descendante peu agréable. Mais je savais que chaque instant passé à y penser serait une perte de temps.

Je serais tenté de dire que la critique est « la rançon de la gloire » – un cliché, n'est-ce pas ?, mais, comme souvent, partiellement vrai. Il se trouve que la rançon n'a jamais été aussi élevée qu'aujourd'hui, et ce pour tous ceux qui sont sous les projecteurs – hommes politiques, artistes… Même ceux dont l'unique ambition est d'accéder à la célébrité découvrent trop souvent que la lumière et la chaleur des débuts se transforment en brasier.

Si la critique vous ébranle, évaluez votre capacité à la gérer. Vous pensez que c'est au-dessus de vos forces ? Ne vous lancez pas dans une carrière où elle est inévitable. Mais si la gestion des affaires publiques est ce qui compte vraiment pour vous, si c'est ce qui vous passionne, ne laissez pas la critique et les tourments qu'elle occasionne vous empêcher de poursuivre.

N'oubliez pas non plus que jugements et opinions ne sont pas immuables ; le temps, les circonstances ou même la chance peuvent déloger les sentiments défavorables ancrés dans les sédiments les plus épais.

En tant que dirigeant, vous devez faire face à la critique – un défi qui impose de l'objectiver, de la voir comme un problème à résoudre, de parvenir à un modus vivendi.

Sinon, ce psychopathe qui erre nerveusement dans la maison sentira votre vulnérabilité et il vous détruira.

Chapitre 29

Le scandale

Tous les gouvernements sont secoués par des scandales de natures diverses et variées. Généralement étouffés dans les régimes dictatoriaux, en démocratie, ils peuvent, à mesure qu'ils prennent de l'ampleur, détourner le gouvernement de sa tâche, bouleverser son agenda et laisser le dirigeant aussi frustré qu'épuisé. En un mot, ils sont énergivores.

Tout d'abord, il est important de distinguer les vrais scandales des faux scandales. Les premiers mettent au jour des actes répréhensibles au cœur du pouvoir et compromettent le dirigeant et le gouvernement dans son entier. Ceux-là peuvent, et le plus souvent doivent, signer le retrait des personnes impliquées de la vie politique. Les seconds, nettement plus nombreux, sont fabriqués ou grossièrement amplifiés à partir d'éléments insignifiants. Ils ne peuvent être ignorés car ils ont un impact sur l'opinion publique, et donc sur le sort du dirigeant, mais ils ne doivent pas envahir son esprit.

Quand j'étais Premier ministre, j'ai perdu le compte des affaires qui entraient dans cette dernière catégorie. Certaines avaient un fond de vérité mais d'autres sont nées de méprises présentées comme des manquements graves et intentionnels, tandis que d'autres encore étaient montées de toutes pièces. Toutes ont mobilisé une attention qui aurait pu être employée de manière plus productive.

Autre point que je tiens à partager : quand j'ai quitté Downing Street, ces scandales, qui avaient pris tant de place, n'ont pas perduré, contrairement à mon bilan, avec ses réussites et ses échecs. Pour le dire différemment, le sens de la relativisation dont tout le monde avait si singulièrement manqué à l'heure du scandale a curieusement repris ses droits une fois que je suis parti. J'encourage donc tout dirigeant confronté au scandale à ne pas tomber dans le piège de l'obsession, sous peine d'en oublier l'exercice de ses fonctions.

Quand les médias se déchaînent contre vous sans répit, comme c'est souvent le cas en Grande-Bretagne, vous avez l'impression que le monde autour de vous s'effondre. Si le scandale vous semble factice, le sentiment d'injustice qui vous habite l'aggrave encore.

Mais, dans la mesure où l'affaire à laquelle vous êtes confronté n'entre pas dans la catégorie des véritables scandales, vous ne devez pas oublier qu'elle a beaucoup moins d'importance que vous ne l'imaginez. Bien sûr, elle laissera des traces. Inutile de le nier. Mais si elle est née d'une exagération, il y a fort à parier que vous exagérez ses conséquences potentielles, notamment parce que les gens sont moins intéressés par ce qui se passe sur la scène politique que vous ne le pensez. Elle ne vous sera donc certainement pas fatale.

Il n'en reste pas moins que vous devrez gérer les scandales qui éclateront. Financiers, sexuels, moraux… Souvent, ils impliqueront un ministre qui a commis un acte condamnable ou stupide, ou les deux. Ils pourront résulter d'une déclaration involontairement erronée présentée ensuite comme un « mensonge » ou de la gestion indélicate d'une situation délicate. Parfois, un minuscule nuage à l'horizon se transformera sans prévenir en un épais voile noir qui obscurcira votre champ de vision.

À vrai dire, peu importe leurs débuts et leurs développements. Ils perturberont temporairement l'action du gouvernement et créeront un climat de crise, ce qui vous obligera, en tant que leader, à vous en occuper.

Voici un certain nombre de leçons que j'ai apprises – généralement de mes erreurs – lorsque j'ai dû gérer des scandales en tant que Premier ministre.

D'abord, et c'est d'une importance capitale, établir les faits avant d'agir. Cela semble évident, n'est-ce pas, mais je m'y suis laissé prendre... Une affaire sort. Vous n'en mesurez pas pleinement la gravité. Vous vous exprimez et vous découvrez après coup que vous étiez mal informé. Résultat, vous devez rétropédaler et, comme si ce n'était pas assez humiliant, tout le monde part du principe que vous saviez depuis le début. Donc, avant de prononcer le moindre mot, chargez quelqu'un de confiance de vérifier les faits pour vous. Ils ne vous plairont peut-être pas, mais mieux vaut gérer une vérité complexe qu'une contre-vérité facile.

Ensuite, une fois les faits établis, définir quelle position adopter. Cette règle vaut pour tellement de choses qu'elle mériterait que je lui consacre tout un chapitre, mais, s'agissant de gérer un scandale, vous devez trouver une ligne de défense – quel éclaircissement, quelle justification, quelle réfutation – et vous y tenir.

Trop souvent, dans la panique, les dirigeants choisissent la ligne de défense la plus facile ou la plus praticable en apparence. Et ça leur est souvent fatal : au scandale initial, qui était gérable, s'ajoute un second, pire encore : la tentative de dissimulation.

Le Royaume-Uni en a récemment connu un exemple avec le scandale du « Partygate », dans lequel les membres les plus importants du gouvernement ont été accusés de participer à des fêtes à Downing Street, ne respectant aucune des restrictions en vigueur pendant l'épidémie de Covid. Cette affaire a été lourde de conséquences tant la liste des charges était longue. Outre leur hypocrisie, on a reproché leur mépris du peuple aux responsables gouvernementaux, le fait qu'ils ne pensaient pas utile de se soumettre aux mêmes règles que le commun des Britanniques et, bien sûr, leur non-respect de la loi. Un vrai scandale donc, qui, par sa mauvaise gestion, s'est transformé en crise menaçant de faire tomber le Premier ministre, Boris Johnson.

Johnson n'a pas pris le temps de construire une ligne de défense solide. Au lieu de ça, il a formellement démenti l'existence de ces fêtes. Aussitôt, inévitablement, de nombreuses photos montrant des gens qui portaient un toast à Downing Street ont été dévoilées.

En plus de l'incroyable erreur de jugement que trahissait l'organisation de rassemblements festifs à l'heure où des restrictions sanitaires visant à limiter la propagation du virus interdisaient aux gens de se réunir, il y a eu mensonge.

Techniquement, les responsables réunis à Downing Street enfreignaient la loi. Toutefois, ils se trouvaient rassemblés car la lutte contre le Covid exigeait qu'ils continuent à travailler. Qu'ils aient bu du café ou de l'alcool, qu'ils se soient trouvés dans le jardin, dans leurs bureaux ou dans la salle du Cabinet, quelle différence ? Soit, ils ne suivaient pas les mêmes règles que le public, mais c'était la situation qui l'imposait.

Si le Premier ministre avait reconnu les faits ainsi que l'erreur de jugement et la violation des règles sanitaires qu'ils impliquaient tout en expliquant cette réalité, il y aurait certes eu un scandale, mais il aurait été circonscrit et n'aurait pas menacé sa position.

Quand le scandale est complexe ou que les faits demeurent confus, il ne faut pas hésiter à temporiser. Vous devez vous assurer de faire toute la lumière sur l'affaire en interne avant de défendre votre position publiquement.

Attention toutefois à ne pas systématiquement diligenter une enquête publique pour jouer la montre. Les enquêtes publiques ont leur place, en particulier quand il s'agit d'étudier des faits graves qui n'ont souffert aucun débat sur le moment. L'enquête Saville, publiée en 2010, sur les événements du Bloody Sunday en 1972, lors duquel des soldats britanniques avaient ouvert le feu sur des manifestants non armés à Londonderry, faisant treize morts, en est l'illustration ; elle a d'ailleurs contribué à l'avancée du processus de paix en Irlande du Nord.

Mais si l'éventuelle enquête publique porte sur une controverse politique ou un sujet sensible, il faut bien réfléchir. Annoncer son ouverture vous fera une bonne publicité le jour J, mais vous vous exposez à des mois, voire des années de procédures difficiles qui n'aboutiront pas nécessairement à une vraie compréhension du sujet.

Le problème avec les enquêtes publiques, c'est qu'elles peuvent évoluer de manière incontrôlée. Le responsable, même doté d'un fort tempérament, subit des pressions pour établir qu'il y a eu faute. S'il hésite, les médias déploieront tous les moyens nécessaires pour qu'il suive leur ligne car ils n'ont que faire de conclusions qui n'incriminent personne. Ils veulent des coupables.

Enfin, la dernière chose à faire est de ne jamais oublier que si la gestion d'un scandale vous incombe, votre devoir reste de gouverner. Les gens doivent voir que vous vous concentrez sur l'exercice de vos fonctions et que vous vous occupez de ce qui est important pour eux, quelles que soient les controverses qui vous entourent. Le président Clinton s'y est employé avec brio lorsqu'il faisait l'objet d'une procédure de destitution. N'importe qui se serait laissé engloutir par le scandale, mais Clinton a poursuivi sa tâche. Nul doute que l'affaire accaparait une partie de son esprit, mais pas celle qu'il donnait à voir au public.

Pour finir, je m'adresse aux dirigeants de l'opposition : attention à l'effet boomerang si vous faites toute une histoire de pas grand-chose. Nourrir la polémique peut causer du tort au gouvernement mais aussi vous blesser par retour de bâton.

Des scandales, il y en aura. N'imaginez pas le contraire une seule seconde, même si vous pensez être irréprochable, car la vie d'un gouvernement compte trop de péripéties, trop d'acteurs et trop de spectateurs pour y échapper.

Veillez à les laisser à leur juste place.

Chapitre 30

La politique à l'ère des réseaux sociaux

L'avènement des réseaux sociaux nous a fait entrer dans une nouvelle ère médiatique. Il faut reconnaître qu'ils présentent des avantages indiscutables. Ils permettent une interaction directe entre leurs utilisateurs, lesquels peuvent lutter contre les contenus néfastes qui s'y propagent. Ils offrent une plateforme d'expression aux communautés qui vivent dans des régimes politiques où on fait taire les voix indépendantes. Les gens s'en sont emparés parce que c'est plaisant mais aussi, pour certains, parce que ça leur ouvre de nouvelles opportunités.

Malheureusement, personne ne peut nier qu'ils présentent également des inconvénients et qu'ils ont complètement changé la façon dont se déroulent les débats politiques. On s'y conduit de manière furieuse. Souvent injuste. Les informations qu'on y relaie sont erronées, partielles, voire sciemment fallacieuses – indignes d'intérêt mais impossibles à ignorer. Bref, profondément déstabilisantes pour les hommes politiques.

Ce n'est pas nouveau, ceux qui crient le plus fort ne sont pas nécessairement ceux qui méritent le plus d'attention, mais, sur les réseaux sociaux, quand il s'agit de politique, aboyer est le mode de communication par défaut.

J'ai un temps pensé que les réseaux sociaux pourraient participer à rendre les médias conventionnels plus objectifs, offrant aux citoyens une source d'information alternative où faits et commentaires seraient séparés. Quelle naïveté !

C'est en effet tout le contraire qui s'est produit. D'une part, les plateformes numériques sont très partiales, à la fois dans le choix des informations qu'elles présentent et dans l'interprétation qu'elles en proposent. Les amalgames, délibérément provocateurs, y sont légion.

D'autre part, les médias traditionnels, confrontés à une concurrence inédite en raison de la technologie qui a favorisé la diversification des supports de diffusion, sont entrés dans la course aux clics et à l'indignation, n'hésitant pas à faire appel à l'émotion de leurs lecteurs plutôt qu'à leur intellect. Ils se sont également fragmentés, convaincus que leur survie commerciale dépendait de leur capacité individuelle à rallier une communauté autour d'opinions déjà formées qu'ils agitent et radicalisent. C'est donc une logique de revendication virulente qui domine les débats politiques et non une logique réflexive sur des choix complexes.

Ainsi, les médias traditionnels et les réseaux sociaux participent conjointement à la création de chambres d'écho qui renforcent les points de vue des individus au lieu de les exposer à des idées différentes.

Plusieurs éléments caractérisent les réseaux sociaux. L'idée qu'ils donnent une voix « à chacun » est communément utilisée pour leur défense. Malheureusement, « à chacun » veut dire à tous, y compris aux détraqués. Ceux-là mêmes que vous pouvez éviter quand vous les entendez divaguer dans un bar s'invitent à présent en toutes lettres sur vos écrans.

L'écrit a d'ailleurs un effet curieux. Ceux qui postent se sentent puissants. Ceux qui lisent ou font l'objet des publications – souvent haineuses – sentent ce pouvoir, indépendamment de la validité ou de l'exactitude de ce qui est écrit.

S'agissant des fils de discussion politique, ils prolifèrent sans frein ni filtre même s'ils partent de faits erronés. De plus, la véhémence d'une opinion y est souvent inversement proportionnelle au savoir de celui qui la soutient.

Il y a aussi les discours conspirationnistes. Quelque part, on peut considérer qu'on peut les écarter facilement, les complotistes occupant une niche et représentant une menace avant tout pour eux-mêmes. Il est toutefois alarmant de constater qu'ils peuvent toucher une audience allant de quelques milliers de personnes pour les théories les plus folles à des centaines de milliers. Si je vous dis qu'un pour cent de la population britannique perd la tête et adhère à l'une d'entre elles, vous me direz : un pour cent, ce n'est rien. Sauf qu'en réalité ça représente 650 000 personnes. C'est plus ennuyeux, n'est-ce pas ?

Encore plus inquiétant : les campagnes d'information menées par des faiseurs d'opinions qui, s'ils n'affabulent pas à proprement parler, proposent un traitement partial de tel ou tel sujet. Par exemple, ils abordent un conflit international en présentant la version d'un des deux camps uniquement, généralement de manière biaisée et trompeuse. S'ils touchent une partie suffisante de l'opinion, ils peuvent l'enflammer au lieu d'éclairer la situation, et rendre le compromis plus difficile.

Autre pratique commune : descendre les gens en flammes pour leurs propos tout en les dénaturant, en les sortant de leur contexte ou en les tronquant, ce qui aboutit à un travestissement de l'information.

Et puis, bien sûr, les réseaux favorisent les ingérences des gouvernements étrangers dans la vie politique intérieure des États. C'est de plus en plus flagrant dans les démocraties occidentales où, heureusement, lesdites ingérences perdent de leur impact parce qu'elles peuvent être dénoncées. Reste qu'il faudra, dans un avenir relativement proche, s'interroger sur la réglementation susceptible d'empêcher ou de décourager de telles manœuvres, dont on a pu observer les effets dévastateurs dans d'autres parties du monde. Au Sahel par exemple, les campagnes de désinformation ont contribué à la chute des gouvernements démocratiques et généré l'hostilité des populations locales, notamment envers la France, ancienne puissance coloniale.

Enfin, sur les réseaux sociaux, les élus sont cuisinés au vitriol, l'impolitesse, l'inimitié et la violence des opinions exprimées y atteignant des niveaux à la fois honteux et malheureusement assez courants.

Ces éléments cumulés créent un environnement où il est de plus en plus difficile de mener un débat politique sérieux, d'échanger des idées, de s'opposer sans diaboliser, de chercher la réponse adéquate plutôt que la réponse facile.

Le monde dans lequel nous vivons est brutal pour qui veut défendre des idées, des politiques, des projets. Un jour, on prendra la pleine mesure des effets délétères des réseaux sur le débat public et la démocratie, ainsi que celle de la nécessité d'une réglementation beaucoup plus musclée.

Cela étant, pour communiquer avec les citoyens qu'il sert, un dirigeant des temps modernes doit maîtriser les réseaux sociaux et prendre en compte les éléments exposés ci-dessus car ils sont constitutifs de la vie politique.

Comment ? Il y a des gens bien mieux qualifiés que moi pour le dire. Mon objectif ici est de m'assurer que le leader a conscience du pouvoir et de l'impact des réseaux sociaux sans pour autant se laisser aller à croire qu'ils changent les règles fondamentales de la politique, car ce n'est pas le cas.

Il y a deux choses à ne pas oublier. Premièrement, les gens créent et lisent les contenus publiés sur les réseaux mais ils savent que la description que je viens d'en faire est conforme à la réalité. Ainsi, lorsqu'ils les utilisent pour s'en prendre aux personnalités politiques, ils s'attendent à ce que ces dernières soient assez fortes pour encaisser les coups sans y accorder trop d'importance.

Les gens ont besoin de leadership – ne sous-estimez jamais ce facteur. Permettez que je revienne à Moïse. Les Hébreux détestaient et désiraient tout autant qu'il soit leur guide. Et si vous vous souvenez bien, ils ont atteint la Terre promise (même si, oui, je sais, Moïse n'a pas pu y entrer).

Dans le monde des réseaux sociaux, il devient encore plus crucial pour les dirigeants d'être forts. Le pire qu'on puisse penser de vous, c'est que vous êtes intimidable, voire intimidé. Même parmi ceux qui adhèrent aux critiques à votre encontre, il y a des gens qui veulent vous voir rester debout. Plus l'attaque est féroce, plus vous sortez grandi de ne pas vous en être laissé imposer.

Surfer sur les courants d'opinion qui naissent aussi vite qu'ils meurent via Twitter peut vous offrir une popularité momentanée, mais cela vous vaudra surtout le mépris de l'opinion publique. Car ce qu'elle veut voir en vous, ce n'est ni quelqu'un d'indifférent à ce qui se dit sur les réseaux sociaux – où des vérités peuvent être révélées – ni quelqu'un que le déferlement d'attaques va emporter, mais un roc sur lequel se brisent les vagues.

Deuxièmement, si les réseaux sociaux intensifient et complexifient la communication, ils n'en modifient pas les principes de base. Au contraire, ils les rendent encore plus cruciaux. Aussi, votre narratif devra être plus solide, votre détermination plus farouche, votre capacité à trouver du positif en dépit des tas d'immondices plus importante.

Faites preuve de jugeote. Ne court-circuitez pas les réseaux. Utilisez-les. Ils sont ce qu'ils sont. Extrêmement agaçants. Révoltants. Une véritable plaie. Ils vous distrairont de votre mission, mais vous avez le pouvoir de décider à quel point.

SEPTIÈME PARTIE :

Vous, dirigeant

Chapitre 31

Ne cédez pas à la paranoïa, même s'ils veulent votre peau

Ça y est ! Vous êtes aux commandes ! Vous avez gagné ! Votre position suffit à vous exposer au ressentiment et à la jalousie de vos rivaux, qui ont perdu, et de ceux qui ne vous aimaient déjà pas avant que vous l'emportiez. Mais ce n'est que le début car, comme on l'a dit, dans l'exercice du leadership, dans chaque décision que vous serez amené à prendre, se loge un potentiel quasi illimité de rancœur, d'inimitié, voire tout simplement d'opposition de principe.

Dès l'instant où vous vous hissez au sommet, une horde d'individus veut vous déloger… Convoiter le poste suprême est non seulement naturel – acceptez cette idée, c'est essentiel pour adopter l'état d'esprit adéquat à la conduite de votre mission – mais aussi légitime. Par ailleurs, il se peut que vous déloger soit une bonne idée. L'admettre n'est jamais facile pour un dirigeant, mais vient un moment où il est bon de partir, soit que vous occupiez la place depuis trop longtemps, soit que vous ayez perdu le cap ou le soutien populaire, soit que vous soyez devenu un handicap même si vous avez un temps été perçu comme un sauveur.

Bien sûr, vous avez probablement eu à vous battre pour obtenir votre poste. Alors, sans surprise, pour des raisons de principe et des raisons personnelles, vous voulez le garder ou, du moins, choisir le moment où vous tirerez votre révérence. Il n'empêche : vous devez composer avec vos grands rivaux, les autres prétendants et vos détracteurs.

Tout cela peut engendrer de la paranoïa, mais il est néfaste de s'y abandonner. Pour le gouvernement, pour l'efficacité démocratique et finalement pour vous. Car elle s'insinue partout et vous vide de votre capacité de concentration et de votre énergie. Ce sentiment peut être attisé par bien des situations. Quelque chose sort dans la presse, signe que quelqu'un a fait fuiter des informations. Elles peuvent être fausses, déformées ou inutiles. Qui a parlé ? À qui ? Pour quelle raison ? Je connais des dirigeants qui passent des heures à essayer de répondre à ces questions. Et leurs collaborateurs sont pareils. Est-ce l'un d'entre nous qui a fait fuiter les infos ? Qui parmi nous a été vu avec quels journalistes ces derniers temps ?

Vous pouvez spéculer autant que vous voulez mais c'est le plus souvent totalement vain. Vous ne savez pas. Vos soupçons sont peut-être infondés. Sans compter que le simple fait de poser des questions crée un climat de suspicion nocif. Le seul moyen de vous protéger des indiscrétions ? Bien choisir vos équipes ; vous entourer de gens de confiance. Et vous rappeler que chaque instant passé à chercher qui pourrait être derrière telle histoire désobligeante parue dans la presse vous éloigne des véritables défis.

Les réseaux sociaux ont, il est vrai, accentué le problème, notamment avec l'explosion des théories complotistes. En tant que dirigeant, vous y êtes associé, soit qu'elles vous ciblent, soit que vous soyez désigné comme leur initiateur. Je ne dis pas qu'il ne faut pas démentir, mais il faut le faire vite et passer à autre chose. Ne pas faire de fixation sur le pourquoi du comment ou sur qui est derrière.

Alors ne laissez pas vos inquiétudes et vos doutes empoisonner des relations de travail primordiales pour la conduite des affaires publiques. Vous devez les préserver même si vous croyez que certains de vos collaborateurs convoitent réellement votre place. Agir à l'encontre des intérêts du gouvernement ou saper volontairement votre autorité n'est pas acceptable. En revanche, vouloir être à votre place est légitime. Apprenez à faire la différence entre les deux.

J'ai souvent abordé cette question avec mon entourage lorsque j'étais Premier ministre. Comme chacun sait, Gordon Brown, qui était mon ministre des Finances et donc un rouage essentiel du gouvernement, aspirait à me succéder, si possible sans trop attendre. Une réalité que les membres de mon équipe rapprochée ne voyaient pas d'un très bon œil. Mais, comme je le leur ai répété à maintes reprises, c'était son droit le plus strict de vouloir le poste.

Au cours des années qui ont suivi mon passage à Downing Street, j'ai passé beaucoup de temps au Moyen-Orient et dans le monde arabe, où des informations effarantes se répandaient dans les médias comme autant de traînées de poudre. J'ai vu des dirigeants devenir obnubilés par ces rumeurs.

La vie politique compte beaucoup plus de bourdes que de complots, mais les récits conspirationnistes sont tellement plus excitants qu'ils finissent par s'imposer. Moi-même, j'ai été au cœur de tellement de théories complotistes que j'ai appris à vivre avec. Aujourd'hui encore, mes fonctions de consultant m'y exposent sans cesse. On me prête tout le temps des intentions malveillantes : je manœuvrerais pour renverser tel ou tel régime. Comme si j'en avais le pouvoir ou même le désir !

Quand j'étais Premier ministre, j'ai dû faire face à d'innombrables thèses farfelues autour de la mort de la princesse

Diana. L'idée qu'elle a été victime d'un abominable complot fomenté par les services secrets circule toujours. C'est bien sûr une théorie totalement absurde – fondée sur la croyance paranoïaque qu'il y a forcément une raison cachée derrière un événement si terrible et inattendu.

Ces thèses reposent d'ailleurs sur la croyance en l'existence d'un État profond – laquelle génère son propre lot de fantasmes paranoïaques. Comme souvent, il y a juste assez de vérité dans cette création pour l'alimenter. Dans la plupart des pays, il y a en effet des institutions qui, avec le temps, développent des positions et des pratiques dont elles ne se défont pas en dépit des changements de gouvernement. Ces principes relativement ancrés président à leur action, à moins qu'on ne les pousse à en adopter d'autres. Il arrive parfois qu'elles résistent à ces incitations. On peut donc avoir l'impression qu'il y a deux projets, celui mené en apparence par le gouvernement, un autre mené en cachette par le système.

Dans les pays démocratiques, cet État dans l'État est très limité ; dans les pays non démocratiques, beaucoup moins. Mais, dans un cas comme dans l'autre, les dirigeants devraient éviter de présumer du pouvoir d'influence de ces forces « occultes » sur la politique gouvernementale.

Je sais d'expérience que, dans les démocraties bien établies, les fonctionnaires sont majoritairement peu enclins à saboter le travail d'un gouvernement élu ou à faire quoi que ce soit qui puisse donner du grain à moudre aux médias, friands de conspirations. Ce qu'ils redoutent le plus – et c'est peut-être particulièrement vrai de ceux qui travaillent pour des administrations telles que les services de renseignements –, c'est d'être entraînés dans des magouilles politiques et convoqués pour s'expliquer devant telle ou telle commission d'enquête.

Il y aura des moments où le « système », face à une difficulté ou à un scandale, dissimulera des faits ou serrera les rangs. Mais il sera guidé dans ces errements par son instinct de conservation et non par une main invisible et malveillante qui cherche à détruire le pouvoir légitime.

Certaines nations, comme le Pakistan, ont en effet un État profond, lequel peut poser de véritables problèmes aux autorités élues démocratiquement. Les pays émergents y sont globalement plus souvent confrontés que les pays développés. Mais, d'une part, les politiques menées dans ces États ne sont pas toutes imputables à ces élites de l'ombre, et, d'autre part, quand elles sont contraires aux politiques menées par les gouvernements élus, elles peuvent être combattues et changées. S'agissant des pays non démocratiques, on peut supposer que c'est le dirigeant qui contrôle l'État profond et non le contraire.

Si la paranoïa déclenchée par la crainte des complots est destructrice, c'est aussi le cas de l'influence de ceux qui murmurent à l'oreille du dirigeant. Fonctionnaires, membres du gouvernement, amis... Ils veulent montrer qu'ils savent des choses que les autres ignorent, se plaisent à être porteurs de ragots travestis en nouvelles ou d'informations que le dirigeant devrait connaître. Leurs intentions varient : protéger, montrer leur utilité, obtenir un avantage. Il faut les éviter, tous autant qu'ils sont. Car ils sèment le doute, ferment de la paranoïa.

Bien sûr, les dirigeants sont humains. Et, comme tout le monde, ils écoutent les cancans, tendent l'oreille quand quelqu'un leur rapporte ce qui se dit sur eux, tout spécialement si ces racontars jouent sur leurs peurs ou attisent leurs vulnérabilités. Mais je le répète : être capable de résister à ces tendances fait partie intégrante du leadership.

Gardez un œil sur ces gens qui viennent murmurer à votre oreille. Ils sont fatals.

Un dernier point, sans quoi je passerais à vos yeux pour un indécrottable naïf (et, en politique, il n'est guère raisonnable de l'être) : s'il apparaît clairement qu'un complot se prépare contre vous – c'est parfois le cas –, agissez. Réglez le problème, et soyez sans pitié si nécessaire.

Le reste du temps, ne perdez pas votre précieux temps à imaginer des manigances et, comme toujours, cultivez le détachement.

Chapitre 32

Cultivez un jardin apolitique

Émotionnellement, le leadership vient avec son lot de contradictions. C'est un exercice solitaire. Un exercice de volonté. Un exercice extraordinairement difficile. Vous vous êtes battu pour arriver au sommet. Vous avez du pouvoir – peut-être vous transporte-t-il. Et des responsabilités – peut-être vous effraient-elles. Vous avez envie d'être ami avec tout le monde, et pourtant vous savez que vous allez vous faire de nombreux ennemis. Vous êtes populaire – les gens veulent vous prendre en photo ou faire des selfies avec vous – mais également impopulaire, car, contrairement aux autres célébrités, vous prenez des décisions qui impactent leur vie.

Vous êtes aimé et détesté en proportions variables et, d'une certaine manière, cela reflète les sentiments que vous inspire le fait d'être leader. Vous appréciez le pouvoir et la capacité de changer les choses qui en découle. Mais vous ne supportez pas que vos intentions soient parfois mal comprises et vous vivez mal votre incapacité à satisfaire les gens alors que vous essayez de faire de votre mieux pour eux.

Le leadership charrie un sentiment d'exaltation et, les bons jours, d'accomplissement ; mais aussi du stress et, les mauvais jours, les plus fréquents, de la frustration et des déconvenues.

De plus, vous êtes constamment sous les projecteurs, lesquels éclairent non seulement votre travail mais aussi votre vie, votre personnalité, votre famille, vos amis. Il y a les gens qui ne vous pardonnent pas vos erreurs et qui se réjouissent davantage de vos échecs que de vos réussites. Il y a ceux qui se moquent de l'impact de votre position sur votre personne parce que, d'une certaine manière, vous cessez d'être humain, vous devenez une force désincarnée, hors d'atteinte, et vous n'avez plus droit à la compassion.

Mais, comme mon épouse me l'a toujours dit quand je me plaignais – en général des remarques ou des attaques dont je faisais l'objet dans les médias : « Personne ne t'oblige à faire ce travail ; si tu ne l'aimes pas, tu peux arrêter ; mais, comme tu continues, permets-moi d'en conclure que tu l'aimes plus que tu ne le détestes. »

Si vous réfléchissez à la nature extraordinaire des responsabilités qui vous incombent, il y a de quoi avoir le vertige. Personnellement, c'est ce que je ressentais. Et, franchement, si ce n'est pas votre cas, vous ne devriez pas devenir dirigeant.

La pression et le stress sont une réalité. Pour y survivre, il faut vous créer un mécanisme de défense. Bien sûr, avoir le bon tempérament aide. Une qualité très importante pour un leader, c'est la capacité à prendre de la hauteur, à rester calme quand la situation est explosive, à afficher de l'assurance en dépit de l'agitation intense qui vous habite. C'est vital : si le leader commence à avoir l'air de paniquer, son équipe et l'administration s'écroulent, anéantissant dans leur chute la discipline et l'efficacité pourtant nécessaires à leur action.

J'ai eu la chance de travailler avec une équipe formidable, de proches collaborateurs doués et courageux. Dans les moments de crise, ils allaient au feu avec un plaisir presque irrationnel quand les autres se repliaient. Mais, même avec ces gens qui me connaissaient bien et qui étaient en pleine possession de leurs moyens, je savais que je devais faire bonne figure, ne rien laisser paraître.

La résilience naturelle est un don mal partagé.

Pour encourager, nourrir, voire renforcer sa résilience, il est important de cultiver un jardin apolitique.

C'est Denis Healey, homme politique travailliste qui a notamment été chancelier de l'Échiquier entre 1974 et 1979, qui disait que le secret de son succès en politique, c'était d'avoir un « jardin apolitique ». Il se peut d'ailleurs que ce soit son indomptable épouse, Edna, qui lui ait soufflé cette expression pour désigner cet espace coupé du champ politique et dédié à la culture, à l'art ou à toute autre passion qui permet de prendre du repos et du plaisir – dans le cas de Denis, la poésie, la musique et, plus tardivement, le jardinage.

Quand j'étais Premier ministre, je jouais de la guitare presque tous les jours, ne serait-ce que quelques instants. Je lisais. J'avais toujours deux livres en cours, la plupart du temps un documentaire historique et un thriller. Je regardais des films, surtout des classiques. J'essayais d'apprendre des choses nouvelles – sur l'art, la peinture, la poterie ou la science, un de mes plus grands regrets étant de ne pas avoir suffisamment étudié cette dernière à l'école et de m'être heurté toute ma vie à mon inculture scientifique.

Les amis sont importants. Les vrais amis. De préférence ceux que vous avez rencontrés avant de devenir un personnage public – sur les bancs de l'école ou de l'université, ou quand vos enfants étaient petits. Bien sûr, même avec eux, vous n'échappez jamais aux discussions politiques, et ils ne peuvent pas faire autrement que de s'intéresser à ce que vous faites. Mais vous vous sentez en confiance en leur compagnie. Vous pouvez baisser la garde, sans risque. Avec vos amis politiques, même proches, c'est différent. Non que vous ne puissiez leur faire confiance, mais ce qu'ils disent dans les autres cercles politiques et médiatiques qu'ils fréquentent reflétera forcément une part de ce que vous leur dites. Ainsi, vous n'êtes jamais à l'abri d'une indiscrétion, même involontaire.

Les « amis » dont vous devez le plus vous méfier sont ceux que vous avez rencontrés au pouvoir. Certes, il ne faut pas tomber dans l'excès car vous pourriez passer à côté de vrais amis. Mais l'une des leçons les plus importantes que j'ai apprises lorsque j'étais Premier ministre, c'est qu'il ne faut pas se leurrer quand, autour de vous, les gens vous témoignent un respect excessif, vous couvrent d'éloges, vous soutiennent systématiquement et vous assurent de leur indéfectible loyauté. Ce qui les aimante, ce n'est pas vous mais votre pouvoir et, surtout, l'intérêt personnel qu'ils peuvent en tirer. C'est compréhensible mais cela incite à la prudence et au réalisme.

Il peut s'agir de personnes qui font de la politique, ou pas. Personnellement, j'ai cessé de compter les ministres qui, en poste, s'émerveillaient publiquement de mon intelligence et de mon intégrité et, une fois démis de leurs fonctions, me vilipendaient en tant que dirigeant mais aussi en tant que personne. De même, certains fonctionnaires, dont je pensais sincèrement qu'ils m'appréciaient et m'admiraient, m'ont fait comprendre, après ma démission, bien évidemment, qu'ils me tenaient pour un imbécile dénué de tout principe.

Avec des gens comme ça, on peut vite céder à un certain cynisme sur la nature humaine. Heureusement, il y avait tous les autres – ceux qui font preuve de décence, qui disent ce qu'ils pensent et pensent ce qu'ils disent, ceux sur qui vous pouvez compter même quand la situation est critique.

En résumé, les amis sont une partie importante de ce jardin, mais il faut les choisir avec soin et garder à l'esprit que plus ils sont récents dans votre vie, plus vous devez être prudent.

Naturellement, au centre de cet espace protégé, il y a aussi la famille. Je dois dire qu'avoir des adolescents auprès de moi à Downing Street a été une véritable bénédiction. Bien sûr, qui dit adolescents dit crises, et nous n'avons pas été épargnés (bonne nouvelle pour les parents qui sont en plein dedans :

ça s'arrange !) avec parfois des conséquences très médiatisées. Donc, à la fin d'une journée éprouvante, personne ne vous en voudrait de penser que la dernière chose dont vous avez besoin, c'est une confrontation avec un révolté de seize ans. Sauf que ces interactions sont tellement prenantes qu'elles absorbent le stress du travail.

Vous devez dégager du temps pour votre conjoint et vos enfants et, surtout, garder une partie de votre énergie émotionnelle pour ce qui compte à leurs yeux. J'insiste sur l'importance de ceci car, à mon grand regret, j'ai souvent échoué à le faire. Mais je n'ai jamais regretté le temps et l'énergie que je consacrais à ma famille, même s'il s'agissait de regarder un dessin animé insensé avec Leo, cinq ans à l'époque. Il se trouve que, principalement grâce à Cherie et à notre aide, Jackie, les enfants s'en sont bien sortis. Mais ne prenez pas de risques avec votre famille ; le jeu n'en vaut pas la chandelle.

Ce jardin – les hobbies et les liens amicaux et familiaux que vous entretenez – vous aide à faire face. Il soulage une partie du stress. Il vous ancre.

Mais, s'il est primordial, c'est aussi parce que, égoïstement, il fait de vous un meilleur dirigeant. Il vous permet de penser plus clairement. Il fait de vous quelqu'un de normal dans un environnement qui ne l'est pas du tout. Il vous donne à voir des choses auxquelles vous resteriez aveugle si vous étiez sans cesse absorbé par l'exercice de la gouvernance. Il vous permet de sentir, de toucher, d'accéder à l'intangible, ce qui donne du relief à une personnalité par ailleurs pragmatique.

Assurez-vous que votre emploi du temps intègre votre jardin. Gardez tous les mois des soirées pour dîner avec des gens avec qui vous avez vraiment envie de vous asseoir autour d'un repas, de vous détendre, de vous laisser aller – pas complètement. Consacrez un moment de vos week-ends à vous conduire en personne lambda. Soyez présent pour votre famille même si vous êtes préoccupé. Vous pouvez le faire !

Si la personne qui gère votre agenda ne peut pas dégager ce temps, trouvez quelqu'un d'autre qui le fera.

Et si vous n'avez pas créé de jardin quand vous étiez occupé à vous hisser au sommet, faites-le une fois au pouvoir. Cela fera de vous un meilleur dirigeant.

Chapitre 33

Hubris et Némésis

Le mot « hubris » a une connotation péjorative. C'est un concept issu de la mythologie grecque qui décrit la démesure de ceux qui, parmi les humains, se croient plus puissants que les dieux et montrent un orgueil excessif ou abusent de leur pouvoir. Leur arrogance, considérée comme une faute morale, leur vaut le châtiment divin, la Némésis, et les mène à leur chute.

De même, on peut lire dans la Bible : « L'arrogance précède la ruine. »

Il m'arrive de rencontrer des dirigeants qui ont le vent en poupe dans les sondages. Le soleil brille, il n'y a pas le moindre nuage dans leur ciel politique. Ils savourent l'approbation dont ils font l'objet et, tout à fait naturellement, ils respirent la confiance et l'invincibilité.

Ça me donne presque envie de les attraper par les épaules et de leur crier : « Prenez garde, la Némésis vous guette ! »

Bien sûr, je me contente de les prévenir : « Eh bien, c'est super, mais il y a des chances que ça ne dure pas, vous savez. »

Comme de juste, quand je les revois quelque temps plus tard, ils ont le front plissé, le teint nettement plus pâle et leur voix naguère si forte est un peu plus tremblante.

La Némésis a frappé sous la forme d'une crise, d'un revirement soudain, et l'horizon s'est voilé.

Souvent, avec le recul, on se rend compte qu'ils auraient dû prédire la chose mais que leur hubris les en a empêchés.

Cela ne se passe pas toujours ainsi. Je pense au président indonésien, Jokowi, qui était plus populaire à son départ qu'à son accession au pouvoir. Mais je vous l'assure : il s'agit de l'exception qui confirme la règle !

C'est quand les choses sont au beau fixe qu'il faut s'inquiéter de ce qui pourrait mal tourner.

L'hubris, dans sa forme la plus nauséabonde, combine arrogance et malveillance.

Mais elle peut aussi venir de l'ignorance et des errements qui vont avec, et dont je reparlerai dans le prochain chapitre : croire qu'on est plus savant qu'on ne l'est réellement, qu'on a le pouvoir de changer ce qui ne peut l'être – ou du moins pas de la manière dont on voudrait –, qu'on peut déjouer les pronostics, même très défavorables, ou triompher d'une réalité pourtant profondément enracinée dans le fonctionnement de son pays.

Parfois, l'orgueil naît d'un manque de préparation face à l'imprévu, de l'incapacité à détecter les prémices d'une révolte. Quand on ne voit rien venir, c'est qu'on ne regarde pas.

Le temps et les erreurs que j'ai pu commettre m'ont enseigné que s'il est sain de se savoir faillible, il est tout aussi sain de prêter une attention respectueuse à ce qui peut aller de travers. Ce sens de l'anticipation doit générer non pas de la torpeur, mais de la circonspection. Car dès l'instant où l'hubris, même dans sa forme inoffensive, s'empare du dirigeant, la Némésis guette.

Je pourrais vous donner de nombreux exemples où j'ai péché par manque d'attention pendant mon mandat. Mais deux suffiront.

En 2000, alors que je jouissais d'une avance confortable dans les sondages et que les indicateurs économiques étaient au vert, je n'ai pas su voir qu'une crise couvait en raison de l'envolée du prix du pétrole qui commençait à se répercuter à la pompe. Le blocage inattendu d'une poignée de dépôts de carburant particulièrement vulnérables s'est rapidement étendu, empêchant l'approvisionnement des stations en essence à l'échelle nationale. En l'espace de quelques jours, le pays entier était à l'arrêt. Une situation critique.

Concurremment, même si ça n'avait aucun lien, nous avons annoncé une hausse ridiculement faible des retraites. En cause, leur indexation sur l'inflation – une politique de bon sens – qui elle-même était quasi nulle – un contexte favorable. La grogne des intéressés ne s'est pas fait attendre.

Le tout a donné lieu à une explosion de colère contre le gouvernement. Le paysage politique s'est tendu. Nous avons perdu dix points dans les sondages, dont l'opposition a pris la tête pour la seule et unique fois au cours de cette législature. Le ciel a tourné à l'orage en quelques jours à peine alors que nous avions bénéficié d'un temps radieux en continu jusque-là.

Tout ça parce que je n'avais pas pris les mesures préventives que la situation aurait dû me dicter. Une bonne leçon pour moi.

Second exemple, beaucoup plus grave : les suites données aux attentats du 11 septembre. Sans entrer ici dans le débat sur le bien-fondé ou non de la décision de déloger les talibans et Saddam Hussein du pouvoir, les dirigeants occidentaux ont fait une erreur de jugement fondamentale : croire qu'en instaurant la démocratie en Afghanistan et en Irak – un objectif tout à fait louable en théorie – nous parviendrions à surmonter l'absence de véritables institutions de gouvernement, le sectarisme religieux et les efforts de déstabilisation des acteurs extérieurs qui avaient un intérêt à miner les progrès.

Il n'est pas réellement question d'hubris ici, car ce qui a guidé les dirigeants occidentaux, ce n'est pas la certitude arrogante de leur capacité à changer les choses, mais la croyance erronée qu'il était possible de construire le monde tel qu'il aurait dû être à partir du monde tel qu'il était, de transplanter la démocratie dans un corps politique qui allait subir des pressions de toutes parts pour rejeter l'organe.

Forts de notre conviction que le système démocratique est intrinsèquement supérieur, nous avons surestimé les chances de réussite de la greffe.

L'ascension et la chute de l'ancienne dirigeante du Myanmar, Aung San Suu Kyi, en sont un autre exemple.

Je reste un grand admirateur de cette femme dont je salue le courage. Je trouve que la communauté internationale, qui lui donnait à juste titre le statut de martyre lorsqu'elle était prisonnière de la junte militaire au pouvoir dans son pays, a été trop prompte à la condamner pour son silence face à l'oppression de la minorité musulmane des Rohingyas, car, comme le montrent son éviction et son nouvel emprisonnement, sa marge de manœuvre était bien plus réduite que nous, observateurs extérieurs, ne pouvions l'imaginer.

Quand elle est devenue dirigeante de son pays – sur le papier du moins –, nous nous sommes entretenus à plusieurs reprises. J'ai essayé de lui décrire le défi que représentait la conduite d'un État, de lui faire comprendre que la tâche de réformer un pays était si difficile qu'il fallait absolument qu'elle s'entoure des bonnes personnes et qu'elle soit consciente des obstacles qu'elle allait nécessairement rencontrer. En somme, j'ai cherché à la prévenir qu'il y avait une grande différence entre être l'icône d'un peuple et sa dirigeante.

Elle a été polie mais réfractaire à mon discours. « Le peuple m'aime, me répétait-elle. C'est l'armée qu'il faudra que je gère. » Ce à quoi je répondais que l'amour de son peuple ne changeait rien à la nécessité de conduire l'action publique efficacement, et que le seul moyen de limiter l'ingérence de l'armée dans les affaires civiles était justement de transformer l'économie et les services gouvernementaux.

Je me suis appuyé sur l'exemple de Nelson Mandela. Lui aussi était une icône, mais, malgré son statut, il savait que la transformation politique pour laquelle il avait œuvré devait être suivie de changements concrets dans la vie des citoyens. En d'autres termes, il avait l'humilité de reconnaître les limites de ce qu'il avait accompli. Le fait que les espoirs qu'il nourrissait pour son pays n'aient toujours pas été réalisés par ses successeurs témoigne non pas de sa perspicacité, mais bien de l'ampleur de la tâche à laquelle il se savait confronté.

Je n'ai pas réussi à convaincre Aung San Suu Kyi de la nécessité d'entreprendre une véritable transformation de son pays. Dans le cas contraire, elle aurait probablement été renversée de toute façon car les militaires y auraient vu le risque d'être écartés du pouvoir de manière permanente. On ne le saura jamais.

Je crois personnellement qu'elle aurait eu une meilleure chance de contrecarrer la junte et de s'assurer le soutien international si, au lieu de se reposer sur son incontestable charisme et l'amour de son peuple, elle s'était davantage concentrée sur l'efficacité de l'action publique afin de montrer à ses concitoyens que le changement de régime politique avait libéré le potentiel de progrès concrets pour tous.

L'orgueil peut parfois venir non pas d'un excès, mais d'un manque de confiance aussi profond qu'inavoué. J'entends encore certains dirigeants s'écrier : « Nous pouvons le faire nous-mêmes. » En général, ils échouent. Heureusement, aujourd'hui, beaucoup sont complètement ouverts à l'aide extérieure et contents de l'accepter quand on la leur propose. Ceux-là réussissent.

Je me souviens d'une conversation avec un président qui était confronté à un problème important de terrorisme islamiste dans ses frontières et avait bien du mal à gérer la situation. Je lui ai suggéré de faire appel à l'aide américaine ou britannique. Inutile, m'a-t-il répondu. On va s'en charger. Je lui ai expliqué qu'il y avait dans le monde des pays qui, grâce à leur expérience dans le domaine, étaient capables de repérer, surveiller, désorganiser et finalement anéantir ces groupes qui ont tous le même mode opératoire. Nous n'avons pas besoin qu'on nous dise comment régler nos problèmes, m'a-t-il répondu, non sans hostilité.

Son problème terroriste s'est aggravé. Il a finalement sollicité l'aide étrangère, mais trop tard, de sorte que la bataille n'est toujours pas gagnée aujourd'hui. Ce n'est peut-être qu'une question de temps. Mais les années perdues pèsent lourd sur la situation de son pays.

Un dirigeant conscient que l'hubris guette en permanence avec, dans son sillage, la Némésis, sera plus vigilant. Il gardera les yeux bien ouverts. Il écoutera et soupèsera les conseils. Au lieu de se croire invincible, il se saura vulnérable, et ses prises de décision n'en seront que meilleures, il pourra donc être plus serein.

Je crois que ceci est vrai de la vie en général. Depuis que je ne suis plus en poste, j'ai observé de nombreux dirigeants d'entreprise. Ceux qui se maintiennent au sommet sont ceux qui sont prêts à toute éventualité, qui restent sur leurs gardes, qui savent que derrière chaque opportunité peut se cacher un revers – pour tracer un autre parallèle avec la mythologie grecque, ceux qui voient Icare comme un exemple à ne pas suivre.

Les autres se brûlent les ailes et s'écrasent au sol, nous rapportent les journaux.

Chapitre 34

On n'est jamais aussi savant ou intelligent qu'on ne le croit

Le problème quand on gagne ou qu'on réussit, c'est qu'on finit par croire qu'on est plus intelligent qu'on ne l'est réellement, voire plus intelligent que quiconque.

C'est vrai dans le monde des affaires. J'ai pu le constater par moi-même car, depuis que j'ai quitté Downing Street, j'ai rencontré beaucoup de businessmen – y compris, à l'occasion de collectes de fonds, des milliardaires. Souvent, ces gens doivent leur fortune à une idée brillante, à un coup exceptionnel, à une invention ingénieuse. Et c'est tant mieux pour eux. Malheureusement, le succès a donné à certains une assurance telle qu'ils sont convaincus d'être plus doués que les autres, non seulement dans leur domaine mais aussi dans ceux des autres.

C'est encore plus vrai en politique parce que, d'une part, le vainqueur est parvenu à se hisser en haut du « mât de cocagne » – une image utilisée par Benjamin Disraeli quand il est devenu Premier ministre en 1868 – pour y décrocher le lot suprême et que, d'autre part, le jeu ne prévoit pas de lot de consolation pour les perdants.

Dans ces conditions, il est facile d'oublier que gagner n'est pas qu'une question de talent. Il y a aussi le contexte, la porte qui s'ouvre au bon moment, l'infériorité de vos adversaires et, bien sûr, la chance. Si vous pouvez être fier de votre victoire, ne la laissez pas vous monter à la tête.

Comme je l'ai déjà écrit, il n'y a que les hommes d'État qui se voient confier autant de pouvoir et de responsabilités sans expérience ad hoc.

Bien sûr, si vous vous êtes retrouvé candidat, ce n'est pas à la suite d'un casting sauvage mais d'un processus de sélection. Vous aviez un bilan à faire valoir dans vos fonctions politiques et vous avez été adoubé par vos collègues. Mais il est possible, et même probable, qu'au moment de la victoire vous n'ayez aucune expérience concrète du gouvernement d'un pays.

Toutefois, vous avez déjà quelques victoires à votre actif, ce qui signifie que vous avez été amené à vous former un jugement, à prendre des décisions, à lutter pour ce qui est juste. Autant de compétences qui ne sont pas si faciles à développer et qui vous auront apporté une certaine dose de confiance en vos capacités à gouverner, probablement à juste titre. Mais vous devez reconnaître dès le début que ces acquis ne prouvent pas grand-chose. Être au pouvoir ne veut pas dire que vous savez gouverner. Avoir pris les bonnes décisions pour accéder au sommet ne fait pas de vous un décideur infaillible dans l'exercice infiniment plus difficile de la gouvernance étatique.

Adopter une posture d'humilité n'est pas naturel pour la plupart des hommes politiques. Mais si vous en êtes incapable, vous allez vite apprendre.

Il y a tellement de choses dont vous ne savez presque rien.

Tout entier à votre campagne, vous ne vous serez pas penché avec la même application sur tous les aspects qui vous incombent en tant que chef du gouvernement.

Abordez vos fonctions en ayant simplement conscience de la nécessité d'apprendre, en acceptant que d'autres sachent mieux, en restant ouvert à des façons différentes de réfléchir aux problèmes.

Pour ma part, je n'en reviens pas d'avoir appris autant depuis que j'ai quitté mon poste. Comme le chante Joni Mitchell, « I've looked at life from both sides now[1] » et j'en sais infiniment plus sur le monde qu'il y a vingt ans alors même que j'avais dix ans d'expérience en tant que Premier ministre d'une grande nation.

Je me suis efforcé de créer et développer des entreprises et des organisations, sans me laisser obséder sur leur réglementation – exercice beaucoup plus complexe que je ne l'imaginais.

J'ai rencontré des gens de tous les milieux, de toutes les cultures, de toutes les croyances, bien loin de mon pays de naissance.

J'ai lu la presse pour nourrir ma réflexion et pas seulement pour m'informer.

Et ce qui est absolument extraordinaire, c'est que j'ai continué à grandir. J'avais cinquante-quatre ans quand j'ai quitté Downing Street. On pourrait penser qu'on est arrivé à maturité à cet âge-là, mais non : le processus se poursuit.

Tous les anciens dirigeants avec qui j'en ai discuté partagent ce constat.

Tout ça pour vous dire que même si vous pensez que votre victoire fait de vous un génie, vous allez comprendre tôt ou tard qu'il n'en est rien. Et le plus tôt sera le mieux.

D'autant que plus on apprend, plus on se découvre ignorant. C'est pour cette raison que, lorsqu'on veut se lancer en politique, il est primordial de se préparer, soit dans l'opposition, soit aux côtés de ceux qui gouvernent. Parce qu'il y aura un moment où vous comprendrez que vous savez peu de chose, où vous vivrez ce que Roy Jenkins, grand ministre de l'Intérieur et chancelier de l'Échiquier travailliste dans les années 1960 et 1970, a vécu le jour où, avant de participer à une émission de radio, je lui ai demandé ce qui le turlupinait parce que je le trouvais pensif. Il m'a répondu qu'il

1. « J'ai regardé la vie depuis ses deux extrémités. » *(N.d.l.T.)*

« songeait à l'immensité de [sa] propre ignorance ». Inutile de préciser que Roy était loin d'être ignorant.

Le travail du dirigeant, c'est de décider. Vous le ferez au quotidien. Mais ça ne veut pas dire que vous serez le mieux placé pour prendre telle ou telle décision. Il y aura peut-être quelqu'un de beaucoup plus qualifié que vous, mais dont le travail ne sera pas de trancher.

En d'autres termes, n'allez pas vous imaginer que, parce que vous êtes le décideur, personne ne sait mieux que vous. Il y a une différence entre le pouvoir et l'intelligence. En tant que dirigeant, vous serez généralement traité avec plus de respect que vous n'en méritez par ceux qui vous doivent leur place. Les meilleurs d'entre eux – il y en aura quelques-uns – feront preuve de franchise quand ils penseront que vous faites erreur. Les autres – la majorité – vous mèneront en bateau. Laissez-les faire mais ne soyez pas dupe.

Chapitre 35

Mieux vaut inspirer le respect que l'adoration, la crainte ou la confiance

Ce titre de chapitre vous choque ? Vous vous dites que c'est sûrement une bonne chose d'être aimé quand on est à la tête d'une nation ? C'est vrai, mais ça arrive surtout aux dirigeants qui ont un statut d'icône, de symbole.

D'ailleurs, quand on gouverne un pays, le but n'est pas de se faire aimer, mais de conduire des changements qui améliorent la vie des gens, économiquement et socialement. Et c'est justement parce que ça implique de changer le statu quo et de contrarier certains intérêts que les chances de se faire aimer sont rares.

Vous vous dites aussi qu'inspirer la crainte ne peut pas être bénéfique ? Parfois, si – quand un dirigeant essaie de faire ce qui est juste et rencontre une forte opposition qu'il doit juguler.

Les grands dirigeants usent de la peur avec parcimonie, mais ils ne se l'interdisent pas. Les grandes puissances également – ce qui leur vaut généralement un profond ressentiment. Les États-Unis, par exemple, exercent leur pouvoir d'une façon qui n'est guère appréciée des autres pays. Ils sont souvent taxés d'hypocrisie, d'incohérence ou de rapacité. Même leurs alliés ont fréquemment l'impression d'être ignorés ou consultés uniquement pour la forme.

Pourtant, ma longue expérience en politique m'a enseigné une leçon intéressante sur les Américains : ce qui inquiète le plus leurs amis et enhardit leurs ennemis, c'est leur retrait.

Quant à la Chine, je déplore l'usage qu'elle fait de son pouvoir à bien des égards, mais pas que ses alliés – dont la Russie et l'Iran, désormais – la craignent suffisamment pour faire preuve de retenue quand elle l'exige.

S'agissant d'inspirer la confiance à présent, vous pensez probablement que c'est un atout incontestable. La confiance est un élément primordial dans l'exercice du leadership. C'est elle qui permet de susciter l'adhésion des électeurs et de préserver l'unité malgré les défis que représentent les changements difficiles.

Eh bien, tout dépend de ce qu'on met derrière le mot « confiance ». En politique, c'est une notion complexe qu'il nous faut définir.

Mon dictionnaire des synonymes inventorie cent trente-neuf mots pour « confiance ». Une grande partie d'entre eux sont liés à la certitude, l'assurance, l'espérance et, bien sûr, la vérité.

Mais en politique, rien n'est jamais certain. Les espoirs quant à eux dépassent toujours de beaucoup ce qui peut être réellement accompli. Et la vérité… « Qu'est-ce que la vérité ? » aurait demandé Ponce Pilate à Jésus. Une question pertinente dans le domaine qui nous occupe.

La vérité, ce sont les faits, même si l'époque permet, plus pour longtemps j'espère, qu'on s'incline devant les sentiments, parfois au détriment des faits.

En politique, les gens confondent souvent faits et opinions tenues pour « vraies ». « L'immigration est le fléau de ce pays », déclare tel homme politique. Sur quoi une partie importante de la population peut penser : « Enfin quelqu'un qui dit la vérité. » Et d'en conclure qu'à lui, au moins, ils peuvent accorder leur « confiance », pas comme à tous ces carriéristes incompétents qui prétendent que les choses sont plus nuancées que ça, qu'une immigration bien contrôlée est une chance – comme le prouvent la suprématie économique des États-Unis ou le dynamisme du secteur de la tech au Royaume-Uni –, que le National Health Service ne pourrait pas fonctionner sans les médecins et infirmiers étrangers ou encore que l'hôtellerie serait exsangue sans les travailleurs immigrés dans la majorité des pays industrialisés.

Bien sûr, ces arguments ne se prêtent ni aux slogans ni aux phrases-chocs. C'est précisément parce qu'ils apportent de la nuance qu'ils ne suscitent pas la confiance : le discours ne semble ni tout à fait satisfaisant, ni tout à fait honnête, ni tout à fait clair.

Dans la sphère politique, les populistes sont souvent considérés comme ceux à qui on peut faire confiance, ceux qui « parlent vrai face au pouvoir en place », défient les « élites », « ne tournent pas autour du pot », n'hésitent pas à s'éloigner de l'opinion traditionnelle.

Mais, en réalité, ce qu'ils font, c'est dire aux gens ce qu'ils veulent entendre, ce qu'ils veulent croire ; ils répondent à leurs espérances par des paroles en l'air plutôt que par du travail acharné.

Je dis toujours qu'il n'y a pas meilleur moment pour croire un homme politique que lorsqu'il dit ce qu'on n'a pas envie d'entendre. Quand on y pense, c'est évident. Un dirigeant qui veut vraiment le meilleur pour ses concitoyens leur dira que ce qu'ils veulent est soit impossible, soit contraire à leur intérêt.

Je ne me suis pas appesanti sur le Brexit jusque-là et je ne vais pas entrer ici dans un débat sur les avantages et les inconvénients de cette décision, mais c'est un bon exemple.

On peut soutenir que la sortie de l'Union européenne est dans l'intérêt à long terme de la Grande-Bretagne – l'occasion de prendre une nouvelle direction qui vaut la peine d'en accepter les désagréments à court terme.

Mais on ne peut pas sérieusement raconter aux gens que la rupture des accords commerciaux avec notre partenaire numéro un – on parle de la moitié du commerce britannique – n'entraînera pas de perte commerciale immédiate. La chose serait étrange, non ?

On ne peut pas raconter non plus que le retrait de l'union politique du continent n'aboutira pas à une perte d'influence, du moins auprès de l'union elle-même.

Pourtant, c'est exactement ce qu'ont affirmé Boris Johnson, Nigel Farage et les autres défenseurs du Brexit qui, j'en suis certain, bénéficiaient, au moment du référendum en 2016, d'un indice de confiance plus élevé que leurs adversaires pro-européens – David Cameron et George Osborne en tête –, lesquels avaient pourtant vu juste en avançant les arguments contraires.

Ce que je veux dire, c'est que beaucoup de Britanniques voulaient croire les partisans du Brexit. Partant, ils leur faisaient davantage « confiance ».

Tout dirigeant politique amené à prendre des décisions difficiles sera rapidement confronté à des problèmes de « confiance ».

Un gouvernement qui dépense les deniers publics sans compter jouira d'un haut niveau de « confiance » contrairement à un gouvernement qui réduit les dépenses. Pourtant, je vous l'assure, quand un responsable politique procède à des coupes budgétaires, ce n'est pas parce qu'il en a envie mais parce qu'il estime, à tort ou à raison, que c'est nécessaire à la santé à long terme de son pays.

La « confiance » n'est pas un indicateur fiable en politique ; c'est pourquoi il faut manier le mot avec précaution.

L'exercice même de la politique compromet vos chances d'inspirer la confiance. Parfois, vous hésiterez ; d'autres fois, vous changerez d'avis ; d'autres fois encore, vous choisirez de ne pas agir. Vos promesses pourront se révéler irréalisables pour des raisons bonnes ou mauvaises ; vous pourrez sembler fuyant parce que vous devrez gérer vos collaborateurs ou une situation particulière.

Bien sûr, il peut arriver qu'un dirigeant soit malhonnête ou corrompu, mais c'est une autre histoire.

Je ne connais pas beaucoup de politiciens « vraiment » malhonnêtes. En revanche, nombreux sont ceux qui sont perçus comme tels.

Prenez la France par exemple. Ce n'est pas un pays facile à gouverner. Les Français élisent des présidents qui promettent de conduire des changements et, sitôt que ces derniers s'y attellent, ils se révoltent. Les sondages montrent alors que le niveau de « confiance » dans les dirigeants s'effondre quand, en toute logique, il devrait augmenter !

On peut également penser aux voix courageuses qui s'élèvent dans les pays du Sahel pour déconstruire, à juste titre, le mythe – souvent alimenté par des campagnes orchestrées par la Russie sur les réseaux sociaux – selon lequel l'ennemi du développement de la région serait une forme de néocolonialisme français. Ceux qui perpétuent ce mythe très populaire bénéficient d'un indice de confiance élevé, contrairement à ceux qui s'efforcent de le briser.

Pendant la crise du Covid, je ne saurais vous dire combien de gens m'ont dit qu'ils n'avaient aucune « confiance » dans les politiciens qui imposaient des confinements ou cherchaient à accélérer la mise sur le marché de vaccins « dangereux ».

Il est parfaitement légitime d'en débattre, mais pourquoi un dirigeant préconiserait-il de telles mesures s'il n'était pas réellement convaincu de leur nécessité ?

Que ces dirigeants aient eu raison – comme je le crois – ou tort se discute. Mais il ne fait aucun doute qu'ils avaient confiance dans les politiques qu'ils conduisaient. Voyez à quel point il est dommageable de placer le débat sur le registre de la « confiance » !

Le respect, en revanche, est ce qu'un dirigeant peut et doit inspirer. De ce respect découlera la confiance, comprise comme le sentiment que la nation peut être « confiée » au dirigeant car il saura prendre les décisions qui, de son point de vue le plus sincère, sont dans l'intérêt de la nation.

En leur for intérieur, les citoyens savent que la politique peut être une sale affaire, et ils l'acceptent. Ils ne voudraient pas d'un honnête simplet aux responsabilités.

Ils veulent quelqu'un qui soit capable de mener la tâche à bien, quelqu'un qui a l'ambition et la compétence de gouverner, quelqu'un qu'ils respectent en tant que leader et pas nécessairement en tant qu'individu.

Ils n'aiment pas qu'on leur expose des vérités ou des décisions difficiles. Mais ils suivront un dirigeant digne de ce nom.

Et, au bout du compte, même si les mesures prises sont impopulaires, même si les patientes explications sur leur nécessité semblent noyées sous le flot des récriminations, le dirigeant peut toujours exiger le respect.

C'est un atout politique précieux en ce qu'il engendre une confiance autrement plus profonde que celle qu'engendre la popularité – une confiance fondée sur la certitude que le leader est prêt à servir la nation comme seul un vrai leader le peut.

Je reviens brièvement à l'adoration et à la crainte. J'ai en tête un certain nombre d'hommes d'État qui, avec le temps, se sont fait aimer parce que l'impact de leurs politiques, quelle que soit la difficulté qu'ils avaient eue à les faire accepter, a finalement été perçu comme bénéfique. Mais ils étaient aux responsabilités en temps de guerre ou sur une longue période, ce qui leur a permis de récolter les fruits de ce qu'ils avaient semé.

Aucun exemple ne me vient – c'est assez rare pour être souligné – s'agissant de dirigeants en temps de paix et en démocratie, contextes dans lesquels la voix des urnes et la Constitution limitent les mandats. Bien sûr, ceux-là peuvent être appréciés par leur base électorale, mais par la nation entière, je ne crois pas.

Pour ce qui est de la peur, contrairement au leadership, elle n'engendre pas le respect et même les dictateurs ne peuvent pas gouverner en utilisant ce seul levier. Enfin, pas indéfiniment. La Corée du Nord fait probablement figure d'exception, mais, en général, les gens finissent par se révolter.

En conclusion, n'essayez pas de vous faire aimer et évitez d'être craint, sauf en cas d'extrême nécessité. Tâchez plutôt d'inspirer le respect. Ce n'est pas aussi beau que l'amour ni aussi satisfaisant pour nos démons intérieurs que la peur, mais c'est la seule chose qui soit vraiment fiable en politique.

Chapitre 36

L'ambition : excès de calcul, mauvais calcul

Il n'y a rien de mal à avoir de l'ambition et personne ne peut aller bien loin en politique sans en posséder. Lorsque j'ai été élu député pour la première fois, j'étais tellement heureux de servir au Parlement que j'étais convaincu que m'occuper de ma circonscription me suffirait amplement. J'ai vite changé d'avis. Dès l'instant où j'ai compris ce qu'était le pouvoir, ce qu'il permettait de faire, j'ai voulu le conquérir.

Mes motivations ? Changer le monde, aligner principes et pratiques, être respecté et reconnu comme un homme de pouvoir. En gros, celles qui animent tout homme politique accompli, même si leur ordre d'importance peut varier de l'un à l'autre.

Les politiciens qui se vantent de leur honnêteté, de leur intégrité, de leur attachement à la vérité et au bien en soulignant qu'ils sont une espèce « à part » font doucement rigoler les plus expérimentés d'entre nous, précisément parce que nous savons que si ces vertus sont importantes, l'exercice de la politique implique toujours une part de magouilles, d'intrigues et de brutalité qui exclut de tels parangons de vertu.

Quand on aspire à se faire une place dans cet univers, on est amené à construire des alliances, parfois assez partisanes.

On doit savoir choisir ses batailles, décider quand prendre la parole et quand se taire – et constamment évaluer l'écart entre nécessité tactique et objectif stratégique. C'est un véritable labyrinthe où certains se perdent. Leur ambition obscurcit leurs principes ; ils hésitent entre telle et telle voie sans jamais trouver le point d'entrée ou de sortie. Résultat : en général, ils n'arrivent nulle part.

D'autres, dotés d'une grande intelligence ou d'un talent politique exceptionnel, parviennent à s'y déplacer avec habileté, sans carte ni boussole. Dame Chance joue probablement un rôle dans leur succès. Mais ils sont l'exception, alors arrêtons-nous plutôt sur la règle.

Commençons par le commencement : avant votre élection comme dirigeant. Vous êtes intéressé par la politique ; vous voulez en faire votre carrière.

L'ambition va clairement faire partie du tableau dès le début, mais, pour se lancer en politique, il est préférable d'avoir une vraie vocation. Si ce n'est pas le cas, mieux vaut s'abstenir ; le jeu est trop dangereux, trop éprouvant pour s'y aventurer sans être animé par un profond désir.

Ensuite, il faut se préparer. Cette étape initiale suppose de bien comprendre qu'on ne peut pas faire de la politique correctement si on ne connaît rien au monde réel. Aussi, la première chose que je dis aux jeunes gens qui envisagent de s'engager dans cette voie, c'est d'éviter de passer d'étudiant à chercheur, puis de chercheur à député, puis de député à haut responsable. Un tel parcours ferait d'eux des personnes très compétentes dans l'exercice de la politique, mais ignorantes du monde réel.

Avant d'entrer dans l'univers parallèle de la politique, il est vraiment préférable de comprendre comment M. et Mme Tout-le-Monde vivent, travaillent et pensent, comment les entreprises ou les écoles, les hôpitaux et autres services publics sont gérés, de quelle manière le processus de prise de décision s'exerce au quotidien, et d'apprendre à distinguer ce qui est vraiment important de ce qui ne l'est qu'en apparence. Il est bon aussi de voir du pays, de s'immerger dans une autre culture, une autre langue. Ce ne sera jamais du temps perdu, même si ce que vous en retirerez ne vous sera pas nécessairement utile par la suite. Aiguiser votre sensibilité aux préoccupations de la très grande majorité des gens, pour qui la politique joue un rôle plus discret, vous permettra de forger votre personnalité politique, ce qui fera de vous à la fois un meilleur serviteur et un maître mieux informé.

Les quelques années – seulement sept – que j'ai passées à travailler comme avocat dans un environnement totalement apolitique m'ont été très utiles quand je suis devenu député. Mes collègues n'avaient que faire de mes opinions politiques ; ce n'était pas un sujet. Et j'ai compris que c'était la même chose pour la plupart des gens. Ils ne sont pas obsédés par telle ou telle question de politique dans la presse quotidienne, ils ne se demandent pas quel politicien gagne ou perd en influence. En revanche, ils sont très centrés sur leur entreprise, leur travail, les perspectives d'avenir de leurs enfants.

Cette période m'a inculqué un sens aigu de la « normalité » et de la distance entre normalité et politique.

Si vous rêvez d'une vie en politique, commencez par apprendre à connaître le monde réel. Vous aurez plus de chances de voir vos ambitions se réaliser.

Ensuite, si vous souhaitez vous mouvoir avec succès dans le labyrinthe, sachez qu'avoir des convictions – des convictions sincères, pas seulement de circonstance – est indispensable.

En la matière, se livrer au calcul est un mauvais calcul.

Le conseil peut sembler naïf mais j'ai pu le vérifier à plusieurs reprises. Deux exemples. Le premier remonte à plus de quarante ans. Je cherchais alors à me faire investir dans la députation aux élections générales de 1983 pour le Parti travailliste. J'ai tapé à la porte de pas moins de douze circonscriptions. Toutes ont rejeté ma candidature, parfois au profit d'ambitieux qui manquaient singulièrement de convictions. C'était déprimant. Et aussi facilement explicable : j'étais ouvertement en faveur de l'éviction du mouvement d'extrême gauche « Tendance Militante » du Labour à un moment où cela vous disqualifiait comme homme de gauche digne de ce nom. Donc les entretiens se passaient bien… jusqu'à ce que je réponde à la question qui venait inévitablement sur le tapis.

Juste avant le scrutin, la circonscription de Sedgefield, supprimée en 1974 mais autrefois siège sûr pour le Labour, et dont les membres étaient farouchement opposés au groupe Tendance Militante, a été rétablie. Ma position, qui m'avait valu d'être écarté partout où je m'étais présenté, s'est transformée en avantage. J'ai été désigné candidat.

Que s'est-il passé ensuite ? Le Labour a essuyé une défaite historique et perdu plusieurs sièges dans les circonscriptions où ma candidature avait été rejetée. Si j'avais trahi mes convictions pour être investi dans l'une d'entre elles, je ne serais pas devenu député en 1983.

C'est grâce à ce même état d'esprit que j'ai pris la tête du Labour en 1992, onze ans plus tard. J'étais entre-temps devenu partisan inconditionnel de la modernisation du parti, lequel venait de connaître sa quatrième défaite consécutive. Je prônais des changements jugés trop audacieux, ou carrément inacceptables par beaucoup. Le leader de l'époque, John Smith, m'avait même conseillé avec bonhomie d'être moins virulent. Il pensait que mon attitude me disqualifierait pour lui succéder. Mais je me suis dit : Hors de question, nous voilà encore dans l'opposition, je sais très bien pourquoi, alors autant dire ce que je pense, avec les formes mais sans édulcorer.

Le décès tragique de John a laissé la place de chef du parti vacante. Comme moi, le parti ne voulait plus être cantonné à l'impuissance dans l'opposition et je me suis trouvé être, comme le dit l'adage, la bonne personne, au bon endroit, au bon moment.

De nombreux dirigeants avec lesquels je travaille ont pareillement bénéficié d'un heureux concours de circonstances. Ce sont les meilleurs. Ceux qui gardent le cap. Bien sûr, ils ont pris part au jeu avec habileté, su se frayer un chemin dans les couloirs du pouvoir, distribué des sourires hypocrites, adopté des comportements déloyaux ; bref, ils ont agi par calcul. Mais ils ont, à un moment crucial, cessé de manœuvrer et pris position avec fermeté.

Les dirigeants prennent des risques – parfois ceux que d'autres refusent de prendre. Sans ça, Emmanuel Macron n'aurait pas accédé à la présidence française, Nelson Mandela ne serait pas devenu une icône politique, Mikhaïl Gorbatchev n'aurait pas enclenché le processus qui s'est soldé par le démantèlement de l'URSS et la libération de l'Europe de l'Est, Winston Churchill n'aurait pas dirigé la Grande-Bretagne pendant la guerre ni Charles de Gaulle la France après les hostilités. Tous ces leaders, à un moment de leur carrière, ont fait un choix que le pur calcul aurait jugé malavisé pour la poursuite de leurs ambitions.

Cela ne veut pas dire que les dirigeants qui défendent une opinion claire et demeurent inflexibles s'assurent le soutien de tous. Margaret Thatcher avait autant de détracteurs que d'admirateurs. Mais elle restait fidèle à ses convictions, personne ne peut sérieusement en douter.

La nouvelle vague de populistes qui déferle sur la scène politique mondiale séduit parce que les gens pensent qu'ils se dressent contre la sagesse dominante, le centre mou, le statu quo. Une telle situation relève de la mascarade car certains jouent la carte du populisme par pur calcul. Ils exploitent le mécontentement social pour gagner du terrain. Mais une fois au pouvoir, ils seront vite démasqués s'ils n'ont pas défini quelles positions et quel plan adopter après avoir exécuté leur petit numéro.

Je ne cherche pas à vous convaincre que les « gentils » ont des principes et que les « méchants » n'en ont pas. Il s'agit seulement d'une leçon de vie concrète sur le leadership politique. Il est malavisé de n'agir que par calcul car les circonstances peuvent changer.

La seule chose certaine en politique, c'est que ce qui semble immuable peut finir par évoluer. Les choses prennent souvent un tour inattendu. Ce qui n'était évident que pour vous et une minorité à un moment donné peut le devenir pour le plus grand nombre. Vous avez défendu une opinion impopulaire sur tel ou tel sujet, mais, un peu plus tard, votre analyse s'est avérée et, tout à coup, votre vision, que l'on tenait pour ridicule, se révèle d'une rare acuité.

Sachez aussi qu'au bout du compte les citoyens sauront distinguer les politiciens de conviction des politiciens sans convictions. Ils reconnaîtront aux premiers ce qu'on appelle aujourd'hui « l'authenticité ».

Un dernier argument en faveur des convictions, plus profond : la politique n'en vaut la peine que si vous agissez vraiment en accord avec vos principes. Certes, le pouvoir est le pouvoir. Son attrait est puissant, c'est presque une drogue dont il est d'ailleurs très difficile de se sevrer. Mais à moins d'être un robot dépourvu d'émotions – et il faut bien admettre qu'il y en a quelques-uns en politique –, on a besoin de tranquillité d'esprit et donc de penser qu'on a essayé de faire le bien, que, même si on n'a pas réussi, les raisons étaient bonnes.

Le karma existe en politique et, à sa manière bien particulière, il finit toujours par se manifester.

Chapitre 37

Évitez de vous faire des ennemis délibérément ; vous vous en ferez suffisamment par mégarde

Le dirigeant jouit d'un statut qui lui donne du pouvoir – pouvoir de nommer, pouvoir de limoger. Il sera entouré de gens désireux de le satisfaire dans l'espoir d'obtenir de l'avancement, et la plupart du temps ils useront pour ce faire de tous les moyens possibles. Certains seront talentueux, auquel cas ils devront leur promotion à leur mérite. Les autres essaieront de monter en grade en recourant à la flatterie, en obtenant l'attention du dirigeant, en se rendant superficiellement indispensables, en manifestant une loyauté à toute épreuve, quitte à faire des tours et des détours.

Si le dirigeant doit être capable d'identifier et de récompenser les gens méritants, il doit aussi apprendre à gérer ceux qui ne le sont pas mais dont l'ambition est tout aussi grande, voire plus. C'est impératif car, d'une part, ils sont nombreux, le véritable talent étant rare en politique, et, d'autre part, leur indéfectible loyauté peut facilement se transformer en dangereuse déloyauté.

Quand leurs prétentions à l'avancement sont ignorées ou, pire, contrariées, si le dirigeant est amené à les rétrograder, les ambitieux peu compétents n'hésitent pas à graviter vers ceux – et il y en a toujours – qui sont prêts à leur promettre la position convoitée. De sympathiques alliés se transforment alors en hostiles détracteurs.

Mais ce n'est pas la seule façon de se faire des ennemis.

Certaines personnes aiment briller dans la lumière du chef, pouvoir dire à leurs amis qu'elles sont proches de lui. Quel que soit leur degré d'influence, elles ont un sens aigu de leur propre importance. Il ne faut donc pas grand-chose pour les froisser. Vous oubliez des choses qu'elles estiment importantes ? Vous leur prêtez une oreille inattentive quand elles pensent mériter votre écoute ? Elles en concluront qu'elles n'ont plus votre faveur.

Pourtant, la plupart du temps, ce qui est perçu comme de l'indifférence de votre part n'est pas délibéré. Votre tâche de dirigeant est immense, coûteuse en énergie et en concentration. Il n'est guère raisonnable d'attendre de vous une attention de tous les instants pour des questions mineures. Sauf que, justement, lesdites questions ne sont pas mineures aux yeux de ceux qui se sentent dédaignés – et que vous vous attirez ainsi leur rancœur sans le vouloir, même si c'est ridicule, rageant et irrationnel.

Il faudra aussi compter avec les jaloux. La jalousie, c'est banal, nous en sommes tous capables. Nous essayons de la maîtriser mais elle nous manipule, se faisant insidieusement passer pour une émotion différente, plus noble. En tant que dirigeant, ne vous faites pas d'illusions : même si les gens se montrent charmants par-devant, vous évoluez dans un environnement rempli d'envieux qui, tels des petits démons espiègles, n'attendent que de vous voir trébucher, voire de vous faire trébucher.

Tous ces gens à qui vous inspirez au mieux une légère antipathie peuvent facilement basculer dans l'hostilité la plus ouverte ; la moindre petite contrariété peut faire d'eux de véritables ennemis.

Bien sûr, il y a aussi les gens qui ne partagent pas vos idées. Oui, ça existe ! Leur opposition, parfois de principe, peut s'exprimer de manière cordiale ou virulente. Mais dans ce milieu, il n'est pas facile de faire la part des choses entre désaccord politique et désaccord personnel.

Ce que je veux dire, c'est que vous vous ferez des ennemis, beaucoup d'ennemis, sans le vouloir et parfois même sans vous en rendre compte, alors tâchez de ne pas vous en faire délibérément.

Cela implique de toujours vous montrer affable. Mon père m'a appris très jeune que ça ne coûtait rien. Sourire, être aimable, c'est à la portée de tout le monde. Vous vous attirerez quand même des inimitiés, mais peut-être en moins grand nombre, et les observateurs objectifs de la scène politique se diront qu'elles sont injustifiées ou exagérées – ce qui ne peut pas faire de mal.

De plus, il ne faut jamais céder au ressentiment. C'est de l'énergie mentale et du temps bien mal employés. Utiliser son pouvoir ou son statut pour nuire à quelqu'un qui le mérite sans doute, mais dont l'éviction ne semble pas servir le projet gouvernemental, est un bon moyen de s'assurer la haine de l'intéressé et de nuire à votre image – celle que les autres ont de vous et celle que vous avez de vous-même. Il s'agit davantage d'une manifestation de votre ego que de votre leadership.

Bien sûr, cela n'exclut pas de faire preuve de fermeté si nécessaire. En tant que dirigeant, vous devez exiger la loyauté et écarter ceux qui en manquent. De même, vous devez sanctionner l'incompétence. Y manquer, par faiblesse, par amitié ou par crainte, c'est envoyer un très mauvais message à l'ensemble des équipes, en particulier aux collaborateurs loyaux et compétents, et créer un environnement où les mauvais comportements semblent autorisés.

Le bon exercice du leadership requiert d'avoir la tête froide, d'être calme, détaché de tout ressentiment et capable de regarder les choses dans leur ensemble plutôt que par le prisme de la colère.

Une autre raison pour laquelle il vaut mieux ne pas prendre de décisions qui excluent tout retour en arrière : en politique, aussi vrai que vos amis peuvent devenir vos ennemis, vos ennemis peuvent devenir, sinon vos amis, au moins vos collaborateurs.

Quand, en tant que Premier ministre, j'envisageais de nommer ou de promouvoir quelqu'un, les membres de mon équipe rapprochée me rappelaient parfois ce qu'il ou elle avait pu dire sur moi à tel ou tel moment. Ce à quoi je répondais : « Peu importe ; là, on en a besoin. » Les gens s'emportent et s'éloignent parfois, mais il faut être prêt à les laisser revenir.

Si vous êtes en désaccord profond avec quelqu'un sur telle ou telle mesure, n'en faites pas une affaire personnelle, car il se peut qu'à l'avenir vous soyez sur la même longueur d'onde concernant une autre mesure et que vous ayez besoin de son soutien. Ne faites rien qui empêche cette personne de vous l'accorder.

Bien sûr, vous avez des émotions. Il n'y a rien de mal à ça – vous êtes humain. Mais ne les laissez pas vous aveugler. La seule chose qui justifie qu'un dirigeant se montre impitoyable, c'est son dessein pour la nation, et jamais son ressentiment.

Dans les systèmes politiques où le mode de scrutin est proportionnel, les coalitions sont la norme et elles sont mouvantes. J'ai pu voir se former des gouvernements de coalition avec des partis très différents, voire viscéralement opposés, et néanmoins capables de travailler ensemble.

Mais une telle coopération est plus difficile si l'opposition est aussi personnelle. Il ne s'agit plus simplement de faire des compromis pour réconcilier des positions divergentes, mais de surmonter colère et malaise, ce qui est beaucoup plus difficile.

Souvenez-vous : votre travail, c'est de diriger. Ce qui ne laisse de place ni à ce qui amoindrit votre énergie ou votre attention ni à ce qui n'est pas essentiel à l'action gouvernementale.

Chapitre 38

Créez une base de soutien solide

Ce que j'aime dans l'exercice de la politique, c'est ce qu'il a de plus noble : explorer des idées, élaborer des politiques, prendre des décisions, relever les défis qui se présentent, prendre les problèmes à bras-le-corps et les résoudre. C'est ce qui m'anime, me fait vibrer, me donne le sentiment que, peu importe la fréquence des épreuves et autres déconvenues, le jeu en vaut la chandelle.

Pour autant, tout cela ne suffit pas à survivre en politique, coupe-gorge des plus dangereux où les gangs rôdent, les assassins guettent et même les passants les plus inoffensifs à première vue se transforment parfois en créatures féroces. Pour évoluer dans ce milieu où ambition et intrigue forment un mélange mortel, vous devrez vous entourer de gens qui vous épauleront, vous protégeront, se battront pour vous. En d'autres termes, vous aurez besoin d'une base solide – un parti, un mouvement, un état-major et toute une infanterie.

N'étant pas doué en la matière, j'ai appris l'importance de cette dimension du leadership à la dure. Quand j'ai quitté le pouvoir, j'avais autour de moi un groupe de gens qui défendaient mes idées, le cap politique que j'avais fixé, et qui avaient effectivement le courage et la volonté de monter au créneau et de faire bouclier. Mais ils n'étaient ni assez nombreux, ni organisés comme j'en avais besoin.

J'ai trop souvent négligé la gestion du parti parce que cela m'ennuyait prodigieusement. C'était une erreur. Une erreur indigne d'un dirigeant car elle trahit un défaut de leadership. Il y avait bel et bien, au sein du parti, les ressources capables d'abattre tout le travail nécessaire avec tout le savoir-faire nécessaire, mais je n'ai pas su comprendre qu'à un certain point elles ne pouvaient pas le faire à ma place. Elles pouvaient m'aider à porter le fardeau, mais il fallait que je reste au centre.

Pour un dirigeant politique, être impliqué dans un parti politique au sens conventionnel du terme, dans un mouvement ou même dans une faction au sein d'une base plus large, est primordial. Dans l'opposition, même si on n'en a pas l'impression, la tâche se révèle relativement facile, ne serait-ce que parce qu'on dispose de davantage de temps que lorsqu'on est au gouvernement. D'une certaine manière, gérer le parti d'opposition revient à gouverner, à une moindre échelle évidemment. La portée des décisions que vous prenez est différente mais vous pouvez montrer votre capacité à diriger.

La clé d'un bon leadership est de poursuivre cet exercice une fois au gouvernement en dépit des pressions que vous subissez de toutes parts. Vous n'avez certes ni le temps, ni l'énergie, ni même parfois la patience de vous inquiéter du parti parce que vous êtes accablé par la nécessité de prendre des décisions qui ont des conséquences réelles sur des vies réelles, mais il vous faudra les trouver, car gérer votre base de soutien vous sera utile pour optimiser le processus décisionnel.

Une armée efficace, c'est d'abord des soldats contents. Souvenez-vous qu'ils œuvrent en votre nom dans les entrailles du corps collectif et que vous pouvez rapidement devenir une figure lointaine à leurs yeux. Ils ont beau avoir de l'admiration pour vous, ils n'en ont pas moins besoin de savoir que vous les tenez en haute estime et que vous les considérez comme des organes vitaux à la bonne santé dudit corps. Voyez le temps et l'énergie consacrés à maintenir un bon moral parmi les troupes comme une nécessité professionnelle.

Rappelez-vous également que ces fantassins appartiennent à deux catégories. Il y a d'abord ceux qui sont heureux de leur sort de soldat, soit qu'ils aient conscience de ne pas pouvoir gravir les échelons, soit qu'ils n'en aient pas la prétention. Ils doivent savoir que vous les appréciez à leur juste valeur, que vous ne faites pas d'amalgame entre absence d'ambition et absence de fierté ou de désir de reconnaissance. Il y a ensuite ceux qui sont animés de l'ambition naturelle, et souvent légitime, de rejoindre un jour les rangs des officiers, voire de l'état-major. Ils doivent avoir la certitude que la voie de l'avancement leur tend les bras et que le dirigeant a conscience qu'il est de son devoir de les aider à se hisser dans la hiérarchie.

Votre engagement auprès de tous ces hommes du rang doit aller au-delà de la visite et du discours occasionnels. Votre emploi du temps doit prévoir des temps de réunion pour permettre le dialogue, l'explication, le partage d'arguments qu'ils pourront exposer à ceux qui s'opposent à votre politique – de quoi générer et alimenter l'adhésion à votre projet. Vous devez souligner et célébrer les jalons de leur vie personnelle – mariage, naissances, décès, réussites en dehors de l'arène politique. Ils doivent être galvanisés par votre détermination et votre leadership mais aussi sentir qu'ils y participent, qu'ils sont un rouage indispensable au fonctionnement de la machine.

Lorsque vous prenez les commandes, porté par l'élan d'une large victoire, tout cela peut paraître superflu – un devoir sympathique, mais pas primordial. Mais quand les choses se corseront – ce qui est inévitable –, vous vous rendrez rapidement compte de l'importance d'une base de soutien immédiatement mobilisable.

Et là, je ne parle pas de votre clan. Bien sûr, tout leader est entouré d'un cercle restreint d'alliés proches, de partenaires avec qui partager, tout au long de l'entreprise, réflexions politiques profondes, inquiétudes et secrets. Ceux-là sont les gens avec qui vous avez plaisir à passer du temps, parce que vous entretenez un lien de confiance qui permet de discuter et de méditer en tout abandon entre personnes éclairées, dans un métier où, en général, on privilégie l'action et la retenue.

Mais ces relations n'ont rien à voir avec une base de soutien, ni au point de vue de l'échelle, ni au point de vue des motivations. Votre clan vous apporte du réconfort. Votre base de soutien vous protège. Le premier rend votre vie plus supportable. La deuxième vous maintient en vie.

Malheureusement, et c'est parfois désagréable, l'assurance de votre estime peut ne pas suffire à alimenter votre base de soutien, qui réclamera des garanties plus tangibles : un geste symbolique qui montre que vous appartenez au groupe, l'adoption d'une mesure qui lui tient à cœur. Si vous y adhérez, très bien. Si vous n'y adhérez pas, ou, pire, si elle va à l'encontre de votre vision, il faudra peser le pour et le contre. Il se peut que vous deviez céder sur un point secondaire pour atteindre un objectif supérieur. Il n'y a là rien d'immoral à mon sens.

Bien sûr, si l'objectif n'est autre que le maintien du dirigeant, le projet n'a aucune valeur. Mais je m'adresse ici aux dirigeants animés d'un véritable désir de conduire les changements en lesquels ils croient. De temps en temps – ni trop souvent ni sur des questions majeures –, pour des questions purement politiques, il faudra transiger avec ceux sur qui vous pouvez compter pour vous protéger des assassins, des gangs, des ambitieux et autres intrigants.

D'autant qu'ils protégeront aussi votre héritage.

Chapitre 39

Protégez votre héritage politique

C'est à vous qu'il appartient de protéger votre héritage politique, car personne d'autre ne s'y emploiera.

Malheureusement, c'est plus facile à dire qu'à faire.

Quand vous êtes au pouvoir, vous finissez par oublier à quoi ressemblait votre vie d'avant. Vous vous êtes habitué au statut, à ses attributs, à toute l'infrastructure qui vous maintient dans cette position d'influence et de visibilité. Vous êtes familier de cette chaire ou, pour reprendre l'expression de Teddy Roosevelt – remarquable dirigeant qui mérite qu'on s'y intéresse de près –, cette « formidable tribune » d'où vous pouvez avoir la primeur de la parole – et souvent le dernier mot.

Vos paroles comptent. Elles sont écoutées. Avec un minimum de doigté, c'est vous qui fixez le programme. Les autres peuvent essayer de l'infléchir, mais vous avez plus de poids. Ils peuvent attaquer votre politique, mais vous êtes dans l'action et eux dans la réaction. Le micro est toujours devant vous. Il amplifie votre voix plus que toute autre.

Ce qui veut dire que vous pouvez contrer les défaitistes, défendre votre bilan haut et fort quand vos opposants dénigrent vos accomplissements, répondre à leurs questions avec assurance quand ils contestent vos motivations. Rien ne les empêche d'assiéger la tribune, de crier tant et plus, de vous accabler d'insultes, de vous inonder de reproches, de vous jeter des immondices, mais ils ne peuvent pas vous faire taire, vous priver de ce micro et du pouvoir qu'il vous confère. Quoi qu'il arrive, c'est vous qui prêchez du haut de la chaire.

Une fois que vous vous retirez, que vous descendez de la tribune où un autre a pris votre place, votre univers entier est transformé.

Terminé, le pouvoir d'utiliser le micro à votre guise pour amplifier votre voix ; envolé, le statut ; finis ses attributs et l'infrastructure qui vous maintenait à flot.

Vous n'êtes pas seulement réduit au silence ; vous pouvez désormais être ignoré.

Et ce n'est pas tout. Le nouveau dirigeant ne considérera pas nécessairement qu'il est dans son intérêt de soutenir votre bilan ou même d'en parler impartialement. Au contraire, s'il appartient à un autre parti ou à une autre tribu, il gagnera à être désobligeant, à proclamer qu'il a hérité d'une situation catastrophique, à exagérer les problèmes que vous avez laissés derrière vous. Ainsi, il pourra construire un récit qui lui permet de justifier ses propres échecs ou son incapacité à répondre aux attentes qu'il a suscitées pour se faire élire.

Et même si votre successeur vient de votre parti, il voudra, à juste titre, montrer qu'il prend un nouveau départ, adopter une nouvelle façon de penser et une nouvelle direction, sinon, se dira-t-il, on se demandera pourquoi il vous remplace.

Dans ce domaine comme dans d'autres, c'est davantage de mes erreurs que de mes réussites que vous pouvez tirer des leçons.

Quand j'ai quitté Downing Street, j'avais de grandes ambitions, et prendre ma retraite n'en faisait pas partie. J'avais envie d'occuper des fonctions différentes et de bâtir quelque chose de zéro, ce qui demande du travail et de la concentration. Dix-sept ans plus tard, après quelques faux départs et autres périodes difficiles, j'ai le sentiment d'être enfin là où je le souhaitais.

Mon institut a une portée internationale et continue de se développer. Partout dans le monde, des équipes aident des gouvernements à conduire le changement. Chose appréciable, mais…

Parce que je commençais une nouvelle vie avec un nouvel objectif, j'ai cru que je pouvais laisser mon ancienne vie à son propre sort. Grave erreur.

Comme il fallait s'y attendre, beaucoup ont trouvé un intérêt à critiquer mon bilan. Les travaillistes se sont détournés du New Labour, convaincus que, pour mener une politique progressiste, ils devaient réaffirmer leurs valeurs historiques. Les conservateurs, qui venaient de subir l'affront de nous voir au pouvoir pendant trois mandats consécutifs – une première depuis notre création au début du XXe siècle – se sont assez naturellement joints à leur travail de dénigrement pour s'assurer que leurs adversaires ne reviendraient pas à la recette qui les avait installés si durablement au pouvoir. Pour leur défense, les plus centristes d'entre eux essuyaient aussi les attaques de plus en plus dures de l'aile droitière du parti.

En conséquence, les réussites de mon gouvernement – l'amélioration des services publics, la réduction de la pauvreté, la croissance économique, la baisse de la criminalité, le progrès social, la paix en Irlande, l'introduction du salaire minimum, notre rôle de champions de l'aide au développement – ont été presque complètement éclipsées par la colère sincère et compréhensible qu'avaient suscitée le soutien apporté aux États-Unis après les attentats du 11 septembre et la guerre en Irak – des décisions qui, je n'en doute pas une seule seconde, doivent peser lourd dans l'esprit des gens quand ils évaluent les dix années que j'ai passées au pouvoir.

Aujourd'hui, les choses sont un peu différentes. Le Parti travailliste s'est transformé, il veut reconquérir le pouvoir et comprend enfin que la voie à prendre pour y parvenir n'est pas très éloignée de celle que j'ai moi-même empruntée à la fin des années 1990. J'ai ainsi trouvé de nouveaux défenseurs. Il n'en reste pas moins que j'ai laissé les autres dépeindre mon héritage politique en termes exclusivement négatifs, car je n'étais pas préparé à le protéger. C'est un regret.

J'ai vu de nombreux dirigeants dénigrés par tous après avoir quitté le pouvoir. Souvent, c'est animés par la volonté de ne pas gêner leur successeur qu'ils choisissent de se taire. C'est très noble et généralement une bonne décision, comme je l'explique dans le prochain chapitre. Mais quand c'est votre bilan qu'on attaque, il faut sortir du silence et s'impliquer – au moins de temps en temps.

Je le dis et je le répète : j'assumerai toujours la responsabilité des décisions que j'ai prises en tant que Premier ministre. Il ne faut pas pour autant conclure qu'un dirigeant devrait assumer la responsabilité des problèmes qui ont certes pu naître de ses décisions mais qui se sont développés à cause de celles de ses successeurs. Vous n'êtes pas responsable de ce qui se produit une fois que vous n'êtes plus au pouvoir.

Bien sûr, il est beaucoup plus facile de protéger votre héritage politique quand vous avez créé une base de soutien qui continue d'être alignée avec votre action. Dans ce cas, vous aurez des gens pour le défendre avec vous.

Mais autant ne pas vous le cacher : la tâche est très difficile, et, parfois, le mieux que vous aurez à faire sera de rester zen et d'espérer.

Henry Kissinger m'a raconté un jour qu'à l'heure où Nixon quittait la Maison-Blanche après le scandale du Watergate il avait tenté de le réconforter en lui disant : « L'histoire sera plus clémente avec vous. » Sur quoi, le président démissionnaire lui avait répondu : « Tout dépendra de qui l'écrit, Henry. »

Mais ce n'est pas entièrement vrai car, dans une certaine mesure, l'histoire s'écrit elle-même. En dépit de ce que les uns ou les autres peuvent dire ou penser, les faits restent les faits. La peinture qui en est faite, la formulation choisie pour décrire ce qui a motivé votre action et l'impact qu'elle a eu, tout cela relève de l'interprétation. Cela signifie que ceux qui sont prêts à vous juger doivent entendre toutes les versions de l'histoire.

Vous devez donc préparer un plaidoyer et vous assurer d'avoir des défenseurs pour le relayer. Vous devez consacrer une partie de votre temps à répondre aux critiques et à vous défendre.

Vous n'êtes peut-être plus au pouvoir, mais vous restez dans les mémoires. Faites en sorte qu'on se souvienne de vous aussi de manière positive.

Chapitre 40

Partez avec élégance

Il n'y a pas de moment idéal pour tirer sa révérence. Pas de moment idéal pour descendre du pinacle où on a été placé. Pas de moment idéal pour devenir le prédécesseur du nouveau « numéro un ».

Partir est rarement un choix, même quand les apparences le laissent croire.

Un dictateur peut exercer le pouvoir jusqu'à sa mort. Souvent, c'est la peur qui le pousse à s'y accrocher – peur d'ailleurs partagée par l'élite soudée autour de lui. Et pour cause : il n'est pas rare que chacun ait profité de son pouvoir ou de sa proximité avec le pouvoir pour s'enrichir personnellement, recourant à toutes sortes de manœuvres frauduleuses. Il y a donc un risque à s'effacer au profit d'un nouveau leader, lequel peut trouver un intérêt à s'attaquer à son prédécesseur et à dénoncer les « méfaits » de son entourage, ne serait-ce que pour placer le sien, désireux de s'élever à son tour. Face à cette menace, le leadership, pour éviter tout embarras, emploiera volontiers la manière forte.

En démocratie, il y a plusieurs cas de figure. Le dirigeant peut quitter le pouvoir parce qu'il a trouvé mieux à faire, mais… je ne vois pas d'exemple. Il peut être contraint au départ si le nombre de mandats est limité. Mais cela ne signifie pas que la chose lui soit agréable. Il peut également ne jamais rempiler, faute de réélection, ce qui lui donnera le sentiment de s'être donné du mal pour rien. Enfin, il peut être destitué, renversé ou mis en grande difficulté dans l'exercice de ses fonctions au point qu'il en perdra toute force vitale et ne désirera qu'une chose : être libéré de son fardeau. Mais, même dans pareille situation, il ne sera pas réconcilié avec l'idée de ne plus être au pouvoir. Pas vraiment. Pas au plus profond de lui-même.

Personne n'aime partir avant d'avoir terminé le travail et, comme je l'ai dit plus haut, il n'est jamais terminé. Il y a toujours une petite partie de vous, voire une bonne partie de vous, qui s'attarde sur « ce qu'il reste à accomplir ».

Il n'empêche que, tôt ou tard, vous devrez vous retirer. De même que vous ne vivrez pas éternellement, vous ne dirigerez pas éternellement.

Comment se retirer de la meilleure des façons ? Y a-t-il d'ailleurs une bonne façon ?

Je crois qu'on peut en lister quelques principes.

Tout d'abord, acceptez que vous puissiez être obligé de quitter le pouvoir quand bien même vous pensez sincèrement que vous devriez rester. Faites-vous à l'idée, car un dirigeant qui s'accroche n'a rien de très séduisant. Et tâchez d'identifier honnêtement d'où vous vient cette conviction que ce n'est pas le moment. Croyez-vous que votre départ mette le pays en danger ? Avez-vous peur, en votre for intérieur, de perdre la face, voire votre confiance en vous, en même temps que le pouvoir ? Craignez-vous de ne plus savoir qui vous êtes une fois privé de ce qui a fini par vous définir ?

Renoncer au pouvoir n'est jamais facile, surtout si vous avez le sentiment de ne pas être allé au bout de votre mission, d'avoir encore quelque chose à faire au gouvernement – si le feu brûle toujours dans votre cœur, en somme. Je l'ai déjà mentionné plus haut, mais, en règle générale – ce n'est bien sûr pas toujours vrai –, plus on reste au gouvernement, plus on est compétent pour gouverner, et pourtant moins on a la cote.

Moi-même, j'ai fait un bien meilleur Premier ministre au cours de mes cinq dernières années d'exercice qu'au cours de mes cinq premières, du moins pour ce qui était de la politique intérieure. Après dix ans de gouvernance, j'avais une idée claire des changements qui fonctionnaient et de la meilleure façon de les mettre en œuvre. Mais je savais aussi que j'avais fait mon temps, sauf à m'engager dans une lutte frontale pour survivre, laquelle aurait pu mettre en péril le parti et le pays.

Et puis, il y a la question de votre successeur.

Dans le monde des entreprises, on consacre des ressources propres à la « planification de la succession ». Elle est essentielle à leur survie. Parfois, elle réussit, d'autres fois non – j'ai plusieurs exemples en tête.

Dans la sphère politique, elle est tout aussi importante, voire plus, car l'enjeu est l'avenir du pays.

Mais le contexte pour la planification est beaucoup plus complexe et, honnêtement, je peine à trouver des exemples heureux.

La plupart des dirigeants veulent choisir leur successeur ou, au moins, jouer un rôle dans sa désignation. Leurs raisons ne sont pas toujours nobles. Contrôler le processus peut leur donner du réconfort : ils sont sur le départ mais comptent encore. C'est leur ego qui parle.

Mais ils peuvent aussi être animés d'intentions honorables. Peut-être le pays est-il fragile, la démocratie encore jeune et précaire, l'opposition réellement nuisible aux intérêts supérieurs de la nation. Dans un pays plus développé, un projet de réforme peut être en cours et, comme nous l'avons vu, transformer un pays prend souvent davantage de temps qu'un mandat de dirigeant.

Les bons leaders ont un programme pour faire progresser leur pays. S'ils restent alors qu'ils ne sont plus capables de le pousser en avant ou que le programme lui-même n'est plus pertinent, ils occupent une place dont quelqu'un d'autre ferait meilleur usage. Mais il n'y a rien de mal à vouloir s'assurer qu'il y ait une forme de continuité, particulièrement s'il est clair que la direction que le dirigeant a fait prendre au pays est profitable aux citoyens, économiquement ou politiquement.

La continuité de l'action publique – quand elle repose sur des bases saines, bien sûr – est un prérequis essentiel à la prospérité d'un pays. Elle est gage de stabilité, aide à fixer un cap et laisse une chance aux réformes engagées de produire les résultats escomptés. En démocratie, il peut être difficile de poursuivre cet objectif car l'opposition, par nature, s'oppose.

Dans les autres régimes, la continuité est facilitée par la longévité des dirigeants mais, quand ils laissent la place, le même problème surgit.

D'où la nécessité, pour le leader, de ne pas négliger sa succession, et ce même si, le moment venu, il a l'impression qu'il ne peut guère avoir d'impact sur la question, son pouvoir s'effritant. Après tout, en politique, les choses sont imprévisibles. Il y a une multitude d'intérêts en jeu dont certains sont irréconciliables – des événements inattendus qui modifient le contexte de gouvernance, compliquant l'identification du bon moment pour partir ou du successeur à encourager.

Tâcher de vous assurer que l'avenir du pays est en de bonnes mains implique que vous soyez réaliste quant à la personne qui prendra la relève. Votre choix a autant de chances d'être accepté que d'être rejeté.

Un autre élément à accepter quand on planifie sa succession, cette fois valable en toute situation, c'est qu'on ne peut jamais vraiment savoir si une personne est à la hauteur du poste tant qu'elle ne l'a pas occupé. Vous pouvez vous efforcer d'évaluer les compétences de votre potentiel remplaçant, et peut-être même imaginer ne pas beaucoup vous tromper si celui-ci gravite autour de vous depuis longtemps, mais rien n'est garanti. Vous pouvez aussi vous dire que vos collaborateurs sont à même d'estimer qui est le mieux placé pour prendre les rênes à votre place, mais ils peuvent facilement se méprendre.

Enfin, essayez de ne pas vous départir de votre élégance, si tant est que vous en ayez fait montre à l'heure du départ, dans votre vie post-politique.

Il ne s'agit pas de vous retirer du monde tel un ermite. Ni de garder le silence. Si vous estimez que votre pays fait une grave erreur ou, comme c'était mon cas jusqu'à récemment, que votre parti prend la mauvaise direction, vous avez, sinon le devoir, du moins la légitimité de vous exprimer.

En revanche, n'ayez pas l'inélégance de discréditer délibérément votre successeur ou de tremper dans des intrigues parce que vous avez envie de revenir sur le devant de la scène.

J'ai appris une bonne leçon dans ma jeunesse concernant les ruptures amoureuses. Mieux vaut rester ami avec son ex : préserver l'amitié même si la relation intime est terminée, réfréner la rancœur, dépasser les blessures d'ego même si on a été quitté, et peut-être surtout si on a été quitté. On se sent mieux avec soi-même si on y parvient. Et, peut-être qu'avec le temps votre ex finira pas vous voir sous un jour plus positif. Bien sûr, rien n'est garanti. Mais c'est la vie.

C'est pareil en politique. Si vous pouvez partir avec grâce, ne vous en privez pas. Quelles que soient les émotions que vous éprouvez sur le moment, vous ne vous en sentirez que mieux par la suite.

POSTFACE

On me demande régulièrement si j'ai eu de la joie à être Premier ministre. Honnêtement, ce n'est pas le mot qui me viendrait à l'esprit si je devais résumer ce que j'ai ressenti au cours de mes mandats. Plusieurs dirigeants que je connais répondraient oui à cette question, et parmi eux certains seraient sincères. J'avais pour ma part, au-delà du stress, une conscience trop aiguë de la responsabilité qui était la mienne et du fardeau qu'elle impliquait. J'étais absorbé, oui ; stimulé, sans aucun doute ; et j'éprouvais un sentiment d'accomplissement. Mais joyeux ? Je ressens de la joie à la naissance d'un enfant ou d'un petit-enfant, à un mariage, ou lorsqu'on célèbre la réussite de quelqu'un. Au cours de ma carrière politique, j'en ai éprouvé momentanément à deux occasions : quand nous avons conclu l'accord du Vendredi-Saint pour la paix en Irlande du Nord et quand nous avons remporté l'organisation des jeux Olympiques de 2012. Au quotidien, je ne sautillais pas gaiement dans les couloirs du 10 Downing Street.

Cela dit, diriger une nation est un véritable privilège. Il est important d'en avoir conscience, de le comprendre. D'abord parce que ça rend la critique supportable, mais aussi et surtout parce que ça remet chacun à sa place : le dirigeant est là pour servir. Le contrat est très clair : vous êtes le patron, le commandant, le numéro un, mais votre position doit être fondée sur l'humilité du service.

Donc, quelque part, ce que vous ressentez n'a guère d'importance. C'est ce que ressentent « les gens » qui compte.

Une chose mérite ici d'être soulignée : une nation a besoin de garder le moral. Et c'est le leader qui doit inspirer l'optimisme.

Personne n'a envie de monter à bord d'un avion dont le pilote est déprimé. Aux commandes, on veut voir quelqu'un qui a l'air d'avoir une raison de vivre, qui dégage de l'assurance, pas de l'anxiété.

On se souvient des mots de Churchill pour décrire l'immense défi qui attendait la nation devant la chambre des Communes le 13 mai 1940 : « Du sang, des larmes et de la sueur. » Et pourtant, ce qu'il annonçait, c'était : nous allons gagner. La victoire est au bout du chemin. Nous triompherons, même si les chances sont contre nous.

Gouverner est, bien sûr, une affaire sérieuse. Du moins, ça devrait l'être. Et, parce que les dirigeants sont concentrés sur leur tâche – régler des problèmes capitaux pour les gens –, ils peuvent oublier qu'en réalité la plupart d'entre eux n'ont guère envie de penser à la politique et à l'action gouvernementale. Les militants qui, eux, y pensent beaucoup ont soit du mal à comprendre, soit du mal à accepter l'indifférence du public pour ce qui les passionne.

Il ne faut d'ailleurs pas sous-estimer le fait que les gens ont juste envie de s'amuser, de se divertir, de se faire plaisir. J'exagère un peu mais ce que je veux dire, c'est qu'en dépit de la gravité de la conduite des affaires publiques, des décisions difficiles et de la nécessité de les expliquer, un dirigeant doit tenir compte de la nature humaine.

Dans son livre sur les négociations qui devaient mener au traité de Versailles en 1919, *Les Artisans de la paix*, Margaret

MacMillan décrit très bien les bons moments que se sont accordés ceux qui ont afflué vers la capitale française et les Parisiens eux-mêmes. En dépit de l'ampleur des enjeux portés par ces débats promettant de redessiner le monde, les théâtres et autres salles ont rouvert, programmant des comédies musicales et des danses audacieuses, les courses hippiques ont repris à Saint-Cloud et les vivants, libérés des horreurs de la guerre, se sont aimés avec toute la passion et l'abandon dont l'être humain est capable. Les vieilles inhibitions ont volé en éclats. Elinor Glyn, célèbre romancière sentimentale de l'époque, écrivait, non sans une certaine désapprobation : « Le vice règne à Paris… Les lesbiennes, parfois en groupe de six, dînent chez Larue sans même se cacher. Les hommes font de même. » Même les dirigeants, Wilson, Lloyd George et Clemenceau, se sont laissé convaincre de prendre du bon temps.

Quiconque s'engage dans l'action gouvernementale doit laisser un peu d'espace à la légèreté et au rire, car la tâche est inévitablement dégrisante, et parfois sombre.

J'ai consacré ce livre au leadership en politique, mais l'idée même du leadership suppose d'emmener les autres avec soi. Les gens vous suivront volontiers s'ils pensent que vous les guidez vers une vie meilleure, un avenir meilleur, un pays meilleur.

Puisez votre optimisme dans le privilège dont je viens de parler. Vous êtes dans la position que vous avez convoitée. Tout est possible, dans les limites du raisonnable. L'avenir de la nation est entre vos mains.

Bien sûr, le véritable test, c'est la réussite – du dirigeant et du peuple, ensemble. Mais vous avez davantage de chances d'y parvenir si vous êtes à la fois optimiste et humble. Deux qualités qu'il serait bon d'avoir naturellement. Dans le cas contraire, l'expérience se chargera de vous les apprendre.

REMERCIEMENTS

Ce livre a pour objet le leadership ou comment les dirigeants transforment de grandes idées en réalisations concrètes. Je dois avouer qu'en ce qui me concerne, entre l'idée, bonne j'espère, de ce livre, et sa réalisation concrète, il s'est passé beaucoup de temps. J'y ai mis tout mon cœur mais je n'aurais pas pu aller au bout sans l'équipe formidable dont j'ai été entouré – je pense en particulier à Daniel Sleat, qui m'a aidé dans mes recherches. J'aimerais également remercier tous ceux et toutes celles qui travaillent au sein de mon institut – près d'un millier de personnes qui mettent leur talent au service des dirigeants politiques et des gouvernements de près de quarante pays à travers le monde.

J'exprime toute ma reconnaissance à mon éditeur, Nigel Wilcockson. Pour des raisons que vous n'avez pas besoin que j'expose, ses équipes chez Penguin Random House ont fini par l'appeler « Nigel, la patience faite homme ». C'est dire ce que je lui dois. Gail Rebuck, présidente du groupe Penguin Random House, m'a également donné de précieux conseils pour améliorer ce texte.

Les enseignements que je livre ici, je les tire de mon travail en tant que consultant mais aussi de mon expérience de Premier ministre. Aussi, je tiens à remercier les ministres exceptionnels et les équipes dévouées qui m'ont accompagné tout au long de ces dix années au pouvoir. Nous pouvons grâce à eux nous prévaloir de belles réussites.

Enfin, un grand merci à tous les dirigeants avec qui j'ai eu la chance de travailler depuis que j'ai quitté Downing Street. C'est pour moi un privilège de collaborer avec autant de gens inspirants qui œuvrent en première ligne et sans relâche pour améliorer la vie de leurs concitoyens.

Composition réalisée par Belle Page

Achevé d'imprimer en août 2025
sur Roto-Page par l'Imprimerie Floch à Mayenne
pour le compte des Éditions Fayard
13, rue du Montparnasse 75006 Paris
info-fayard@edition-fayard.fr

PAPIER CERTIFIÉ

fayard s'engage pour
l'environnement en réduisant
l'empreinte carbone de ses livres.
Celle de cet exemplaire est de :
650 g éq. CO_2
Rendez-vous sur
www.fayard-durable.fr

N° d'éditeur : 76.7824.5/01
N° d'imprimeur : 107463
Imprimé en France